乔石

谈党风与党建

人民出版社

乔石

1985年3月5日，中共中央整党工作指导委员会在北京怀仁堂举行会议，乔石同志在会上发言。

1987年11月2日，乔石同志主持第十三届中央纪律检查委员会第一次全体会议。

1988 年 1 月 14 日,乔石同志在北京会见即将结业的中央党校纪检干部进修班的学员。

1988 年 12 月 30 日,全国党员教育工作会议在中南海闭会。乔石同志在会上讲话。

　　1990年10月14日,乔石同志在安徽省考察工作,与岳西县姚河乡龙王村新四军老战士王用良亲切交谈。

　　1991年6月20日,全国先进基层党校、优秀党员教育工作者表彰会在北京人民大会堂举行。乔石同志在开幕式上为受表彰的先进基层党校、优秀党员教育工作者颁奖。

第十三届中央纪律检查委员会第九次全体会议,于 1992 年 10 月 9 日在北京举行。乔石同志与出席会议的委员们在一起。

1995 年 9 月 10 日,乔石同志一行作为首批观众参观山东省聊城市孔繁森纪念馆。

发扬井冈山光荣传
统，为社会主义现代
化建新功

一九九四年八月　乔石

编 辑 说 明

《乔石谈党风与党建》是继《乔石谈民主与法制》和《乔石谈改革与发展》之后，第三部反映乔石同志担任党和国家重要领导职务期间工作情况的文集。

乔石同志1982—1998年期间先后担任中央对外联络部部长、中央办公厅主任、中央组织部部长、中央政法委员会书记、国务院副总理、中央纪律检查委员会书记、中央党校校长、中央社会治安综合治理委员会主任、第八届全国人大常委会委员长。中共第十二届中央委员，中央书记处候补书记、书记，中央政治局委员；第十三届中央政治局委员、常委，中央书记处书记；第十四届中央政治局委员、常委。

本书选入了乔石同志担任党和国家重要领导职务期间，出席重要会议和到地方、部门考察调研及会见外宾时有关党风与党建的重要讲话、报告、谈话、文章共79篇，约32万字，书中还收录了一些相关的照片等。

本书收入乔石同志的文稿，按时间顺序排列，从1984年到1997年。

编入本文集的乔石同志的论述，系统而全面地总结了我们党20世纪80—90年代关于党风和党建的经验，提出了许多建设性、预见性和战略性的见解。这对我们党在新时期从严治党、端正党风、惩治腐败，继承和发扬理论联系实际、密切联系群众、批评与自我批评"三大作风"和自力更生、艰苦奋斗的精神，健全党的思想建设、组织建设、作风建设和制度建设，坚持用中国特色社会主义理论武装全党，具有现实意义。

编入本书的文稿，绝大部分系第一次公开发表，而且大部分文稿是依据乔石同志在中央和国家机关以及到地方考察或接见外宾时的录音（记录）整理的。在编辑过程中，我们力求保持文稿的原貌和谈话风格，少数篇章做了些删节和文字订正。对于不常见的少数专有名词或简称缩写、部分人物和事件，在首次出现处作简要的注释。书中文稿标题，除公开发表过的外，为编者所加。

本书文稿的编辑工作从 2012 年开始。乔石和郁文同志生前对本书的总体内容提出了指导性意见。

感谢中央领导同志对本书编辑出版给予的关心、支持和帮助。本书编辑委员会主任陈冀平同志主持了本书的审定工作。中央和国家机关有关部门、地方党委有关部门、人民出版社等单位为本书的编辑、出版工作提供了大力的支持和帮助，吴玉良、何毅亭、郑科扬同志不辞辛劳，审阅了全稿，特此表示诚挚的感谢！

乔石同志的文稿很丰富，就党风与党建这个专题而言，本书选入的仅是其中的一部分，且难免有错漏之处。

本书编辑委员会成员有：乔凌、乔小东、胡平生、陈新权、宋北杉、陈群、田松年、孙建刚。蒋小明和乔小溪参加了编辑工作。

本书编辑组成员有：吴兴唐、陈雪英、郑忠祥、李多、王泽军。

本书编辑组

2015 年 12 月

目　　录

搞好干部管理工作[*]

（1984 年 7 月 28 日）

《中共中央管理的干部职务名称表》经中央书记处讨论通过，现已颁发。对于执行中的有关事项，中央组织部有专门通知，作了说明。改革干部管理体制是一件大事，涉及很多方面。虽然有了文件，还是请大家来开个会，讲一讲。

干部管理体制的改革，如何适应我国经济改革和其他方面改革形势的发展，是摆在我们面前的一个重要问题。中央对此十分重视。今年 4 月，中央书记处在讨论中组部的工作时明确指出：改革干部管理体制，要贯彻"管少、管好、管活"的原则，采取分级管理，层层负责的办法，中央直接管下一级的主要领导干部。中央书记处的这一重要指示，为全党改革干部管理体制确定了基本原则。按照这一原则，修订后的中央管理的干部职务名称表，中央直接管理的干部人数，减少到原来的三分之一，其余的三分之二，交给了下一级组织去管。这自然就加重了各省、自治区、直辖市党委和中央各部委管理干部工作的责任。这样做，有利于进一步发挥他们做好干部工作的主动性、积极性，有利于推进各项干部制度的改革，加快干部队伍的"四化"建设，更好地为对内搞活经济和对外实行开放政策服务，为党的总任

＊　这是乔石同志在中央和国家机关各部委主管干部工作的负责同志和干部司局长会议上的讲话。

务、总目标服务。此外,这样做,也有利于组织部门转变作风,加强调查研究和检查督促工作。

中央下放了人事管理权,中央和国家机关各部委也要根据中央书记处有关决定的精神,相应地下放一部分人事管理权。中央各部委管理的干部有两种情况:对部委机关干部管理的范围,除了管理司局级干部外,还需要把处一级干部管起来;对部委的下属机构和企业、事业单位,则要本着原则上只管下一级主要领导干部的精神来确定。

中央有些部委的一些下属机构和企业、事业单位在地方,业务上是双重领导关系。这些单位的领导班子和领导干部如何管理好,中央各部委应当从管干部与管业务相结合、促进事业的发展来考虑,要随着经济体制的改革,企业、事业主管权的下放,而下放干部管理权。对有的以地方管理为主的下属机构和企业、事业单位,过去曾经规定其领导干部的任免、调动须征得中央有关部门的同意。现在,根据中央下放人事管理权的精神,对过去的这种规定需要做适当的修改。对双重领导的单位,无论是以中央各部委管理为主、地方协助的,还是以地方管理为主、中央部委协助的,在任免其领导干部之前,主管的一方都要征求协管一方的意见,并在充分尊重和认真考虑这些意见的基础上,由主管的部委或地方党委作出决定,要改变过去那种互相扯皮、久拖不决的现象。同时,也希望中央各部委在确定对上述这类单位的干部管理范围时,要很好地听取地方党委的意见。

现在,中央将司局长和一些重要企业、高等院校和科研机构的主要领导干部下放给各部委管理,从而,各部委管理干部的权限扩大了,工作要求也更高了。为了做好工作,中央书记处在讨论时特别强调要层层尽职尽责。对这个问题,我想讲以下五点:

一、认真执行党在新时期的干部队伍"四化"方针,选拔使用干部必须坚持这个方针。党的十一届三中全会以后,中央明确提出了新时期的干部标准,提出了干部队伍和领导班子要革命化、年轻化、知识化和专业化,反复强调要大胆选拔那些坚持四项基本原则,有强烈的革命事业心和政治责任感,有专业知识,有干劲,能开创新局面的中青年干部,充实各级领导班子。凡属"三种人"①,反对党的十一届三中全会以来党的路线、方针、政策的人和各种严重违法乱纪的人,一个都不能进领导班子,犯有严重错误的人,也不能进领导班子;德才平庸、不能坚持党的原则的"老好人",也不能提拔。同时,中央还明确指出,审批干部一定要把好政治关、年龄关、文化关。几年来,我们是按照中央的上述指示精神做的。经过机构改革,司局一级领导班子作了调整,素质有了一定提高。目前存在的问题仍然不少:一是年龄老化问题虽然有所缓和,但未根本解决,没有形成梯队形年龄结构。有的部门司局长的平均年龄比机构改革以前还大。二是文化偏低的状况仍普遍存在。有的工业、科技部门的司局长中,初中以下文化程度所占比例还高达50%。三是专业干部和有专业知识的干部少。一些司局班子中,还有一定数量的干部对本行业务没有钻进去,瞎指挥的情况时有发生。这种状况,同司局领导班子所担负的繁重任务是不相适应的,需要继续采取措施加以调整。今后,司局领导班子的年龄结构要逐步实现梯队形配备,一般应由55岁左右的、50岁以下的、40岁以下的干部组成。今明两年新提任的,年龄要更轻些,多数应是40多岁和30多岁的。年龄超过60岁的司局级领导干部,原则上要按照规定离休、退休。司局一级机构原则上不再新设顾

---

① "三种人",指在"文化大革命"期间跟随林彪、江青一伙造反起家的人;帮派思想严重的人;打砸抢分子。

问。原有的顾问,如年高体弱,不能坚持正常工作的,都应退居三线。

司局领导班子要按提高文化水平的要求,逐步实现知识、专业结构的合理化。各部门主要技术、业务司局的新任司局级领导干部,一定要懂本单位的专业,一般应有相应的技术职称。经过努力,在今明两年内,司局级领导干部应有一半以上达到大专文化程度,主管经济、科学技术的司局,他们的领导干部要有三分之二以上达到大专文化程度。同时要按照业务需要,恰当搭配专业人员,力争实现领导班子智能的合理组合。

司局领导班子还必须按照机构改革期间中央规定的人数进行配备,不能突破。

在整党期间,党组内部对拟任命的干部在"文化大革命"中的表现,认识上如有重大分歧,问题又一时难以查清,可暂缓任命,待通过整党,将情况查清后,确实符合要求的,再予任职。

从京外选调司局级干部进京,根据中央的精神,要从严控制,须报中央组织部批准。如果部委能调动一些机关干部,特别是缺乏基层工作经验的年轻干部或其他干部交流到京外地区去工作,做到有出有进,出大于进,不突破规定的编制人数,那么可允许从京外地区调少量的中青年干部充实司局以上领导班子。

二、要加强大型企业、高等院校和科研机构领导班子的建设。长期以来,我们比较重视各级党政领导班子建设,这有历史原因,也是必要的。党的十一届三中全会以来,全党工作着重点转移到经济建设上来,这就要求我们在重视党政领导班子建设的同时,把大型企业、高等院校、科研机构的领导班子按照"四化"方针建设好。这一点我们一定要高度重视。现在有约半数的大中型企业、科研机构和大专院校的领导班子存在着年龄偏大、文化偏低、内行偏少、专业不够配套的问题,厂长(经理),特别是书记的配备同干部"四化"的要求差距更大。据去年10月统计，全国2000多个相当地（局）级以上的大专院校、科研单位、医院、图书馆、博物院（馆）共有2800名党政一把手，其中年龄在56岁以上的占62%，只具有初中、高中文化程度的占40%，这种状况很不适应"四化"建设的需要。所以，胡耀邦同志一再强调要加强大型企业、大专院校、科研机构的领导班子建设，要求我们了解这些单位的领导班子和干部素质，做到心中有数。中央领导同志并提出，这两三年究竟提了多少有知识、有闯劲、能干的中青年上来了？那些年老体衰，不懂行的，特别是那些不干事的，热衷于搞不正之风的，换掉了没有？检查起来，我们组织部门的实际工作同中央领导同志的要求是有差距的。今后一定要认真贯彻执行中央的指示，改变过去视野比较狭窄和对从事经济工作、文化教育工作、科技工作的干部不熟悉的状况，并且采取有力措施，在今明两年内，按照干部"四化"的要求，把这些单位的领导班子建设好，其中党政的第一把手，力争在1984年、少数最迟在1985年达到大专文化程度。

三、要大胆放手地走群众路线，充分发挥集体领导作用。几年来，我们在干部工作中，逐步打破了过去那种神秘化和手工业方式，创造了许多走群众路线的好方法，开阔了视野，发现了大批优秀人才。今后选拔领导干部，仍应采取个别了解，小型座谈会，民主推荐，民意测验，组织部门考察，党委（党组）集体研究确定的办法。这样做，可以使我们对干部的政治思想、道德品质、业务能力、专业特长，以及担任何种职务合适等，有个真实的、全面的了解，避免主观片面性，既防止压抑人才，又避免任人失当。

实行国营企业领导体制改革试点的单位，在干部管理工作上，要积极贯彻今年5月中央办公厅、国务院办公厅《关于认真搞好国营工业企业领导体制改革试点工作的通知》，支持厂长行使职权，大胆工作,促进企业改革的进行。

四、要按照分级管理、层层负责的要求,进一步改善管理干部的方法。一是要明确职责。各部委确定了自己管理的干部范围以后,还要督促和帮助下级机构确定干部管理范围,并按照职责分工,把干部管好。二是要加强考察了解干部的工作。各部委对自己管理的干部,一定要经常考察了解,做到全面、及时、准确地掌握情况。提拔使用干部时,必须直接了解,掌握第一手材料。三是要充分发挥主管和协管两方面的积极性。对中央各部门和地方双重领导的单位的干部,要按中央组织部〔1983〕15号文件《关于改革干部管理体制若干问题的规定》中明确的分工和职责去做,在任免干部时,各部委要主动征求地方党委的意见,互相尊重,共同管好。四是要减少层次,简化审批手续。我部过去的有关这方面的规定,如果有不当的地方,请大家提出意见,以便研究改进。五是要注意依法办事,也就是要严格按照法律程序和有关规定,做好国家机关和其他行政领导职务的任免工作。这个问题,中央办公厅、中央组织部都专题发过通知,要认真执行,坚决克服党政不分、以党代政的现象,养成依法办事的习惯。六是组织部门要认真负起监督检查的责任。各级组织部门的工作方法要适应干部管理体制改革的新形势。现在,管理的干部人数少了,办理干部任免的具体事宜减少了,但调查研究、考察了解干部、对下级机关任免干部和对下级组织部门监督、检查的任务却加重了。对下级组织管理的一些比较重要的职务,采取任免备案的办法,是做好监督、检查的一项重要措施。向中央备案的范围,中组发〔1984〕6号文件已经作了明确规定。希望各部门按照这个文件要求,认真报来备案,中组部将努力做好监督检查工作,发现有任免不当的,还是要及时提出来共同商量,该纠正的就予以纠正。

五、要正确处理党委管理干部的范围和干部级别待遇之间的关系,认真解决好干部的待遇问题。各级党委确定管理干部范围的出发点,不能单纯从具体单位的规格和干部的级别待遇出发,主要应从有利于干部队伍"四化"建设,有利于促进各项改革,有利于促进工作来确定。比如确定中央管理干部范围的时候,把各部委的正副司局长放下去了,而没有代管单位的直属局副局长等司局级干部却还要管,这是考虑到直属局是国务院的直属机构,这些职务如果中央不管,就没有地方审批。所以,中央管理的干部职务,有副部长级以上干部,也有不是副部长级的干部。后者不能因为列入中央管理范围而提高待遇,其所在单位也不能因此而升格。原来由中央管理的司局长,这次下放给各部委管理,他们原来享受的政治、生活待遇并不因此而降低。解决干部待遇问题,不能根据党委管理干部的范围去确定,而应按照解决干部待遇问题的有关规定办理。这一点要向大家讲清楚,也要向管理干部待遇的部门讲清楚。过去,有的部门提出,要求将某某职务列入中央管理范围。希望这些部门不要争了,担任这些职务的干部本人更不要争了。

最后,我再讲一下第三梯队①建设问题。中央对此要求很高,抓得很紧,这里就不多讲了。干部管理体制改变之后,各部委要继续做好第三梯队的建设工作。一年来,各单位做了大量的工作,使建设第三梯队的工作取得了很大进展。但是,按照中央的要求,实现国庆节前把省、部级第三梯队名单确定下来,还要做很大的努力。从当前工作来看,省、市比部委抓得要紧一些。现在时间已经很紧迫,希望各部委把这项工作抓得更紧一点,采取一些必要的措施,最晚不迟于8月10日以前按要求把名单和材料报送中央组织部。

根据目前情况,搞好这项工作需要解决两个认识问题。第一个

---

① 第三梯队,是指当时党中央提出的后备干部队伍。

是整党和第三梯队建设的关系。第三梯队建设是整党的一项重要内容,这一点陈云①同志在党的十二届二中全会的讲话中已经说明确了。应该把整党看成是建设第三梯队的极好时机。中央整党指导委员会也准备发个文件,把第三梯队建设作为整党搞得好不好的一个重要标准。第二个是避免选拔和使用脱节的问题,这个问题比第一个问题要普遍。有的单位列入第三梯队名单是一回事,考虑进班子的又是一回事,这怎么行呢?第三梯队建设工作是不是做好了,既要看你报了多少合格的人选,更要看这里面有没有近期能提拔使用的人选,看你的这个名单同领导班子的继续调整工作衔接如何。这两个问题解决好了,第三梯队建设的工作就可能搞得更快、更好些。

随着经济体制改革和其他各项改革的深入开展,以及对内搞活、对外开放政策的进一步实施,干部管理体制的改革势在必行。在这种情况下,我们组织部门、干部部门也要加强本身的建设,搞好本身的"四化",以适应新形势的要求。决不能墨守成规,要站在改革的前列,去积极地试点,大胆探索新路子,总结新经验,不断把改革推向前进,把干部管理工作搞好、搞活,提高到一个新的水平,更好地为"四化"建设服务。我相信,经过大家的共同努力,我们的工作一定会搞好。

---

① 陈云,时任中共中央政治局常委、中央纪律检查委员会第一书记。

以改革的精神加快
企业领导班子建设[*]

（1984 年 8 月 25 日）

今年 4 月，中央书记处在讨论中央组织部的工作时指出："要重视大的企业、科研机构和高等院校领导班子的建设。党的十一届三中全会以来，我们比较重视抓中央、国家机关各部委、司局和各省、自治区、直辖市委、地委、县委领导班子的建设，而对大的企业、科研机构和高等院校领导班子的建设注意不够。今后，要对大的企业、科研机构和高等院校干部的选配给予足够的重视。要结合企业体制的改革，将大的企业、科研机构和高等院校领导干部的政治待遇和物质生活待遇问题解决好。"经过两年多的企业整顿，企业领导班子的年龄和文化结构可以说已经得到了改善，企业面貌发生了很大变化。今年上半年，工业企业的产值、实现利润和上缴利税同步增长。这种可喜现象的出现，有多方面的原因，而同企业领导班子的加强也有直接关系。但当我们回顾调整企业领导班子工作成绩的时候，也要看到在这方面还有许多不足之处。企业领导班子的现状，确实还难以适应我国当前经济发展的新形势和世界新技术革命的挑战。这次座谈会的中心议题是，根据中央和中央领导同志的指示精神，在总结前一段工作经验的基础上，研究如何进一步加快企业领导班子的"四化"建设，着

9

重讨论怎样把骨干企业领导班子的素质提高到一个新水平,使企业在经济改革中走在前列,在我国社会主义经济建设中发挥更大的作用。

现就当前如何加强企业领导班子的建设,讲五点意见。

一、继续改善骨干企业领导班子的结构,进一步提高领导干部的素质,是当前组织战线上的一项重要任务

国营企业是我国国民经济的主导力量,搞得好不好,直接关系着四个现代化的成败。而搞好企业,领导班子是关键。根据目前的情况,继续改善企业领导班子的年龄、专业结构,提高文化程度,是当前组织战线所面临的重要而迫切的任务之一。建设企业领导班子,应当把3000多个骨干企业作为重点,这部分企业的产值占全国所有企业产值的45%,上缴利税占一半,在国民经济中处于举足轻重的地位。在这批企业中,年产值在一亿元以上的,有400多个,每年上缴利税一亿元以上的,有近百个。它们在我国经济建设中肩负的任务尤其重要,领导班子更应当首先建设好。为了做好这项工作,要解决好以下几个问题。

(一)配备领导班子,要严格按照干部"四化"的要求,坚持高标准

对大中型骨干企业来说,建设好领导班子,主要应达到以下五条:(1)政治素质好,党性强,有事业心,作风民主,公道正派,内部团结,能开展批评与自我批评;(2)懂得党的政策,并能结合企业的实际情况,在生产、经营活动中创造性地贯彻执行,勇于改革,能开创企业新局面,不断为国家作出新贡献;(3)具有较高的文化程度,专业配套,有管理好现代化企业的知识和本领;(4)比较年轻、精干,精力充沛,年龄形成梯队形配备,能实现领导班子的连续和稳定;(5)善于结合生产业务做好思想政治工作,两个文明建设一起抓。

前一个时期调整企业领导班子,有一部分成员带有过渡性。这

在当时情况下,是必要的。但是,今后再搞过渡,搞迁就照顾,就不利于开创新局面了。今后不再设顾问,现有顾问,凡超过60岁的都退下来,放手让新班子工作。

(二)一定要把厂长、党委书记选配好

大量事实表明,凡是坚持干部队伍建设的"四化"工作方针,同时把那些善于经营管理的人选进领导班子,就能很快开创企业的新局面,其中,厂长、党委书记则起关键作用。

根据中央领导同志的指示精神,针对企业领导班子存在的主要问题,我们要求:大中型骨干企业的厂长、党委书记,力争在1984年、少数到1985年,达到大专文化程度,其他党政副职也要有三分之二达到大专文化程度和相应的专业知识。从党的组织路线必须为党的政治路线服务的观点来考虑问题,为了实现党的十二大规定的总任务、总目标,不这样做是不行的,领导班子实现"四化"的步子迈得太小也是不行的。鞍山钢铁公司和燕山石化公司在这方面已经做出了榜样,其他大中型骨干企业也应当不成问题。据进展较快的10个省市和部委的统计,截至7月底,它们所属骨干企业的厂长、党委书记,达到上述要求的已接近一半,党政副职领导干部,也已大部分达到大专文化程度。事实说明,只要认识明确,态度坚决,坚持原则,措施得力,工作扎实,这个目标是一定可以实现的。

(三)选拔干部,既要注意学历,又要重视真才实学和实际工作能力

选拔企业领导干部,对学历是要注意的。因为学历是衡量文化程度和专业知识水平的一个重要标志。胡耀邦同志在党的十二大报告中指出:"今后使用和提拔干部必须把学历、学习成绩同工作经历、工作成绩一样作为重要依据。"长期以来,我们对学历注意不够。现在企业领导班子的文化程度有所提高,但总的说,并没有根本改

善。进一步提高企业领导干部的文化程度,仍然是当前需要强调的重要问题。至于有个别单位片面理解干部"四化"条件,没有根据干部的特长和全面情况,选拔了一些虽然文化和专业程度较高但缺乏实际组织领导能力的同志担任领导工作,结果使这些同志难以胜任,这种情况也要引起注意,尽量予以避免。今后,选拔企业领导干部,既要重视学历,也要重视真才实学和组织领导能力、经营管理能力。有些自学成才的优秀干部要重视选用。在企业现有领导成员中,有一些是从技术工人中提拔起来的干部。他们有比较丰富的实际经验,其中,有的经过勤奋学习,实际上已经达到大专文化程度,今后仍应当充分发挥他们的作用;对其中比较年轻又有一定文化基础、有培养前途的,应有计划地培训,提高他们的文化程度和专业知识水平,使他们在工作中发挥更大的作用。

小型企业也要根据干部"四化"工作方针选拔领导干部。但要从实际出发,不要照搬照套对大中型骨干企业领导班子的要求,年龄也不要搞层层递减。

(四)关键在领导的决心和有力的措施

根据以上对企业领导干部文化和专业的要求,以及一般不超过55岁的任职年龄界限,今年初粗略统计,3000多个大中型骨干企业的厂长中约有40%、党委书记中约有70%需要调整。尽管在一个省、自治区、直辖市和中央各部委的范围内,骨干企业的绝对数并不大,但是,要把这件事办好,还需要做很多工作。关键在于各级领导的决心和采取有力的措施。希望大家都像鞍山钢铁公司调整领导班子那样,贯彻干部"四化"方针的态度坚决一些,思想解放一些,提拔、使用年轻干部的胆量大一些,尽量解决得彻底一些,并形成合理的年龄结构(既有50岁左右的,也有40多岁和30几岁的),这样的领导班子就能稳定一个比较长的时间,而且为以后领导班子的正常交替打下良好的基础,避免再出现大上大下的情况。

我们设想,经过今明两年的继续调整,当我国经济建设进入第七个五年计划的时候,全国 3000 多个骨干企业的领导班子能够建设得比较好。通过以后的正常交替,使领导班子能够适应 20 世纪后十年我国经济更大发展的需要。

二、当前重要的问题是尽快把 40 岁左右的优秀干部提拔起来挑重担

建设好企业领导班子的核心问题,仍然是选拔大批年轻优秀的知识分子担任企业的领导工作。特别要尽快把其中 40 岁左右的优秀人才提拔起来挑重担。这部分干部大体上是"文革"前几年和"文革"初期毕业的大(专)学生。从总体上看,这些人有不少长处:一是思想基础比较好,经过一定的工作锻炼和拨乱反正的教育,政治上有一定的鉴别能力。二是文化科学知识基础比较扎实。三是有较多的实际工作经验。四是正处在年富力强的时期。现在,他们中的多数人实际上已经成为各方面的骨干。不尽快把他们提拔起来,不仅会影响当前工作,还可能对今后的事业造成损失。

(一)要敢于把年轻干部放在主要领导岗位上

有的同志担心年轻干部缺乏"全面领导经验",不敢放手让他们挑重担。经验是在实践中锻炼出来的,不压重担,不经过实际工作的磨炼,何来"全面领导经验"?我们既不要把没有经过实际锻炼的"三门"干部急于提拔到领导岗位,也不能对年轻干部的领导经验作不实际的苛求。我们现在提拔的企业干部,绝大多数都有了一二十年的工作经历,对他们应该放心,应该放手。否则,会造成他们对老同志的依赖,不利于年轻干部的迅速成长和更好地发挥他们的作用。

(二)选拔勇于改革的干部时,要多看他们的主流

当前,提拔、重用勇于开拓、革新的干部时,往往由于求全责备而

难以通过。这些人可能有某些不足之处,甚至有较突出的缺点,但只要主流是好的,就要大胆使用,热情帮助,充分发挥他们的长处,不要求全,更不能挫伤他们改革创新的可贵精神。当然,领导上也要善于帮助教育,使他们不断克服自己的缺点和弱点。

邓小平同志说:"用人的政治标准是什么? 为人民造福,为发展生产力,为社会主义事业作出积极贡献,这就是主要的政治标准。"社会主义阶段最根本的任务是发展生产力,把经济搞上去。在坚持四项基本原则的前提下,谁最有能力使企业取得最高的经济效益,为国家作出最大贡献,谁就应当被重用、被提拔担任企业的领导工作。有的领导干部品德不错,但缺乏开创精神,他们当然是好同志,但不一定能完全胜任企业所面临的繁重复杂的领导任务。凡长期打不开局面的同志就应当进行适当的调整。

(三)老同志要全力支持年轻干部上第一线

有些同志总是担心年轻干部"压不住阵"。因而,有的企业选配厂长、党委书记时,不是从青中选优,而是从老中选轻。许多事实证明,只要年轻干部选得准,有领导才干,敢抓敢管,能很快把生产搞上去,打开了局面,作出了贡献,又能严格要求自己,充分走群众路线,再加上老同志和上级的支持,就能很快赢得职工的信任和爱戴。老同志主要是把党的优良作风和光荣传统留给年轻人,对企业中违反党风党纪的问题要敢于说话,应当热心支持和鼓励新干部大胆处理和决定问题。

(四)要把好政治关

"文化大革命"中的"三种人"以及反对党的十一届三中全会以来的路线、方针、政策的人,决不能进领导班子,这点要严格执行,不能含糊。至于那些经过考察,确实属于犯过一般性错误的同志,本人又作了认真的自我批评,吸取了经验教训,有了认识,得到群众谅解,就不能揪住不放,应尽快解脱,按照德才标准放手使用。

三、大胆改革,把企业干部的管理工作搞得更好、更活

企业的干部制度必须适合企业的特点。在社会主义条件下,什么样的干部管理制度和管理方法最能促进企业的生产和建设的发展,最能促进人才和年轻有为的干部的更快成长,就应采取什么样的制度和方法,在这方面,工作要力求搞得灵活一些。

以前,企业干部管理工作上的主要弊病是层次多,审批慢,统得过死。现在,中央已经明确,今后,上级党委只管少数大企业的主要领导干部,其他干部由业务主管部门和企业自行管理。

今年 5 月 10 日,国务院发了《关于进一步扩大国营工业企业自主权的暂行规定》;5 月 18 日,中央办公厅和国务院办公厅又发了《关于认真搞好国营工业企业领导体制改革试点工作的通知》。目前,一部分企业正在进行厂长负责制的试点,这是企业管理制度的一项重要改革。在这一改革中,厂长如何根据党的干部路线和方针、政策,同企业党委密切配合,充分走群众路线,正确地选拔、使用和奖励干部,是一个必须在实践中很好探讨和积累经验的问题。

党中央、国务院 1982 年颁布的《国营工厂厂长工作暂行条例》曾明确规定实行厂长任期制,由于当时企业正在进行全面整顿,没有普遍推行。现在企业领导班子大多数已进行过调整,实行厂长任期制的条件已经成熟。实行厂长任期制,是破除干部职务终身制,做到能上能下的一项重大改革,是保证企业干部队伍年轻有活力的重要措施。从部分科研单位的(院)所长和高等院校的(院)校长实行任期制的情况看,效果是好的。从明年起,首先在全国 3000 多个国营骨干企业里实行厂长任期制,然后逐步加以推广。

目前,不少中小型企业对干部实行招聘、选举、合理流动等多种形式改革的试验。这对搞活企业干部管理工作很有必要。各级组织人事部门要及时总结经验,不断予以完善。

四、企业领导班子调整后,要抓紧对领导干部的培养和提高

企业领导班子是不是调整好了,要经过实践检验。最终要看企业的生产上去没有,经济效益提高没有,新局面开创了没有。有少数企业,领导班子调整后,面貌没有什么变化,原因之一是新班子的自身建设没有及时跟上。这种情况要引起注意。当前,要把增强党性,坚持和发扬党的优良传统,做群众表率,作为企业领导班子思想建设的重要内容。要通过职工代表大会或其他群众路线的方式,定期对领导干部进行民主评议,实行群众监督。干部主管部门要注意考察他们的工作实绩,对贡献突出的领导干部要进行奖励,有缺点错误的,要帮助教育,确实不称职的,要进行调整。对那些热衷于以权谋私、搞派性等不正之风的,对落实党的各项政策特别是知识分子政策顶着不办的领导干部,不能姑息迁就,要坚决处理。此外,目前企业提拔的新干部,多数是工程技术人员,不少同志缺乏经营管理知识。因此,需要提供适当的学习机会,帮助他们掌握最基本的马克思主义理论,并使他们能较快地掌握现代化企业的管理本领,不断更新知识。这个问题很重要。领导同志要高度重视,各级党校、干校也要积极配合。

要建立和培养好一支后备干部队伍。近两年在中央、国家机关和省区市机构改革中,据不完全统计,仅从3000多个大中型骨干企业中,提拔担任副部级领导职务的干部有30多人,担任厅局级领导职务的近500人,这是很大的贡献,说明企业里人才是很多的。所以,建立和培养好企业的后备干部,不仅是企业领导班子自身建设的需要,也是为党政机关输送优秀人才的重要源泉。选拔和培养后备干部,是企业党委和行政领导干部的共同任务。各级组织、干部部门要像选拔党政机关第三梯队那样,切实掌握一批厂级领导干部尤其是厂长、党委书记的后备对象。选拔、考察、培养和管理好这些后备干部的责任,主要在上级干部管理部门,企业党委和行政领导干部,也要积极协助搞好这项工作。

企业里有一些知识分子干部,由于从事党政工作,与同期毕业而从事专业技术工作的人员,在物质生活待遇上产生了差距。这个问题应当解决。请各省、自治区、直辖市对这部分干部,在解决夫妻两地分居、农转非、住房等待遇方面,参照以前对专业技术人员的规定,制定相应政策,妥善解决。

五、要改变组织部门不熟悉经济系统的干部的状况

去年7月,胡耀邦同志在接见全国组织工作座谈会的代表时指出:多年来,形成党委部门对经济工作不熟悉,行政部门对思想工作不熟悉,这是个弱点;组织部门只熟悉党内干部,对文艺干部、科技干部、党外干部不熟悉,对经济工作不熟悉,这样不行。近年来,组织部门对此作了一些努力。但是总的说,经济干部工作,尤其是企业干部工作,还没有摆上应有的位置。这种状况如不改变,就难以适应党的工作重点转移后的新形势。企业干部工作抓什么? 概括起来说,就是一抓班子,二抓人才,三抓政策。要做好这些工作,首先,要求做组织工作的领导同志,指导思想来个转变。从组织工作要为党的总路线、总目标服务出发,在搞好党政干部工作的同时,切实重视经济、科技干部工作,把调整好骨干企业的领导班子,作为当前开创组织工作新局面的重要内容来抓。我们应当在这方面作出巨大的努力。第二,要从企业和科研机构抽调一批熟悉经济工作、有较高文化程度、适宜于搞组织工作的优秀年轻干部,到组织部门来,以改变人员结构。今年初,我们曾提出:"组织、人事部门的干部中,要有懂得工业、农业、财贸、科技和文教的人员;部(局)、处两级干部中(包括大中型骨干企业组织部门负责人),具有大专文化程度的(要有理工科毕业的)应占一半以上。不符合要求的,应争取在今年内达到。"目前尚未达到这个要求,尤其是熟悉经济工作的人比较少,有的对此还没有引起足够的重视,还应继续抓紧。第三,开阔视野,改变工作方法。有些组织部门的同志,过去主要精力多花在干部任免和调动上面,对企业情况很不了解。今年初,我们曾到 6 个省市,重点调查过 22 个大型企业领导班子的素质情况,后来又同有关省市和部门一起,坚决按照干部"四化"要求,直接调整了几个重点企业的领导班子。这样一来,我们对如何才能把大企业的班子建设得比较好,心中就有了点数。不久前,中央领导同志曾要求组织部门的同志"下去也调查点经济问题,积累一点经济方面的过硬知识"。并说:"没有这方面知识,也很难使本行工作做到点子上去。"希望各级组织部门的领导干部,能深入基层厂矿,亲自搞些典型调查,以推动全面工作,并能经常关心和帮助企业解决一些实际问题,为基层服务。

在当前新形势下,在企业干部工作中,有不少新课题需要我们研究。例如,实行厂长负责制后,企业党委如何工作?怎样搞好新班子的思想建设和业务建设,使他们真正成为管理好社会主义工厂的企业家?如何及时发现并支持勇于改革的优秀人才?落实知识分子政策,在企业里要解决哪些问题?又如,对退出企业领导班子、又不到离休、退休年龄的老同志,应怎样安排好他们的工作,使他们进一步发挥作用,这是企业干部工作中遇到的一个新问题。我们希望,通过这次座谈会,大家解放思想,锐意改革,切实重视并大力加强骨干企业、大的科研单位领导班子的建设。

党风不正，来势很猛，所起的破坏作用不可低估*

（1985 年 3 月 5 日）

我完全同意 2 月 28 日一波①同志在第二期整党工作会议上的重要讲话，完全同意胡启立②同志、余秋里③同志、王鹤寿④同志刚才所作的讲话。启立同志已经把昨天中央书记处所讨论的意见综合给大家传达了。我现在只简单地讲点个人意见。

中央决定把第二期整党的重点放在解决在新形势下的新的不正之风，我认为这是完全正确和必要的。这些不正之风，虽然不是目前形势的主流，但是正像刚才启立同志和其他同志所说的那样，来势很猛，所起的破坏作用是不可低估的。它对我们正在进行的经济体制改革的干扰，对党纪、政纪、国法的败坏，对共产党员党性的腐蚀，是值得严重注意的。

下面我想讲三点意见：

第一，第二期整党，仍然需要注意加强党的思想教育，特别是要认真地系统地学习党的十二届三中全会通过的《中共中央关于经济

---

* 这是乔石同志在第二期整党工作会议上的讲话。

① 一波，即薄一波，时任中共中央顾问委员会常务副主任。

② 胡启立，时任中共中央政治局委员、中央书记处书记、中央办公厅主任。

③ 余秋里，时任中央军委委员、中央军委副秘书长、解放军总政治部主任。

④ 王鹤寿，时任中央纪委常务书记。

体制改革的决定》,学习胡耀邦同志最近的几次重要讲话,学习耀邦同志和其他领导同志在省长会议上的重要讲话,充分领会《决定》和这些重要讲话的精神实质,要把全党同志对经济体制改革的思想认识统一在《决定》和这些重要讲话精神的基础上,提高全党进行体制改革的自觉性,为第二期整党奠定有利的思想基础。如果不解决这个问题,对于以城市为中心的经济体制改革没有一个统一的认识,对一系列思想上和政策上的是非界限划不清楚,比如弄不清社会主义商品经济是在公有制基础上的有计划的商品经济,不懂得按社会主义原则来正确地运用价值规律,自觉地防止它可能产生的消极作用;弄不清国外哪些先进技术和经营管理方法是应当吸取和借鉴的,哪些做法是根本不能盲目抄袭的;等等。如果这些问题都弄不清楚,学习不好,那就不能很好地通过整党促进改革,也就不能有效地杜绝在新形势下的新的不正之风的发生。

第二,第二期整党和第一期整党一样,关键在于领导班子的整顿,不解决好领导班子的问题,光从下面解决问题是不行的。既然第二期整党要着重解决新形势下的新的不正之风,这首先就必须要从上面做起,从领导做起,有不正之风的就要解决,问题严重的就要分别情况予以处理,甚至绳之以党纪、国法。至于第一期整党单位,虽然整党工作就要告一个段落,但是在这些单位中抓一下这件事,我认为也是十分必要的。即使是没有什么问题也可以提高思想觉悟,弄清政策界限,增强免疫力。如果有一些一般性的问题或者有一些萌芽状态的问题,那就要及时地给予纠正,挽救一批人。如果有严重的问题,就应该进行认真严肃的检查,该处理的要严肃处理,坚决刹住。只有这样,才能巩固和发展第一期整党的成果,才有可能去领导好第二期的整党。在第二期整党中,也应该把参加第二期整党单位的领导班子的问题作为一个关键问题来抓好。如果领导班子的党风整顿不好,要把整个单位整党工作搞好,这是不可能的。道理我就不详细讲了。

第三,第一期整党有一条重要的经验,就是整党不仅没有影响经济建设和改革的进行,而且促进了经济的发展和改革的顺利进行。第二期整党正处在以城市为中心的经济体制改革的第一年,中央领导同志在年初就提出"慎重初战,务求必胜"。因此,在第二期整党中同样必须密切结合改革,促进和保证改革的顺利进行。通过搞好整党解决新形势下的新的不正之风,把全党的思想认识统一在党的十二届三中全会制定的方针、政策的基础上,扫清改革道路上的各种障碍,为经济体制改革的初战胜利创造良好的条件。新的不正之风刚才好几位同志讲到了。虽然不是主流,但它的危害是值得严重注意的。如果任其泛滥的话,那就有破坏经济体制改革、败坏党风、败坏社会风气的危险。它对经济体制改革可能造成严重的破坏作用,对此一定要有足够的估计,足够的警惕。我们一定要下决心,把这些不正之风坚决刹住。

我相信,只要我们全党认识一致,上下共同努力,首先从上边开始,领导带头,那么这些不正之风是一定可以刹住的。我们第二期整党的任务和今年的经济体制改革的任务,也一定能够按计划胜利完成。

关于当前组织工作的几个问题[*]

（1985 年 7 月 2 日）

中央党校培训部八三级的学员即将毕业了，党校领导同志要我来讲讲组织工作问题。这个题目比较大，内容很多，不可能都讲到，我只想就当前组织工作中的几个主要问题，向同志们介绍些情况，谈点个人的想法和意见。

我准备讲以下四个问题：

一、关于正确理解和执行干部队伍建设"四化"方针问题

同志们知道，自 1979 年以来，党中央和中央领导同志，特别是小平同志、陈云同志，不断地讲干部队伍建设"四化"的问题，党的十二大又正式把干部队伍"四化"写进了党章。为什么要这样强调这一条呢？这是因为，实现"革命化、年轻化、知识化、专业化"是干部队伍建设的长远的战略方针，是胜利实现我国四个现代化建设的重要组织保证。这一方针的确定和执行，对于废除领导职务终身制，提高干部队伍的素质，加强和改善党的领导，对于保证党的路线、方针、政策的连续性和国家的长治久安，对于促进和确保党在新时期总任务的实现以及各项改革的顺利进行，都有重大而深远的意义。不仅如此，这一方针的制定，还将为我们的子孙后代立下一个好的规矩，使我国的干部队伍，永远沿着革命化、年轻化、知识化和专业化的方向

---

* 这是乔石同志与中央党校培训部 1983 级学员座谈时的讲话。

前进。

1982年机构改革以来，全党为贯彻落实干部队伍"四化"方针，做了大量工作，取得了可喜的成果。一大批中青年干部，被选拔到县以上领导岗位。各级领导班子的年轻化程度有了很大改善，文化程度普遍提高，知识和专业结构发生了明显的变化。整个干部队伍的"四化"建设，也在原来的基础上大大前进了一步。党内外群众从这些变化中，越来越深切地认识到实现干部"四化"的重大意义及其深远影响。国际上对于我们干部制度的改革和干部队伍"四化"，也十分关注，反应是很好的。实践充分证明，党中央提出的干部队伍建设的"四化"方针，是一个完全正确的方针。我们必须坚定不移地、坚持不懈地贯彻执行，决不能有丝毫的含糊或动摇。

我们说，近几年在实现干部队伍"四化"方面取得了突破性的成绩，决不意味着这项工作就没有问题了。我觉得应当讲两句话：第一句话，成绩不小，应当充分肯定；第二句话，今后的工作还很艰巨，需要继续努力。这样说，比较全面一些。

特别值得指出的是，一些同志对"四化"方针缺乏正确的全面的理解。

有些同志认为，贯彻执行干部队伍建设"四化"方针，是领导上的事，是组织部门的事，或者是年龄已过线、即将退下来的同志的事，或者是那些将要被提拔进班子的人的事，至于同自己的关系，同整个党的事业和整个国家建设的关系，则很少考虑。这种认识和态度当然是不对的。实现"四化"，是整个干部队伍一项伟大的建设工程。要完成这一建设工程，没有各级党组织和全体干部的共同努力，是很难实现的。因此，全体干部，特别是年纪较轻的同志都要朝革命化、知识化、专业化方向努力。只有这样做，整个干部队伍的"四化"，才能不断向前发展。

有些同志对干部队伍"四化"的含义和内容，在理解和掌握上也有些不全面。

首先是对革命化的认识问题。有些同志常常把革命化同年轻化、知识化、专业化割裂开来，或对立起来。有的同志提出，是否革命化是首要的，其他"三化"都是无关紧要的。有的同志则只重视年轻化、知识化和专业化，认为革命化无关紧要，甚至说什么："革命化，顶个啥，'文革'中没问题，就算革命化。"有的还认为强调了干部"革命化"会束缚人才的成长，妨碍干部的选拔。这些看法都是错误的，必须加以纠正。

革命化、年轻化、知识化、专业化，是一个互相联系、不能分割、缺一不可的整体，充分体现了德与才的辩证统一。一个党性不强，思想路线不端正，政治品质不好，作风不正派，没有革命理想，缺乏道德，不守纪律的人，也就是不符合"革命化"要求的干部，即使文化较高，有某些专长，或者组织活动能力较强，尽管也是一种人才，也可以用其所长，为社会主义建设服务，但决不能让这样的人担当领导重任。当然，一个没有建设社会主义现代化事业的本领，又不肯努力学习和掌握这种本领的人，也不可能担当起领导"四化"建设的重任。因此，我们必须坚持德才兼备的原则，切不可把两者对立起来。我们现在搞的四个现代化，是社会主义的现代化，不是别的什么现代化。要完成这一伟大事业，就要求党的干部，尤其是各级领导干部，不仅要年富力强，有专业文化知识，而且一定要有坚强的党性和正派的作风。对于这个问题，邓小平同志曾作过深刻的阐述。他说："要在坚持社会主义道路的前提下，使我们的干部队伍年轻化、知识化、专业化，并且要逐步制定完善的干部制度来加以保证。提出年轻化、知识化、专业化这三个条件，当然首先是要革命化，所以说要以坚持社会主义道路为前提。"离开了革命化这个前提,其他"三化"即使某一化"化"得好一点,也不可能成为堪当重任的领导者。

关于年轻化的问题,一些同志在理解和执行上也存有某些片面性。有的撇开其他"三化",孤立地看待年轻化,认为越年轻越好。在配备领导班子时,有的地方提出什么要"高文化、低年龄"选干部。有的在选拔干部时对年龄要求层层递减。这些认识和做法,都是不妥的。我们讲年轻化,就整个干部队伍来说,就是要实现新老干部的合作与交替,坚持离休退休制度,不断吸收新干部进来,保持整个干部队伍的旺盛的生机。就各级领导班子来说,主要是形成以中青年干部为主的梯队形结构,改变领导班子一个年龄层次和老化循环的不合理状况。选拔干部,一定要挑选年富力强的同志,这是不能动摇的。但这里所说的年富力强,决不是不讲其他条件,片面强调越年轻越好,而是说要选拔那些年纪较轻,身体较好,有干劲、懂业务、会管理,有政策水平和组织领导能力的同志担任领导工作。如果有符合干部"四化"要求的更年轻的同志,当然首先应该考虑提拔使用。在一个班子里,如果没有更合适的人选,那么,有少数同志其他条件都好,只是年龄稍大一些,暂时留任一段时间也未尝不可。这种留任,必须是工作需要,不能从照顾出发,迁就个人情绪。一些基层单位和职能部门领导班子的年龄要求,不宜层层递减。

关于对知识化和专业化标准的掌握问题。现在讲干部的专业知识,不仅要看他是否经过一定的专业训练,具有相应的知识水平,而且要看他是否懂得现代化建设所需要的新知识,主要是现代科学技术、现代经营管理知识和其他专业知识。当然,这样要求是比较高的。看待这种专业知识,不仅要看一个人所学知识的程度,更要看其运用知识进行创造性劳动的能力。有知识是一回事,能否运用知识解决现实问题又是一回事。一个人尽管学过某种专业,如果不会把所学知识应用于实际工作,算不上有真才实学,很难挑起领导重担。正因为这样,有文化、有专业知识的年轻干部,抓紧到基层去,到各种实际工作岗位上去工作,去得到锻炼,使自己掌握的书本知识和专业技能得到充实,真正成为有真才实学、又有组织领导能力的比较全面的符合"四化"要求的干部,这是非常重要的。

正确地全面地对待干部队伍"四化"方针,不能仅仅停留在理解上,最要紧的是去做,去落实,去实现。怎么实现? 关键在于努力提高干部队伍的素质。前不久,胡耀邦同志在《关于党的新闻工作》的讲话中,深刻指出了这个问题。他说:"就我们干部队伍的基本状况来说,最主要、最普遍、最大量的问题,不是别的,而是要以极大的努力来提高干部队伍的素质。"

干部队伍的素质,包括许多方面,主要是政治素质、业务素质和好的作风,也就是党风要正。在政治素质方面,当前和今后一个时期内,要通过有效的措施和形式,使全体干部,特别是各级领导干部,进一步增强党性锻炼,做有理想、有道德、有文化、有纪律的模范。要坚持全心全意为人民服务的宗旨,树立关心国家、关心全局的观念,"先天下之忧而忧,后天下之乐而乐",为国家的富强和人民的富裕,顽强拼搏,勤奋工作。要认真克服一部分同志目光短浅,不顾全局,利用职权为个人、为小团体谋私利,伸手要官、追名逐利,以及"走门路"、"拉关系"等不正之风。在业务素质方面,各级领导干部,要努力学习和提高自己的管理水平、组织领导才能和科学决策能力,善于从宏观上把握全局,把主要精力用在有决定意义的大事上,避免陷入文山会海和受制于繁文缛节。在作风方面,当前要特别强调,各级领导干部要少说空话、多干实事,发扬务实精神,深入调查研究,加强具体指导和督促检查,把工作做到群众中去,做到基层中去,做到改革的第一线去,下决心克服那种搞浮夸、做表面文章、搞假把式、讲假话、图虚名、华而不实的坏作风。

提高干部素质,无论采取何种形式,无非靠两条基本途径:一是创造一些条件,进学校培养、深造;二是靠内在动力,通过自学,不断提高。当然,从长远和总体上来说,在工作岗位上长期坚持学习,包括读书,从实际工作中学习,向群众学习,向一切人的长处学习,这是最主要的和最基本的。同志们进中央党校学习深造,是提高自身素质的一种有效途径。从更深的意义上讲,这种培训,是我们党为实现宏伟目标所作的一种理论准备、知识准备和干部准备。那种认为"进党校学习不必要"、"学习吃亏"等想法和议论,是不对的,应当克服。当然,离职学习,只是为提高个人素质打下一个基础。形势在发展,科学在进步,知识在更新,要使自己的素质适应蓬勃发展的事业的要求,还需要继续学习,不断提高。希望大家回到工作岗位后,通过自己创造性的工作,在实践中运用这些知识,丰富这些知识,发展这些知识,成为一个跟上时代潮流的、具有丰富知识和卓越才干的领导者。

二、关于调整配备领导班子问题

从党的十一届三中全会以来,调整配备各级领导班子的工作,一直按照"革命化、年轻化、知识化、专业化"的方针有步骤地进行着。特别是 1982 年至 1984 年,自上而下地进行机构改革,全面调整各级领导班子,取得了重大的突破和进展。全国已有 20 万名中青年干部被选拔到县、处以上各级领导岗位,有 108 万名老同志带头以实际行动废除领导职务终身制,退出领导班子,出现了新老交替与合作的局面,使各级领导班子普遍向革命化、年轻化、知识化、专业化前进了一大步。这批中青年干部选拔上来以后,大多数人能够尽心竭力地开展工作,做出了成绩。据典型调查,工作不胜任、打不开局面的大约占百分之几。实践证明不适合担任领导工作的,要及时调整下来。

当然,也要看到,在领导班子建设方面,过去长期积累下来的问题很多,要在一两次调整中解决所有的问题是不可能的。经过机构改革,在一部分领导班子中,有些同志年龄仍然偏大,文化、科学和专业知识水平仍然偏低,同干部"四化"的要求不完全适应;有些领导班子的思想水平和工作水平,还不适应新形势、新任务的要求。因此,还需要作进一步的调整,有的还要作较大幅度的调整。总的目标是,使各级领导班子尽快成为工作精力更加充沛、科学文化知识更加丰富、开拓精神更加旺盛,一心一意搞"四化"、和衷共济创新业的领导集体。

去年春,中央决定,要在今年党的全国代表会议召开前,按照"四化"的方针和能够"稳定五至八年"的要求,把中央、国家机关部委和省、市一级党政领导班子全部调整好,在年底以前把骨干企业的领导班子调整好。现在,各省、自治区、直辖市的党政领导班子的调整工作已基本完成。只有少数几个省区的党政一把手需要暂时过渡一段时间。调整后的省委书记和省长,60 岁以下的占 74%,其中 50 岁以下的占 15.5%。省委书记的平均年龄为 58 岁,省长的平均年龄为 55.6 岁,比调整前分别下降了 7.5 岁和 3.7 岁。国务院各部委和总局共 67 个,领导班子的调整大部分已进行,预计在今后几个月内可以调整完毕。这次省、部级党政领导班子的调整工作之所以进行得比较顺利,主要是中央政治局常委的同志很关心,及时作出许多重要指示;书记处的几位领导同志抓得很紧,进行了大量的耐心细致的工作;同时,各省、区、市和部委主要领导同志对贯彻执行中央的指示很坚决、很主动,亲自考察干部,听取各方面意见,走群众路线。此外,在党的十二大及其前后,领导班子的调整和去年根据中央指示进行全国范围的考察第三梯队的工作,也为这次领导班子的调整打下了较好的基础。

按照党章的有关规定,党中央还建议,在今年9月的全国党代会上,对中委、中顾委、中央纪委的委员,也要做局部调整,一部分老同志要退下来,进一批比较年轻的同志。目的是按照干部"四化"方针,废除领导职务终身制,进一步实现中央领导机构成员的新老交替。对于退下来的老同志,一定要妥善安排,生活上要照顾好,使他们能够继续发挥自己的作用。这是一项重要的干部政策,一定要解决好。

几年来的经验告诉我们,调整配备领导班子,不仅要注意领导班子成员的个人素质,选拔德才兼备的优秀人才,还要注意整个班子的群体素质,合理地配备各类人才,组成合理的群体结构。我们的领导班子,担负着领导两个文明建设和各项改革的任务,必须具备全面的领导能力。但是作为个人来说,即使是知识面很广的人,也不可能样样精通。这里就有一个如何合理搭配人才,组成领导班子的最佳群体结构的问题。现在,不少地方有这样的情况,调整配备领导班子时,往往只注意到班子成员个人是否符合条件,不大考虑班子的群体结构是否合理。因此,有些调整后的班子,如果把每个成员分解开来看,素质都不错,各有专长。但是,组合在一起,结构却不合理,或者门类不齐全,缺少某些方面的人才,或者不能协调工作,发挥不出整体效能。结果,工作打不开局面。这种情况说明,在调整配备领导班子时,不能只满足于选进了多少年轻的干部,增加了多少具有大专文化程度的专业人才,更重要的是要考虑整个班子是否符合干部"四化"的要求,年龄、知识和专业结构是否合理,能不能开创工作新局面。这是一个新课题,需要认真研究解决。

当前,调整配备领导班子的核心问题,是要大胆地选拔优秀中青年干部,尤其是要在中青年知识分子中选拔优秀人才。邓小平同志谈到中央关于经济体制改革的决定时说:《决定》共十条,最重要的是第九条,概括地说就是"尊重知识,尊重人才",事情成败的关键就是能不能发现人才,能不能用人才。这就要求我们进一步解放思想,深入到实践中去,在更广阔的范围内发现人才,把各条战线上经过实践考验的优秀人才尽快选拔到各级领导岗位上来。在这个问题上,我们要有高度的紧迫感和强烈的责任感,根据已有的经验,把选拔优秀中青年干部的工作继续抓紧抓好。

一是按照党在新时期的德才标准,着重选拔那些实践证明能够为人民造福、为发展生产力、为社会主义事业积极做贡献的优秀人才。这样的人才,在开拓前进中有时难免有些失误。对此,要采取分析的态度,弄清出现失误的原因,分清主流和支流,不要一有失误就弃置不用。要热情帮助他们总结经验,吸取教训,继续前进,努力避免那些可以避免的失误。

二是考察、识别干部主要看工作实绩,不能凭个人印象选人。工作实绩,是判断一个人的能力和水平的主要依据。而个人印象,常常夹着个人主观的东西,不能全面反映一个人的真实面貌。只有看工作实绩,才能真正做到量才任用。

三是考核、选拔干部的方法要贯彻改革的精神,认真走群众路线,广泛听取上下左右各方面的意见,反复酝酿。个人推荐、领导同志发现和推荐,都是好的,但同时要按制度办事,按组织原则办事,要经过组织部门的认真考核,党委集体讨论。这个制度,要严格执行。

四是正确认识和处理文凭和水平、学历和能力的关系。一个时期以来,在这个问题上,总有一些同志各持一端,争论不休。有的同志往往把文凭、学历与知识化、专业化简单地等同起来,认为有学历,有文凭,就是知识化、专业化了,就是有水平了。这种认识符合不符合客观实际?我看是值得研究的。文凭与水平,学历与能力,这两者之间有联系,也有区别,在我国目前的条件下,总的讲是一致的,但也有不一致的。对于这个问题,要采取实事求是的态度,既注意学历,又不只看文凭,着重于是否有真才实学和组织领导能力。有文凭的,只有能在"四化"建设中为国家和人民造福、工作成绩显著者,才说明他有水平,应当重用;没有文凭,但经刻苦自学,已掌握了工作所需要的科学文化知识,并在经济建设和改革中显示了自己的知识和才能的,也证明他有水平,同样应当重用。有的地方挑选干部,只注意"文化大革命"中有无问题,人际关系好不好,是不是大学生,结果选中了某些窝窝囊囊的人,或者被称为"既打不开局面,也搞不乱局面"的人,而一些真正能干、有魄力、有才华的人,却因为不是大学生而被忽视了。这应当引起我们的注意。

建设好第三梯队,大胆起用和培养一代新人,是党和国家的一项极为重要的战略任务,是适应新时期总任务的需要准备好后备干部的一项重大措施。现在,趁老同志健在,把第三梯队建设搞好,使它作为一项制度固定下来,为今后领导班子建设对各种人才的需求打下良好的基础。

1983 年中央提出建设第三梯队的任务以后,中央组织部在同年 7 月召开的全国组织工作座谈会上作了具体部署。各地方、各部门都很重视,抽调了大批干部组成考察组,分赴各地,深入基层,采取走群众路线的方法,大力发现和选拔人才,全党动手,主要领导同志亲自过问,在全国范围内,从上到下有计划地大规模地选拔后备干部。经过一年多的努力,初步选出省部级第三梯队人选 850 多名。这批干部,总的说来,基本素质比较好,执行党的十一届三中全会以来的路线方针政策坚决,有一定的实际工作经验,有事业心和创新精神,组织领导能力较强,平均年龄 44 岁,大专以上文化程度的占 92%,有专业技术职称的占 79%。当然,建设第三梯队,还有大量工作要做,当前需要着重抓好以下两件事情:

一是进一步解放思想,更加广泛地走群众路线,深入基层,在更广阔的范围内继续发现和选拔优秀人才,特别要注意发现和选拔有理想,有现代经济、技术知识,又有革新精神,能够开创新局面的人才,使第三梯队得到充实和发展。在选拔第三梯队人选的工作中,必须坚持德才兼备的原则,严格把好政治关。凡是党性不强,伸手要官,热衷搞不正之风的人,不能列入第三梯队;要注意防止派性残余的干扰,选人不能有亲疏之分;要警惕那些心术不正、惯于搞投机钻营的人,特别是"三种人"和有严重问题的人混进来。

二是抓紧第三梯队的培养和继续考核。列入第三梯队的,要根据定向培养和缺什么补什么的原则,逐人落实培养措施,大胆放手地给他们压担子,根据不同情况放到主要领导岗位上去锻炼。对省部级第三梯队干部,有的可以选派到大中城市、综合部门或重点开发地区的主要领导岗位上担任职务;有的可以选调到沿海开放城市和地区任职培养;有些缺乏基层工作经验的,可以在县委、县政府或县一级企事业单位担任领导工作。压上担子后,要关心、爱护他们,支持他们独立负责地工作,帮助他们在实践中尽快地锻炼成长。工作中即使出点差错,也不要过多责备,应当满腔热情地帮助他们总结提高。对新上来的干部,在宣传报道上要注意掌握分寸,实事求是。新上来的同志,自己也要有所警惕,扎扎实实地工作,不务虚名,不搞假把式;要讲真理,不要顾面子,有了错误要及时改正。另外,一般不要采取还未做出成绩就仓促提拔上来,然后挂职下放的办法。对放下去的干部,要使他们真正同人民群众相结合,得到扎扎实实的锻炼,做出显著成绩来,不能不问是否干出了成绩,预定的锻炼期满,就调上来放到领导岗位上。对一些经过实际锻炼,积累了较多领导经验,但缺乏马克思主义基本理论训练的后备干部,可以分批安排离职学习。第三梯队的干部不是固定不变的,应随着"四化"建设的发展和需要,不断得到充实和发展。凡经过实践考验,工作中做出优异成绩,确实德才兼备的,就及时提拔使用。工作中无所作为,不能打开局面,或者个人主义严重,一味追求升官晋级的人,要及时调整。同时,经常补充新的优秀人才。

还有一个关于继续发挥50多岁干部作用的问题,有必要说几句。有一种说法,说我们提拔干部一刀切,50多岁的干部都不提拔了,忽视他们的作用。这样的问题,某些地方也许存在,但从整体来说,情况并不是这样,我们在工作中也是不主张这样做的。我们党是重视发挥50多岁干部的作用的。在坚持干部"四化"方针的条件下,一方面要大胆提拔优秀的年轻干部,另一方面也要根据各级领导班子对年龄层次的不同要求,适当选拔50多岁的有经验、有能力的同志担任领导工作。总之,对50多岁的同志,要具体人具体对待,不能一概而论,该提的要提,该下的要下,该留任的留任,该做其他安排的做其他安排。对于从领导岗位退下来的同志,一定要妥善安排好,使他们在不同的岗位上,继续发挥积极作用。共产党员要终身为共产主义事业奋斗,从领导职务退下来,革命到底的思想不能退。

三、关于干部制度改革问题

几年来,随着机构改革和经济体制改革的深入发展,各地各部门对于干部制度进行了积极的改革试验,目前正在向着广度和深度方向发展,取得了一些比较好的经验。

一是大批老同志以实际行动废除领导职务终身制,退到二三线。这次调整省部级党政领导班子,超过年龄杠杠的老同志,除个别因工作需要,经中央决定留任一段时间外,绝大部分都退下来;有的虽未到年龄线,为了使更适合干部"四化"要求的人能更快地得到锻炼,也主动要求退下来。省顾委、人大、政协三套班子也是如此。

二是在解决能上不能下的问题上有所突破。有一大批未到退休年龄的老同志(主要是地、县级以下的),在机构改革中识大体、顾大局,腾出位子给比较年轻的同志。这种精神和做法是值得称赞的。同时,有些地方和系统,实行了干部任期制。这种制度先是在有些科研单位和高等院校试行,后来有些地方的政府机关的职能部门(如沈阳、武汉、重庆、成都)也开始试行。现在,全国3000多个国营骨干企业全部实行厂长任期制。在乡镇,已普遍推行了乡干部选聘合同制,既解决了乡镇干部的来源问题,又有利于打破干部的"铁饭碗"。

三是推进县以上领导干部的交流和科技专业人才的合理流动。党政领导干部的交流,有省一级的、地一级的,较多的是县一级的。不管是哪一级的,实行交流,好处很多,受到党内外的拥护。专业人才的流动,也是这几年开始的。总的看,实行合理流动,有利于做到人尽其才,合理使用。但是,绝不能搞自由流动,在流动过程中发生的一些值得注意的问题,要注意引导,切实纠正某些偏差,使人才流动沿着健康的方向发展。

四是解决干部管理权限过分集中的问题,改革干部管理体制。去年下半年,按照管少、管好、管活的原则,适当下放了干部管理权限。现在中央管理的干部人数,比原来减少了三分之二,各级党委也相应地下放了一部分干部管理权。干部管理权限下放,是为了加强干部的管理,决不意味着可以放弃党管干部的原则。现在需要注意的是,各级党委都要珍惜和正确运用这个权,认真执行干部"四化"方针,严格按照德才兼备的标准选人用人。滥用职权,乱提职级,甚至搞任人唯亲,都是错误的。上级党委要加强检查监督,发现问题,坚决改正。

干部制度的改革,虽然取得了一些成绩,但现在只能说是有了一个良好的开端,仍处在探索试验阶段,今后还有大量的工作要做。总的原则是,干部制度的改革,必须顺应经济发展和全面改革的需要,与之同步进行。去年10月党的十二届三中全会作出了《中共中央关于经济体制改革的决定》，今年上半年，中央又相继作出了科技体制和教育体制改革的决定。这些改革，为干部制度的改革创造了良好条件，同时，也要求必须加快干部制度改革的步伐。各级党委和组织人事部门，要认清形势，把握时机，因势利导，积极探索，认真总结经验，密切结合经济、科技和教育改革，把干部制度的改革广泛深入地向前推进。

干部制度改革涉及面广，牵动的人多，情况复杂。我们一定要精心指导，慎重从事。改革干部制度，一定要坚持正确的指导思想，这就是，任何改革，都要有利于经济改革和对外开放，有利于干部队伍的"四化"和新老交替与合作的正常化，有利于发现人才和合理使用人才，有利于调动广大干部的积极性和创造性。只有这样，才能使干部制度的改革沿着正确的轨道前进。以改革之名行肥私之实，乱提职级(有的厂长连提六级，有的连提八级)，乱任干部，乱发红包，等等，是有损于改革的，必须坚决予以制止和纠正。

当前，改革干部制度，要抓住的关键是什么呢？还是邓小平同志指出的："关键是要健全干部的选举、招考、任免、考核、弹劾、轮换制度，对各级各类领导干部(包括选举产生、委任、聘用的)职务的任期，以及离休、退休，要按照不同情况，作出适当的、明确的规定。"中央书记处要求中央组织部牵头，与劳动人事部及有关部门一起，起草一个符合新时期要求的《国家机关工作人员法》。这个法，把干部管理的一整套制度，包括干部的录用、权利及义务，干部的纪律、培训、调动交流、责任制以及干部的考核、升降、任免、奖惩、兼职、工资福利、辞退辞职、退休退职等，都要用法律形式固定下来，实质上是干部制度的系统改革，目的是使干部工作有法可循，依法办事。现在，已经有了一个初稿，准备在广泛征求各方面意见的基础上再修改，然后通过法律程序颁布试行。我相信，通过各方面的共同努力，一整套符合"四化"建设需要的、具有中国特色的干部制度,一定会逐步建立和健全起来。

四、关于加强党组织的建设问题

这里我不想全面地讲如何加强党组织的建设,只想针对当前的情况讲几点意见。

第一,各级党组织都要认真贯彻民主集中制。党的十一届三中全会以来,党中央严格按照民主集中制的原则办事,政治生活是很民主的,给全党作出了榜样。各级党组织也在逐步健全民主集中制。但是,是不是所有的党组织和党员都做得很好呢? 不能这么估计。正如整党决定中指出的,现在,在不少党组织和党员中,违反民主集中制的现象还比较严重。一是离开集中讲民主,以为民主就是自己想怎么干就怎么干,反对正确的集中和必要的权威。表现在党的生活上,就是有些党组织和党员,无政府主义、自由主义、分散主义、本位主义、宗派主义有所滋长,在个别地方还相当严重。表现在领导班子上,就是有些党组织和党的负责干部,遇事不负责任,该集中的不敢集中,该管的不敢大胆管,放任自流。二是离开民主讲集中,集体领导徒具虚名,实际上是个人说了算;或者搞形式上的民主,走过场,摆样子。所有这些表现,都是没有正确处理好民主与集中的关系,违背甚至破坏了党的民主集中制。

几年来,各级领导班子先后作了调整,第一期整党已经结束,第二期整党正在进行。为什么有些党组织,有些领导班子还在闹不团结呢? 我看,一个不可忽视的原因,就是那里党内生活不正常,组织生活不健全,没有把批评与自我批评很好地开展起来。对这个问题,胡耀邦同志在4月份的一次讲话中尖锐地指出,党的组织生活不健全,会产生许多副作用,传播小道消息,非组织议论,不负责任,闹派性。任其发展,党内还会有危机。在党内,同志之间没有矛盾是不可能的,党员之间有意见也是正常的,不值得大惊小怪。问题在于,有了矛盾,是背后议论,搞自由主义,互相拆台,还是开诚布公,有话摆到桌面上来,交换意见,消除隔阂,和衷共济干"四化"?解决党内矛盾,解决同志之间的疙瘩,必须经过正常的组织生活,开展健康的实事求是的批评与自我批评。有话在会上说,有意见当面提出,有矛盾按党的组织原则和程序解决,不要背后议论,到处告状,也不要一有问题就找领导,把矛盾上交,消极等待上级裁决。耀邦同志最近讲,处理党内的是非功过,要按党的组织原则来解决。希望党内同志,严格遵循党的组织原则,正确处理党内关系和党内矛盾,端正党风,增强团结。

第二,充分发挥党的基层组织和党员的作用。加强党的基层组织建设,充分发挥其战斗堡垒作用,是提高党组织战斗力,坚持和改善党的领导,保证"四化"建设胜利实现的重要条件。各级领导都要十分重视党的基层组织的建设。在第三期整党中,要认真整顿党的基层组织,进行党性、党风和理想、纪律教育,改变软弱涣散的状况,纠正不正之风,解决某些党组织和党员不起作用的问题。

要发挥基层党组织的作用,就要坚持党要管党的原则,不论是哪个行业、哪个部门的党组织,都要管好党的队伍,把基层党组织建设得坚强有力。不能认为现在主要是抓经济建设,就把党组织的建设甩在一边。我们实行党政分工,实行厂长负责制,克服过去党包揽一切的现象,目的是为了加强和改善党的领导,更好地发挥党组织和行政领导的作用。这样做,丝毫也不意味着可以削弱以至取消党的领导,丝毫也不意味着可以削弱党的基层组织。现在,有的农村,虽有党组织和党员,但没有党内活动,实际上处于瘫痪状态,群众形容是"有员无党"。有的企事业单位也有类似的情况。这些情况都值得我们高度重视。不把党的基层组织整顿好、建设好,只注意抓经济,到头来,经济还是上不去;即使一时上去了,也不可能持续、稳步、健康地发展。

要发挥基层党组织的作用,必须适应经济发展的新形势,不断调整、改进组织形式和活动方式。这几年,各地都在探索解决这个问题。不少地方还创造了加强党员教育和管理的经验。希望各地注意研究这方面的新情况,总结新经验,加强党员的教育和管理,搞好党的基层组织建设,充分发挥基层党组织的作用。

第三,要注意提高党员的质量。我们党现在有4200多万党员。从总体来看,多数党员质量是不错的,也确有一部分党员质量不高。正如邓小平同志指出的,有"相当一部分不合格",起不到共产党员的作用。我们这次整党,就是要解决这个问题,通过学习讨论,开展批评与自我批评,从思想上、政治上、作风上把党员的素质大大提高一步。第二期整党、第三期整党,都要重视这个问题。既然是共产党员,就要严格按照先锋战士的条件去要求他们,不能降低标准。

要提高党员的质量,还有一个重要方面,就是做好发展新党员的工作,确保新党员的质量。关于党员的发展工作,特别是如何做好在知识分子中发展党员的工作,中央组织部在今年春天专门召开了座谈会,进一步明确了发展党员的指导思想、工作重点,研究了如何保证新党员的质量,强调要着重在知识分子中发展党员,同时要注意发展优秀青年人入党。会后专门发了文件,作了部署。现在的问题是,要按照党章的规定和有关文件的要求,正确理解和掌握党员标准,确保新党员的质量。在这个问题上,我想有一点需要各级党组织和组织部门弄明白,我们衡量一个单位党的发展工作做得好不好,不能光看他们发展了多少新党员,而应当着重看发展党员的质量,看党的建设有没有得到加强。如果只看发展了多少,不注重党员质量,还是达不到提高党的战斗力的目的。

组织部门干部要坚持、发扬好的传统[*]

(1985 年 7 月 17 日)

在中央组织部工作一年多时间,感受最深的是:第一,中央组织部的干部从部、局的领导到机关干部,历来都很注重同中央在政治上保持一致,只要中央决定了的问题,都坚决执行、照办,组织性、纪律性很强。第二,中央组织部的领导班子团结、协作,互相配合得好,无论是老同志还是后来的同志,无论是年纪大的同志还是年纪轻的同志,都能互相配合、协同一致工作。第三,中央组织部的干部注重调查研究,实事求是,坚持原则,公道正派,敢于讲话。组织部门的干部必须具备这三条,没有这三条是不行的。希望中央组织部的同志继续坚持、发扬这些好传统。

中央组织部是中央一个很重要的部门。相信今后在尉健行①同志主持下,有中央的领导,有部内的同志的支持、协作和配合,一定会把中央组织部的工作,把全党的组织工作搞得更好。

---

* 这是乔石同志在中央组织部副局长以上干部会议上的讲话。

① 尉健行,1984—1985 年任中央组织部副部长,1985—1987 年任中央组织部部长。

各级领导干部要
带头纠正不正之风*

（1986年4月2日）

这次座谈会是中央书记处决定召开的，我向大家通报一下中央机关和北京市两个多月来端正党风工作的情况，并根据最近中央政治局常委会的有关指示精神，就进一步做好端正党风的工作讲一些想法和意见。

中央机关端正党风的工作是在中央书记处直接领导下进行的。去年年底以来，中央为端正党风采取了一系列重要措施。中央书记处先后听取了中直机关、中央国家机关党委和北京市委关于党风问题的汇报；以中央、国务院和中央办公厅、国务院办公厅的名义发了有关文件；在胡启立同志主持下，召开了中央机关八千人大会，胡耀邦等中央领导同志作了重要讲话，要求中央机关和北京市在端正党风中做全国的表率，各级领导干部特别是高级干部要以身作则，带头纠正不正之风。还决定成立中央机关端正党风领导小组。

八千人大会后的两个多月中，中央政治局常委会、政治局先后四次听取了领导小组关于端正党风工作的汇报，耀邦同志还两次召集会议研究端正党风问题。中央政治局常委和其他中央领导同志对端正党风问题都发表了重要意见，小平、陈云同志的意见已向全体党员

---

* 这是乔石同志在各地负责同志端正党风工作座谈会上的讲话。

40

作了传达。这说明,中央对端正党风工作抓得很紧,对在两年内实现党风和社会风气的根本好转决心很大。

中央机关端正党风领导小组的主要任务是组织、协调和督促中央党政机关和北京市委进行端正党风的工作。军队的端正党风工作在中央军委领导下进行。领导小组不代替中央机关各部委和各职能部门查办案件。两个多月来,领导小组严格按照中央政治局常委和中央书记处的指示精神,着重抓了大案要案的查处,督促各部门、各单位根据中办57号文件对照检查自身存在的问题,协同有关部门研究、确定了关于端正党风的宣传报道方针,商讨了一些具体政策界限,先后听取了北京市委和中直机关、中央国家机关党委关于端正党风工作进展情况的汇报,分别请了40多个部委的有关负责同志进行了座谈。从目前情况看,可以说是开了一个好头,端正党风的各项工作正在逐步展开。在中央文件的指导和中央机关、北京市的影响下,各省、自治区、直辖市也都按照中央的精神,对端正党风的工作作了部署,可以说,全国上下都已经动起来了。

下面,我分三个方面讲些情况和意见:

一、关于查处大案要案的情况和主要做法

根据小平同志关于"抓精神文明建设,抓党风、社会风气好转,就要从具体案件抓起"的指示精神,中央机关和北京市都认真抓了查处大案要案的工作,处理了一批问题。据中央机关和北京市统计,目前掌握比较重大的案件共有481件,90%以上是经济方面的违法违纪案件。迄今为止,已经查处的有113件,其中逮捕法办的有38人,拘留的有8人,受党纪政纪处分的有67人。从中央机关和各地已经发现和查处的案件来看,有些问题相当严重。这些案件公布后,在群众中反映强烈,认为中央确实动真格的了,只要这样认真抓下去,端正党风就大有希望。海外的反映多数也是比较好的,说查处大案要案"证明了北京最高层是要打老虎,刑是要上大夫的"。查处大案要案还促使中央机关端正党风工作出现了有利的形势。实践表明,中央确定从抓大案要案入手端正党风,完全符合实际情况,反映了人民群众的心愿,是端正党风和转变社会风气的正确指导方针。

从前一段查处大案要案的情况看,各部门领导是比较重视的,相互之间的协作配合也是比较好的。当前存在的主要问题是发展不平衡,进展还不够快,对案件的处理上还存在手软的问题,这是一方面。另一方面,现在已经发现有的犯罪分子正在销毁罪证,转移赃物赃款,订立攻守同盟,甚至妄图转移目标,打击报复等等,很值得引起警惕。胡耀邦同志最近指出:"我们要认认真真地抓两年,方针是明确的,就是要抓大案要案,既要狠狠地抓,又要防止工作上出偏差,保证精心细致地把这件事情干好。"因此,中央机关和北京市要继续抓紧查处大案要案,争取在今年把已经掌握的案件查清结案。新发现的问题随时处理。这件事情办好了,端正党风工作就能出现一个新的局面。

第一,要加强对查处大案要案的领导,充实办案力量。查处大案要案,打击严重经济犯罪和其他严重违法乱纪活动,是端正党风、纠正不正之风的突破口,这个头开不好,整个端正党风工作的局面就难以打开。查处大案要案是一项政策性很强、难度很大的工作,必须加强领导,没有各部门主要负责同志过问、决断,光靠下面的工作人员去办,是不能解决问题的。前一阶段,有的部门把查处案件列入党组党委重要议事日程,集体讨论研究。有的如煤炭部、邮电部、水电部等部门主要负责同志分工包案,落实责任制,因而,案件查处工作进展比较快。这些做法都是行之有效的。查处案件还要有一定的办案力量。据中央国家机关党委对所属53个部委的统计,前一阶段参与查案的有1100多名干部。这是查处案件取得较好效果的组织保证。

因此,办案力量不足的要本着精干的原则适当予以充实。

第二,要坚持原则,敢于碰硬,决不能手软。小平同志在2月26日听取领导小组汇报时指出:"总的来说,我们现在还是处理上比较软,总的情况是软。"这符合实际情况。查处大案要案,必须不断地排除思想障碍,认真解决"软"的问题。要敢于面对事实,实事求是,坚持原则,严格按党纪、国法办事。不管牵涉到谁,都不能回避矛盾,都不能"绕道走",更不能"送人情",越是涉及到高级干部、高级干部子弟和名人的重大案件,越要抓紧查处。对查处大案要案,必须坚决。该判刑的要判刑,该开除党籍的要开除党籍,该给党纪、政纪处分的要给予党纪、政纪处分。不能用官僚主义和不正之风这两顶帽子,开脱一些人的违法犯罪或严重违纪行为,更不能以"关系网"掩盖案情,包庇袒护,徇私枉法。要约法三章,所有党员、干部都不能说情,不能徇私包庇,一经发现,要严肃处理。没有这个决心,大案要案是处理不下去的。对这个问题必须有清醒的认识。

第三,在重点抓经济大案要案的同时,要注意查处其他严重败坏党风的案件。当前,我们以查办经济案件为重点是必要的,中央政治局常委是赞成的。但抓经济案件的同时,对于其他严重败坏党风的案件,也必须严肃查处。比如:任人唯亲,拉帮结派,情节恶劣的;以人代法,个人说了算,草菅人命,制造冤假错案的;严重官僚主义,玩忽职守,在经济上或政治上造成严重损失的。严肃处理这类问题,是端正党风的重要内容之一。

第四,要坚持"又准又快"的原则。"又准又快"的原则,是耀邦同志提出来的,这是一条重要原则。中央机关端正党风领导小组也多次强调过这个问题。要求对每一起案件,都要扎扎实实地做工作,做到事实清楚,证据确凿,定性准确,处理适当,手续完备,经得起历史的检验。已作公开报道的三个案件,都是在有关部门按照党纪国法认真审理之后,经过中央慎重研究过的,处理是严肃恰当的,体现了在纪律和法律面前人人平等的原则。

这里还要强调一下,所谓"准",就是要把有关人员违法犯罪或违纪主要的、基本的事实搞清楚,按章依法、实事求是地给予适当处理。当然,对于那些主动交代问题,投案自首,揭发大案要案有立功情况的,给以适当从宽处理,也是符合党的政策和国家法律精神的。所谓"快",就是要抓紧工作,不推不拖,严格按照正常的程序去办。应当指出,抓紧查处案件,不仅是个效率问题,还关系到顺乎民心和增强信心的问题。因此,我们查处案件,不仅要准,而且要快。

第五,要加强相互配合和协调的工作。各部门对本部门发生的案件,要敢于负责,主动查办。但许多案件情况比较复杂,有的一个案子涉及到好几个部门或者好几个地方,涉及到党纪、政纪和依法惩办等各类问题。因此,有关部门之间要加强配合与协同动作。特别是纪检部门和政法部门要主动加强联系,相互通报有关情况。实践证明,有关部门配合协调办案,有利于提高办案效率,有利于提高办案质量,是一条很好的经验。

二、关于纠正不正之风

大家知道,大案要案败坏党风,不正之风掩护犯罪和严重违纪行为。因此,端正党风要从查处大案要案入手。但是,查处大案要案不是端正党风工作的全部内容,要在查处大案要案的同时,按照八千人大会精神,把纠正不正之风,特别是纠正领导机关、主要领导干部存在的不正之风的工作抓好。八千人大会以后,中央机关和北京市按照大会的精神和中办 57 号文件提出的问题,普遍进行了对照检查,找出了存在的问题,采取了纠正的措施,许多单位已经取得了比较明显的成效:

一些单位检查了过去派人出国中存在的问题,重新审查和调整了今年出国访问的计划,减少了非必要出访人员,人员结构和出访目的趋向合理。

一些单位在元旦、春节期间举行的各种座谈会、招待会,基本上做到了清茶一杯。八千人大会以后,在人民大会堂办宴会的,与去年同期相比减少40%;今年元旦前后的半个月,在北京市各大宾馆、饭店包席请客的国内单位,比去年同期下降了51%。一些全国性会议的会风有了明显的改进,在北京用公款包车参观游览的也大为减少。

一些单位的干部对基层送的"红包"、奖金、礼品等非正当收入,主动作了清退。

一些中央和北京市的领导同志,原来乘坐非主管部门配备的高级轿车,已经退还。

一些单位对所办的公司,进行了初步的清理整顿,停办了一批违法的公司。

不少单位还提出和制定了一些改进机关工作的措施,有的编印成小册子,下发所属单位,发动干部群众监督执行。

总的看,大多数单位对执行中央的指示精神是认真的,有成效的。但工作还不平衡、不巩固,有的思想认识上还没有真正解决问题,有些规章制度也还不健全。有些单位对中央的精神贯彻很不得力,对本单位存在明显的、群众意见很大的问题,至今还没有认真解决。还有极少数单位敷衍应付,甚至报假情况。因此,对前一阶段的工作成效不能估计过高。即使做得比较好的单位,距离耀邦同志在八千人大会上提出的中央机关做表率的四条要求也还差得很远,要实现党风的根本好转,还有大量工作要做,还要付出艰苦的努力。

第一,要深刻认识端正党风、纠正不正之风是长期而艰巨的任务。小平同志在中央政治局常委会听取领导小组汇报时指出:"先狠抓两年,然后再抓十年。"也就是说,端正党风要坚持"一要坚决,二要持久"的方针。狠抓两年,实现党风根本好转,从党的建设角度来说,只是一个近期的目标。要实现这个近期目标,也需要持续地做艰苦细致的工作。因此,各级领导干部既要防止消极、松懈情绪,也要防止急躁情绪,对实现党风好转的时间要求,不要搞层层加码,不要企求一劳永逸,要扎扎实实地做工作,扎扎实实地解决问题,坚持不懈地抓下去。

第二,各级领导干部要严于律己,以身作则,做广大干部、群众的表率。这是端正党风能否深入发展的一个关键问题,也是八千人大会的主要精神。如果领导干部自己党风不正,不能模范地执行党的方针政策,不能模范地遵纪守法,而要求自己的下属去做,要求群众去做,是没有主动权的。今天在座的是党的高级领导干部,为了党的事业,我们有责任以身作则,严于律己,以自己的实际行动做干部群众的表率。这样一级带一级,端正党风才能步步深入,党风才能根本好转。必须指出,大案要案不是每个单位都有的,但每个单位往往都有群众反映强烈、必须认真解决的问题,这些问题久拖不决,往往牵涉到领导班子。我们所说的领导干部做表率,就包括而且主要是要求领导干部主动解决这些问题。

第三,要认真解决带有行业特点的不正之风。群众批评我们一些部门和单位"靠山吃山,靠水吃水",凭借自己手中的权力,比如对人、财、物等方面的批准权以权谋私。这些现象不仅在某些领导机关有,在各行各业中也存在。北京市抓了建筑系统的问题,效果就很好。要抓带有行业特点的不正之风,也要从领导机关做起,从主要领导干部做起。领导机关的风正了,抓所属行业系统的问题才有感召力,才能真正贯彻下去。这是一个高难度的问题,只有花大力气抓教育,抓纪律,反复地抓,持之以恒,才能取得切实的效果。同时,在解决这个问题时,对牵涉到群众性的问题,要着重教育,处理有关群众切身利益的问题,要谨慎从事,切勿轻率。

第四,健全党内政治生活,加强理想和纪律教育。这个问题在1980年制定的《关于党内政治生活的若干准则》中就已经讲过。最近耀邦同志再次指出:"要提高党内生活的思想性、政治性、原则性。党内生活政治化,党内生活健全了,这是党风好转的根本标准。"健全党内政治生活,也要从领导机关的党组织做起,一级带动一级。各部门的党组或党委,要健全党的组织生活,尊重党员群众的民主权利,加强对党员的理想与纪律教育,在继承和发扬党的优良传统的同时,要建设一个适应新时期需要的好的党风。在党的组织生活中,要提倡敢于讲真话,敢于坚持原则,反对自由主义,反对庸俗化。要把加强对党员的教育与端正党风有机地结合起来。

三、关于端正党风工作中需要进一步明确的几个问题

前一阶段有些单位在学习和执行中央文件过程中,提出了一些具体问题,也出现了一些值得注意的动向,需要引起我们重视。

第一,要正确认识与处理好端正党风同改革、开放和搞活的关系。对这个问题,中央的指导思想是明确的,八千人大会上已讲得十分透彻了。我这里再强调一下。这次端正党风,特别是查处大案要案,影响大,触动深,干部群众中会有这样那样的认识和议论。我们要反复地向干部群众讲清楚:违法乱纪、经济犯罪和不正之风,不仅同改革、开放和搞活并没有必然的联系,而且这些问题恰恰破坏改革,破坏开放和搞活政策的正确实施,败坏党风。解决这些问题的目的正在于更好地促进改革,保证改革、开放和搞活沿着健康的轨道向前发展。

在这次全国人大会议上,政府工作报告明确指出,"七五"期间要把改革放在首位。这一点,大家在人代会上讨论得较充分,我就不

多说了。在实际工作中，要十分注意保护干部、群众的改革热情，不要把改革中难以避免的某些失误与不正之风混为一谈，也不要让某些打着改革旗号、借改革之名而行谋私之实或违法犯罪的人轻易滑脱。总之，我们还是两个坚决：贯彻改革、开放、搞活的方针要坚决，端正党风也要坚决。我们过去有个毛病，就是凭"气候"、看"风向"办事，紧一阵，松一阵。松的时候，什么事都敢干；紧的时候，该干的事也不敢干了。解决这个问题，除了指导思想要明确，还要注意从实际出发，搞出一些规定性的东西，配合必要的舆论，使大家有所遵循。

第二，不搞形式主义，不搞人人过关。这个原则在八千人大会上就提出来了，中央机关端正党风领导小组强调过多次。但有的单位仍然搞了，或者搞了变相的人人过关。比如有的单位发登记表格，让干部填非正当收入。这实际上是一种形式主义的做法。真有问题的人是不会轻易填表的。我们发现这个问题后，及时作了纠正，还在《人民日报》上发表了评论。这里还是讲一下，以引起大家的重视。对群众不搞人人过关，对干部也不搞人人过关。这里也要讲清楚，有问题、有错误的同志也要争取主动，更不应当拒绝组织和同志的帮助和批评。

第三，关于高干子女经商和任职的问题。对于高干子女经商问题，中央和国务院文件已明确规定，凡属党政机关及所属事业单位的干部，不得离职经商。不属于上述范围的，可区别不同情况加以处理。一要看公司、"中心"的开办和经营是否合法；二要看高干子女本身有无违法乱纪的行为。凡符合规定的，应允许继续办；不合法、不合规定的要坚决停办和退出；违法乱纪的要查办。这个问题社会上和党内议论较多，有些意见是好的，我们要引起注意，该解决的主动解决。也有的是错误的，甚至是谣言，我们也要及时以妥善的方法予以引导和澄清。

对于高干子女任职问题,也是社会上反映较多的问题,有必要讲清楚。应当指出,绝大多数高干子女的表现是好的或者是比较好的,不好的只是个别人。对高干子女任职的问题,今后一律同其他干部一样,按照中央有关文件执行。

最近,小平、陈云同志对教育子女的问题讲了很重要的意见。小平同志说:"家里管不住,还是党管,社会管。"陈云同志说:"老子要开明,对儿子要管严一点,要依法办事。"据我所知,耀邦、小平同志还分别开了家庭会议,教育子女要遵守党纪国法。听说还有其他中央领导同志以各种方式加强对自己子女的教育。中央领导同志这样严格要求自己的子女,为我们做出了表率。

第四,认真做好宣传报道工作。端正党风的宣传报道,总的原则是:讲清楚党中央对端正党风的决心,增强群众对搞好党风的信心,既要实事求是揭露存在的问题,又要注意维护党、政、军的形象。调子不要提得过高,不渲染,也不起哄。事实上,党员和干部的绝大多数是好的和比较好的,如从党的政治路线、思想路线和组织路线来看,我们的党风从党的十一届三中全会以来,总的是正的,比起"以阶级斗争为纲"的时期,不知好了多少。因此,不能一讲党风不正,就似乎是很多党员干部都违法乱纪,以权谋私,那是根本不符合事实的。同样,也不能一讲社会风气不好,都认为是党风方面的问题引起的。对有典型意义的大案要案,要有计划地报道,有的还可以发表评论,就案论法,就案论纪。同时,要把端正党风的宣传与坚持改革和加强两个文明建设的宣传结合起来,体现团结一致向前看的精神,充分调动广大干部群众搞好社会主义建设事业的积极性。最近,耀邦同志说,要把抓大案要案的宣传报道,作为对全党进行党性、党纪、党风的活的教育,也是对全世界人民、全国人民一次很好的宣传。要以正面宣传为主,宣传当中要紧紧扣住我们党的根本宗旨是全心全意为人民服务的,是光明正大、铁面无私的。对端正党风工作中在理解上和做法上出现的一些问题,要以各种适当的形式,如用会议、内部通报或公开评论等及时予以疏导、解决。有关宣传报道的安排和审定,由中央宣传部统一掌握,任何新闻宣传单位都不能各行其是。

上面讲的三个问题,是根据中央机关和北京市的情况讲的。至于各地端正党风的工作,可以按照中央的精神,结合本地实际情况进行具体部署。

小平同志最近指出,人们对我们端正党风的信心还没有完全建立起来,还要看。我们就认真地做给他们看,证明我们不是说空话的。耀邦同志也要求我们抓紧工作,增强人们的信心。让我们按照中央政治局常委会的指示精神,齐心协力,扎扎实实地做好端正党风的工作,不断取得新的进展。

扎扎实实地把
端正党风工作抓下去*

（1986 年 6 月 28 日）

从中央机关端正党风八千人大会到现在，已近六个月。中央党政军机关、北京市和其他省、自治区、直辖市端正党风的工作，都陆续展开。4月上旬，由胡启立同志主持，书记处召开有各地负责同志参加的端正党风工作座谈会，胡耀邦同志在会上作了重要讲话，进一步推动了各地的工作。总的来看，中央机关和地方端正党风的工作，进展是健康的，势头是好的，在查处大案要案方面成效比较明显，党内党外反映比较好，对经济建设和改革起到了积极作用。但是，端正党风工作，还处在开始阶段，任务还很艰巨，需要继续努力。下面简要汇报三点：

一、成效

1. 查处大案要案问题已专题汇报过了，不再重复。

2. 纠正中办文件指出的六个方面的不正之风。从中央党政军机关和各省、自治区、直辖市的情况看，这六个方面的不正之风，在多数单位基本上刹住了。党政机关和干部违反规定办的公司，多数已经停办或脱钩，有些在继续清理；出国团组比去年同期减少，出国目的和人员构成趋于合理；用公款旅游、吃喝等现象有所收敛；特别是陈

＊　这是乔石同志关于端正党风工作向中央书记处的汇报提纲。

云同志对换车问题作了批示后,清退非管理部门配备小轿车的工作,进展迅速,基本达到预定目的。

3.纠正带有行业特点的不正之风。小平同志关于整顿兆龙饭店建筑施工中的不正之风和耀邦同志关于打击火车"票霸"问题的指示下达后,多数地方和部门对纠正行业不正之风的工作比较重视。注意了从领导干部和领导机关抓起,条块结合,严肃处理不正之风问题。邮电、铁道等部门行动比较快,已经开始收到一些成效。一些行业的不正之风,直接损害了广大消费者的利益,抓这一条,是很得人心的。这项工作还刚刚开始,牵涉面广,难度不小,距离广大群众的要求还比较远。

4.转变机关作风。上半年,领导干部和领导机关下基层调查研究比过去多了。今年4月中旬,中央领导同志听取了中央国家机关党委端正党风工作的汇报,指示要一手抓改革,一手抓党风,认真调查研究有关政策和其他问题。上述指示,促进了各部门改进作风。据统计,中央国家机关各部委司局长以上干部有6296人次下基层工作60200多天。煤炭部、电子部、团中央、总工会等部门和一些省、自治区、直辖市都有一批领导干部深入基层。报纸公布国家计委周连科等六名党员批评机关官僚主义的信件后,在中央和国家机关的反响也是好的。军委三总部的领导同志,都先后下部队作调查,就地解决问题。

二、问题

1.一部分中央机关部委党组和地方党委,对端正党风的认识,同中央的要求还有一定的距离,工作一般化或处于后进状态。例如:一些单位查处大案要案不得力,涉及领导干部或领导干部子弟问题,不同程度地存在"手软"、"护短"、"说情"的现象;有些单位存在一些群众意见较多的问题(主要是领导干部多占住房、用人讲"关系"

等),由于有关负责同志不能主动改正缺点、错误,使这些部门和地方的干部群众感到端正党风没有明显成效;有的领导班子自身团结问题没有解决好,影响了本单位的端正党风工作。

2.一部分领导干部在端正党风与经济工作的关系上,存在一些模糊认识。有的地方,今年头几个月经济增长速度不够理想,有的同志担心"不要弄到年底,党风上去了,经济下来了",对抓端正党风工作有些疑虑。最近在领导小组办公室召开的十省区市座谈会上,不少同志谈到了这个问题。看来,还需要从思想认识到实际工作上进一步予以解决。

3.有些具体政策界限需要进一步研究、明确。

三、打算

下一阶段工作总的设想是,继续按照中央已经确定的方针、政策和部署,扎扎实实地抓下去,争取在六中全会召开前,在查处大案要案、纠正行业不正之风和转变机关作风等方面,取得更明显的成效,以促进经济建设、经济改革和其他工作顺利进行。为此,有几点需要进一步强调和明确。

1.坚持"严肃认真地抓两年",不能松劲。今年下半年,经济工作任务很重,省长会后劳动制度改革又要出台。在这种情况下,为了保证经济工作、改革和端正党风两不误,各级党委在领导力量上要统筹安排,不要顾此失彼。要继续抓紧查处大案要案,深入纠正行业不正之风和改进机关作风。

2.要按辩证法办事,既要反对做表面文章、走过场,又要防止在一些具体问题上搞过头。端正党风,是为了保证和促进改革、开放、搞活的顺利进行。对目前已经初步形成的全党抓党风的好局面,一定要珍惜、维护和发展。处理具体案件,要严格区分罪与非罪的界限。对那些在改革中有某些失误的干部,要热情教育和帮助,支持他们继续搞好改革。在改革中,允许探索成功,也允许失败,允许在改革工作中出现失误,也允许改正。但对违纪违法的问题,要实事求是地按党纪国法处理。今后除了陆续公布若干大案要案外,还要有计划地报道一些坚持改革而又廉洁奉公的先进集体和个人。在宣传上要注意防止片面性。

3. 在有关具体政策界限的掌握上要稳妥,不要简单化,"一刀切"。属于全国性的问题,提请中央有关部门研究,提出意见,需报中央定的请示中央定。属于地方、部门范围内的问题,有关地方、部门可以按照中央总的政策精神,因地制宜,研究处理;一时搞不清、拿不准的问题,不急忙处理,经过调查研究,相互协商,向上请示,搞准了再处理。党的纪检、政法部门处理案件时,要分工合作,主动协调,在执行纪律和量刑方面要准确,并注意同类案件的平衡,防止畸轻畸重。案件的查处务必做到扎实、准确,经得起历史的检验。

4. 关于对地方端正党风工作的指导问题。中央机关端正党风的工作,是在中央书记处直接领导下进行的。中央机关端正党风领导小组成立半年来,先后开了 17 次会议,主要是传达、贯彻中央常委、政治局、书记处的有关指示,协助书记处指导中央直属机关和国家机关各部委、北京市的端正党风工作,解决一些需要解决的重要问题。各省、自治区、直辖市端正党风工作全面展开和逐步深入以后,出现了一个如何加强指导的问题。现在,绝大部分省、自治区、直辖市成立了端正党风领导小组,他们要求中央机关端正党风领导小组对他们的工作予以指导。我们的意见是,各省、自治区、直辖市端正党风领导小组应在地方同级党委领导下工作。地方上需要请示的问题,凡是涉及党纪的,请示中央纪委;凡是涉及违法的,请示中央政法委员会和最高人民法院、最高人民检察院。凡同时涉及党纪、国法,或涉及若干省、自治区、直辖市,由一家解决有困难的案件和问题,需要中央协调、解决的,中央机关端正党风领导小组可以在书记处的领导下予以协调、处理。中央机关端正党风领导小组,还可以做些了解和交流情况,掌握政策,检查督促等方面的工作。

积极而又稳妥地解决党风问题*

（1986 年 7 月 7 日）

六月中下旬，我去江苏一趟，看了宁镇扬①、苏锡常②和南通市的一些地方，着重调查端正党风和社会治安工作，也顺便了解了经济工作的一些情况。现简要汇报如下：

江苏对贯彻中央关于整党和端正党风的一系列指示，态度是严肃认真的，工作抓得比较紧，已取得较明显的成效。表现在：（一）查处大案要案进展较快。今年一至五月份全省检察机关立案侦查的经济大案要案 281 起（作案时间多在 1984 年下半年和 1985 年上半年），已经办结的 109 起。（二）中央文件中指出的几股不正之风基本上刹住了。（三）领导作风开始有了转变。省级机关组织了 600 多名干部到苏北基层帮助工作，各级机关也组织了大批干部深入基层，为基层服务。

他们在整党和端正党风中，强调从各级、各部门、各单位的实际情况出发，正确处理好这几个方面的关系：一是重点查处大案要案与纠正各种不正之风相配合。二是祛邪与扶正相结合，既运用反面典型教育党员干部，又树立和发扬党风好的正面典型，伸张正气，以正压邪。三是端正党风与健全必要的规章制度相结合，把端正党风的

---

* 这是乔石同志在江苏省考察后向中央书记处、国务院报告的一部分。

① 宁镇扬，指南京、镇江、扬州。

② 苏锡常，指苏州、无锡、常州。

成果切实巩固下来,防止风头一过,旧病复发。

他们在整党和端正党风中,还比较注意掌握政策,保护干部、群众对改革和搞活经济的积极性。如对乡镇企业的整党和端正党风,他们持特别慎重的态度,对法律、政策界限明确的问题(如贪污、盗窃等)就先处理;对法律、政策界限不明确的就放一放,待明确后再处理。最近,他们在认真调查研究的基础上,提出了乡镇企业整党中若干政策界限的初步意见,要求从乡镇企业供产销大部分无国家计划安排的实际情况出发,进一步划清这样一些界限:(一)划清企业在经济活动中,与其他单位组织双边或多边的物资串换和协作,低来低去,高来高去,与就地投机贩卖生产资料的界限;(二)划清企业在业务交往中进行必要的应酬和招待,与大吃大喝、挥霍浪费的界限;(三)划清企业为发展横向联系,进行技术合作,给予一定的合理报酬,与行贿受贿的界限;(四)划清企业在依法纳税和保证集体积累的前提下合理发放奖金,与滥发奖金、实物、补贴的界限;(五)划清企业的党员、干部按照经营承包合同取得合理的承包收入,与以权压价,或以承包为名,采取其他不正当手段牟取私利的界限;(六)划清企业改革中因缺乏经验而造成某些失误,与工作渎职,或者蓄意营私舞弊的界限。他们正在广泛地征求意见,并拟同上海、浙江等乡镇企业比较发达的省、市共同商议后,再贯彻实施。

正因为他们坚持了积极而又稳妥的方针,扎扎实实地解决党风中存在的问题,所以较好地解决了党员干部中存在的两个疑虑:一个是信心。原来有些党员、干部对端正党风信心不太足,现在看到了实际的成果,信心就增强了。一个是担心。担心搞活了的经济又搞死,疏通了的渠道又堵塞,特别是乡镇企业要"五求人"(原材料、能源、技术、资金、产品销售都要求人),担心把业务联系整断了,什么事都不好办。现在看到既"清除蛀虫",又"保护支柱",这种担心也就逐渐消除了。

我和地方同志交谈中,强调了端正党风的任务还很艰巨,需要继续抓紧,坚持下去,决不能有丝毫的松懈。端正党风与经济改革是相辅相成的。党风端正了,能推动和促进改革;改革搞好了,也能进一步促进党风的好转。对端正党风中涉及乡镇企业的问题,同意省里提出的采取特别慎重态度的意见。

要本着实事求是的精神
来查处大案要案*

（1986 年 8 月 26 日）

　　小平同志曾说，要"一手抓建设，一手抓法制"。六月末向他汇报端正党风问题的时候，他说："什么时候搞开放搞活，什么时候就要抓法制，就要加强法制建设。"按照这个说法，我们长期坚持开放搞活政策，加强法制的工作也就要长期坚持下去。加强法制工作，包括按党章办事问题在内，党有党规党纪。

　　端正党风，主要问题是希望与今年上半年有一样的劲头，继续抓下去，不要松劲。现在有些地方认为已经抓得差不多了，相当一部分大案要案、经济案件，过去几年没有抓了，今年上半年一抓，好像成绩还是不小的。从某些方面看，也可以说，党风好转这方面取得了比较明显的效果。但也正因为这样，有些同志觉得党风已经抓得差不多了。这个问题，六月末给中央常委汇报的时候，小平同志明确说：一方面，成绩是肯定的；另一方面，成绩不要估计过高，还是要继续抓下去。至少先抓两年，就是今明两年。这两年，中央机关由中央机关的端正党风领导小组来负责抓。现在设立了专门机构抓，以后即使不需要这样的专门机构了，端正党风的工作也还要长期抓下去。至于法制建设，刚才说了，什么时候搞开放搞活，什么时候就要加强法制

＊　这是乔石同志在听取中共内蒙古自治区呼伦贝尔盟委汇报后讲话的一部分。

建设,这个时间当然要更长了。

党风有两个方面。一个方面,应该指出,从党的十一届三中全会以后,1978 年末到现在近 8 年了,这 8 年中间,我们党以三中全会作为一个转机,如果从我们党的整体来看,党风还是很好的,而且越来越好。为什么这么说呢?毛主席过去讲,中国共产党区别于其他政党的三大特点,就是理论联系实际,密切联系群众,批评与自我批评。我们从党的十一届三中全会开始,一直到现在将近 8 年时间中,党的思想路线是端正的,批评与自我批评的开展从中央来说也是好的。党的十一届六中全会的决议,就把新中国成立以来的社会主义经验基本总结了嘛,这不是一个很大的批评与自我批评吗?而且在实际工作中,中央随时发现什么问题,就随时提出来,并采取适当的措施加以纠正,不是搞政治运动,但是都逐渐地予以纠正。比如说,农村的各种形式的责任制,特别是家庭联产承包责任制,在全国范围内推广,大概花了几年的时间,并没有一刀切,并没有说什么时候开始统统要搞,而是各个省、区、市党委根据自己的认识和实际情况,逐步地推开,以至发展到全国。对农业生产的发展和农村经济体制的改革起到了巨大的推动作用。这个就不详细说了。总的来讲,可以说,党的十一届三中全会以后,我们党的党风是越来越好的。明年对三年的整党工作是要采取一定的方式进行总结的。整党的收获还是很大的,解决了在中央整党决定中规定的一些问题。但是在后来实行开放、搞活过程中,又面临了很多新的问题。在新的情况下,又出现了很多新的不正之风。这些新的不正之风就是这次端正党风需要解决的。有的已经发生了,甚至有一定程度的蔓延;有的刚刚发生。如果大家都及时警觉,及时注意,抓紧处理,还是可以解决得比较好一点。这样不至于在全国范围蔓延,形成很严重的问题。虽然我们年初时的决定指出了我们党内有一些腐败的现象,这个是针对某些现象、某些严重问题而讲的。有一些问题也确实可以说是一种腐败的现象,但是我们整个党还不能说是腐败的,整个党在三中全会以后 8 年的发展情况还是比较好的。但是在新的情况下,也还是存在问题。这些新问题也需要加以解决。这样做,就会使我们党更加健康地、有力地领导全国人民搞好四个现代化建设,这是一方面。另一方面,继续抓下去还要本着实事求是的精神。这次端正党风是从年初召开的八千人大会开始的。中央明确讲了,端正党风首先从中央机关开始,之后到各个省、区、市党委。主要是对县以上的机关和县以上的领导干部,从领导做起,从党内做起。至于县以下、乡镇,基本上不是这次端正党风的重点。除非有严重的违法乱纪,那当然任何时候发生了,都要处理,也不管哪一级。干部中、党员中有严重违法乱纪的,当然要处理的,要按照党章、国法来处理。但作为端正党风的重点还在上面,还在领导。从现在进行的情况看,总的来讲,还是比较好的。要给同志们强调一点的就是,一定要本着实事求是的精神,坚持进行下去,不但不要松劲,还要继续抓紧,同时还要头脑很冷静,特别是大案、要案、一些经济案件,比较复杂,要冷静地一个一个地处理,真正严格地按照党纪国法来办。既没有指标,也没有限额,你一个地区也不是一定要找出多少大案、要案来,没有这个指标要求,也没有限制,说你这个地区查几个就行了,不能查多了,也没这个限制。一定要本着实事求是的精神来查处大案、要案。够大案、要案的,就是大案、要案;不够就是不够,该是小案的就是小案,不要拔高,不要搞得越大越好。当然是大案的,也不要大事化小,把大案变成小案。总而言之,要实事求是,经得起历史的检验。经得起历史检验不是最近说的,我们年初时就说了,中央机关端正党风领导小组开会,一开始我们就说这个问题了,全国政法会议上也讲了,经济案件一定要注意这一条。为什么呢? 因为我们搞了 30 多年的社会主义,政治运动经验非常多,搞过很多政治运动,现在回顾起来看,每一次政治运动都带来些副作用。正因为历史上有这么一些经验教训,所以我们这次处理大案、要案,就要扎扎实实地、实事求是地办,该怎么办就怎么办,办完了要经得起历史检验,在法律上都是有根有据的,在事实上都是证据确凿的,不要搞那些虚虚夸夸的事情。宣传方面我们也是强调这一点,不要搞一阵风,不要起哄,有的该报道的报道,不合适报道的就不报道。不要制造一种气氛、压力。现在总的讲,还是比较注意这方面的,这样搞比较好。我们不能这次搞端正党风,查处一些大案、要案,查得很热闹,到了明年,回过头来看问题很多,再来平反冤假错案,这可不行。都说清楚了,谁也不能再干这种事了。因为我们党的十一届六中全会刚刚总结过社会主义时期的历史经验,不能再重复历史上犯过的错误了。所以办案一定办理得扎扎实实,实事求是地办。一定要坚持下去,没有搞好的继续搞,搞完的还要巩固。

另外,有些问题跟端正党风有关系,比如行业的不正之风,或者各个单位根据各自的实际情况有一些特殊的问题。这些问题跟领导班子的作风、领导干部的作风有关系,跟党风有关系,但同时又跟社会上的不正之风、社会风气有一定的关系,我们都应实事求是地处理,应该是领导上的问题或首先应该解决领导上的问题,我们就先解决领导上的问题。至于一般的行业不正之风,只要领导上的问题解决了,领导抓紧了,对下面加强教育,处理一些必须处理的问题,行业的不正之风,各个部门带有部门特点的不正之风,也可以逐渐地加以解决了。这样就使端正党风与搞好社会风气的工作密切结合起来。同时,又不是把一切不正之风统统地归结于党风,好像都是党要负责任的。在宣传报道和在处理一些具体案件时,要划分清楚。如果不是党风问题而是社会风气的问题,那就当作社会风气的问题。有一些行业领导上已经抓了,底下还是出问题,也不能都说是领导的责任,都是党风问题。有些还不是党员嘛,比如邮政系统、电业系统"电霸",不能说都是党风问题。但作为一个行业、一个部门的领导班子,领导干部应该抓紧解决这些问题。对社会的不正之风、行业不正之风,多数是要教育,要教育、纠正、改进,只有严重违纪的,才给予党纪政纪的处分,触犯刑律的,要给予法纪处理。总而言之,端正党风与纠正不正之风并不完全是一回事,不正之风有一部分是跟党风有关系的,有一部分是社会上的不正之风。在宣传报道上和领导的思想认识上,一定要区别开,弄清楚。但是,从我们抓法上看,如果跟领导有关系的,还是要从领导抓起,这样有利于纠正不正之风,有利于社会风气的好转;如果和领导没有关系的,当然领导也要抓,领导有责任教育,有责任管理。

你们这里经济发展的潜力是比较大的,这么好的一个草原,地下矿藏也多,尽管"七五"计划有些项目可能还列不上,但你们在自己范围内可以创造条件,做些准备,因为国家列"七五"计划也很难。现在差不多有279项重点建设项目,现在建设项目规模比"一五"期间大多了,"一五"期间全国重点就是156项,现在二三百项,而且有些项目非常大,要耗费的物力、财力、人力、时间都是非常多的,而我们国家的投资是有限的。你们有些自己可以做的,自己先做起来,在自治区党委领导下,先做起来,依靠发展横向经济联合和更多层次合作,可以先做起来,经济发展就可以争取稍快一点。根据我的了解,工业管理水平,如果全国都达到上海的管理水平,那等于全国是一个大跃进。当然上海的管理水平,在国际上并不算最先进的,但在我们国内,综合讲还是比较好的。至于潜力你们还是不小的,农牧业方面都有很多有利条件,希望你们今后能够有更大的发展。

端正党风工作要注重
思想教育和制度建设[*]

（1986 年 9 月 8 日）

这次座谈会,主要是学习中央政治局常委会的有关指示,沟通情况,交流经验,研究如何按照"两手抓"和"严肃认真抓两年"的方针,把端正党风的工作引向深入。

一、八个月来端正党风工作的成效和主要做法

从中央机关八千人大会到现在,端正党风工作进行了 8 个月。这项工作是在中央政治局常委会和中央书记处的关怀和直接领导下进行的。中央政治局常委同志先后三次听取关于端正党风工作的汇报,小平、陈云同志讲了十分重要的意见。耀邦同志几次主持会议,专门研究端正党风的工作。4 月上旬,中央书记处召开各地负责同志端正党风工作座谈会,耀邦同志作了《关于党风和党内矛盾问题》的重要讲话。国务院领导同志听取了中央国家机关端正党风工作的汇报,就端正党风和改革、业务工作一起抓等问题作了指示。中央其他领导同志和中央军委、中央纪委的领导同志也多次召开会议,部署和指导端正党风的工作。

经过 8 个月的努力,中央各部门和各省、自治区、直辖市查处了

---

[*]　这是乔石同志在各省、自治区、直辖市党委负责同志端正党风工作座谈会上的讲话。

一批大案要案;基本刹住了中办57号文件指出的6个方面的不正之风;纠正带有行业特点的不正之风有了一个好的开端;各级领导机关在改进作风,提高工作效率方面出现了一些新的气象;各地各部门还从实际出发,加强了新时期的党风建设。总的来看,端正党风工作的开展是健康的,取得的成效是明显的。

前一段的端正党风工作有以下基本做法:

(一)从领导机关和领导干部抓起

这次端正党风,从中央机关和北京市抓起,在全国产生了很大影响。各地党委和军队各部队党委也相继提出从领导机关和领导干部抓起的要求。中央政治局常委和其他中央领导同志为全党做出了榜样。中央机关和各地主要领导干部带头贯彻中办57号文件,许多领导干部发扬党的优良传统和作风,深入群众,调查研究,为人民办实事,既密切了党和群众的血肉联系,又带动了领导机关作风的转变。由于中央的正确部署和领导机关、领导干部做表率,现在已初步形成了全党抓党风的可喜局面。

(二)从查处大案要案入手

今年端正党风工作一开始,小平同志就指出:"抓精神文明,抓党风、社会风气好转,就是要从具体案件抓起。"八千人大会以后,中央和各地先后查处并公布了一批大案要案。截至8月底,中央党政军机关掌握的大案要案共360件,已结案98件。县团级以上干部受党纪处分的有73人,其中地师级干部17人,省军级干部10人;受刑事处分的有35人,其中地师级干部2人。据29个省、自治区、直辖市统计,今年上半年查处的大案要案共涉及省军级干部6人,地师级干部236人,县团级干部1945人。对个别与大案要案有牵连或犯有错误、不宜继续担任重要领导工作的同志,中央及时采取了必要的组织措施。在短期内,严肃查处这么多大案要案,充分体现了中央对实现党风根本好转的决心,群众的反映是好的。事实证明,许多犯罪分子,特别是经济犯罪分子往往利用党内的不正之风钻空子,党内的不正之风又往往掩护这些犯罪分子的犯罪活动。从具体案件抓起,就能深刻揭露党内存在的某些消极现象,看清端正党风的重要性和迫切性,找到克服这些消极因素的办法。可以说,从查处大案要案入手抓端正党风工作,整饬党纪、法纪,其意义和影响远远超出查处案件的本身。

（三）切实解决群众反映突出的问题

在清理六股不正之风的同时,根据小平同志关于纠正兆龙饭店建筑施工中的不正之风和耀邦同志关于打击火车"票霸"的指示,中央机关和各地都注意了解决群众反映比较突出的问题。在中央书记处的指导下,北京市率先纠正行业不正之风,河北、辽宁、陕西、天津等地也抓出了一些成效。邮电、铁道等部门对本系统存在的不正之风进行了初步整顿。7月中旬,按照耀邦同志的指示,公安、商业、铁道、交通、邮电、水电、税务、银行、工商管理、物资等部门,对本行业存在的不正之风,着手进行系统调查和整顿。目前,这项工作正在逐步深入开展。军队抓了精简整编和生产经营中的不正之风。端正党风从实际出发,抓准主要问题,采取切实办法加以解决,容易收到实效,也有利于密切干群关系。

（四）严格掌握政策和法律界限

纠正不正之风和查处大案要案,要严格执行政策、法律,不搞大轰大嗡,不搞人人过关,这是中央机关八千人大会明确提出的一条重要原则。在查处大案要案的问题上,中央一再强调坚持实事求是的原则,以事实为依据,以法律为准绳,务必使查处的案件经得起历史的检验。对于一时拿不准的问题,不急于处理。这就体现了既严肃认真,又慎重稳妥的原则。上海市在查处一起受贿案时,坚决果断,实事求是,准确定性量刑,而对证据不充分的问题,不予认定。案子宣判后,社会反映很好。广东省毗邻港澳,对外经济交往频繁,不少案件涉及外商。根据这一特点,他们坚持既要内外有别,又要维护法律的尊严;既要查清问题,又要维护开放政策,使许多案件得以迅速查清和妥善处理。实践证明,实事求是,严格掌握政策,依法办事,就可以保证端正党风工作健康稳妥地发展。

(五)注重思想教育和制度建设

中央机关和各地以宪法、党章为基本内容,以揭露的大案要案为反面教材,开展了党性党风党纪教育和法制教育。宣传部门有计划地报道了一些有典型意义的案件,并发表评论,就案论法,就案论纪。纪检等部门还就一些案件发了内部通报。有关案件公布后,航天部、农牧渔业部和国家经委党组专门开会总结教训,作自我批评,检查存在问题,制定改进措施。各地还组织学习了小平、耀邦等中央领导同志关于党风问题的讲话,分析本地区大案要案,总结改革、开放、搞活以来坚持"两手抓"的经验,提高了干部的认识。许多行业对干部职工进行了职业道德教育。东北三省银行系统在纠正以贷谋私的过程中,开展从严治行、整章建制活动,加强思想政治工作,健全信贷、储蓄、金库管理制度和工作人员岗位责任制。军队针对基层存在的不正之风和消极现象,提出"八个不准",像"三大纪律八项注意"那样作为新时期军队建设的法规。各地普遍表彰了一批党风好的先进单位和优秀党员,健全党内政治生活,努力保持党的优良传统和作风,建设适应新时期需要的好的党风。

对前一段的端正党风工作,小平同志的评价是:一是有成绩,二是不要把成绩估计太高,现在还是刚刚开始。这个评价是符合实际情况的。

从全局来看,端正党风的工作发展还很不平衡,有的单位领导对端正党风的认识,同中央的要求还有一定的距离,工作一般化或处于比较后进状态。极少数单位甚至敷衍应付,报假情况。目前,大案要案结案率只有 30% 左右。有些案件查处还有阻力,个别地方甚至还有以言代法、阻挠司法机关依法办案的现象。至于纠正行业不正之风和转变机关作风的工作,更是刚刚开头,一些群众意见较多的问题还没有很好地解决。个别单位还有边整边犯的情况。有些政策还需要进一步研究和明确。总之,建设适应新时期需要的好的党风还有大量工作要做,今后的任务还是相当艰巨的,任何盲目乐观、急于求成或懈怠松劲的思想都是要不得的。

二、几个认识问题

贯彻落实中央政治局常委会关于端正党风工作的指示,需要进一步明确和解决几个认识问题。

(一)关于"严肃认真抓两年"

最近,在少数单位,端正党风的工作出现了一些松劲情绪。有的同志认为,中办 57 号文件指出 6 个方面的不正之风刹住了,端正党风的工作任务就完成了。有的党委放松了对端正党风工作的指导。这与中央的要求是不相符合的。中央关于"严肃认真抓两年"的方针,是在客观分析党风状况的基础上提出来的。耀邦同志在八千人大会上对领导机关端正党风提了四条要求,兆国同志讲了着重要抓好四个方面的工作。这些任务还远远没有完成。

党风建设是一项长期的任务。从总体来说,我们的党风是好的,特别是自党的十一届三中全会以来,中央对于端正党风一直很重视,抓得很紧,党风也是越来越好的。但是也必须看到,纠正和克服党内目前存在的一些严重的消极现象,不是一朝一夕能做到的。即使是现有的问题解决了,以后随着形势的发展还会产生新的问题。我们的党风建设在许多方面同社会主义现代化建设,同改革、开放、搞活的形势还不相适应。继承与发扬我们党的优良传统和作风,建设一个同改革、开放、搞活相适应的好的党风,是摆在我们面前的重要任务。越是改革、开放、搞活,越要从严治党,严肃党纪。要充分认识党风建设的艰巨性和长期性,既要有紧迫感,又要克服"抓一阵子就差不多了"的思想。

小平同志指出,端正党风,我们说抓两年,两年以后实际上还是要继续干这件事。他说:"我们开放、搞活政策延续多久,纠正不正之风、打击犯罪就得干多久。"各级党委都应该按照中央确定的方针,从本地区、本单位的实际出发,经常研究新情况,解决新问题,把党风建设推向前进。

最近,有些同志提出来,中央搞不搞一个党风根本好转的统一标准?可不可以率先宣布实现了党风根本好转?我们领导小组有这样的意见,关于端正党风要解决的主要问题,在党的十二大上,耀邦同志的报告中以及在中央关于整党的决定中和八千人大会上几位中央领导同志的讲话中,已经作了明确阐述,各地可以根据上述文件精神,提出具体要求,认真组织落实。希望各地各部门坚决按照中央的要求和"严肃认真抓两年"的方针,加强具体指导和督促、检查,扎扎实实地做工作,不搞形式主义,要注重实效。

(二)关于端正党风与改革、经济建设"两手抓"

端正党风与改革的关系,中央的指导思想是很明确的。全面改革迫切需要好的党风,加强和改善党的领导,充分发挥党员的先锋模范作用。好的党风是改革的强大动力。党的十一届三中全会以来,通过拨乱反正和全面整党,在恢复和发扬党的三大优良作风方面,取得了显著成效,从而促进了改革和"四化"建设。好的党风又是改革健康、顺利发展的保证。我们的现代化建设,我们的改革,都是在社会主义基础上进行的,是坚持社会主义方向的。在党内和社会上反对不正之风,打击严重经济犯罪,能够有力地抵制资本主义和封建主义腐朽思想的侵蚀,清除破坏改革、危害经济建设的蛀虫。端正党风,将为改革、开放、搞活清除障碍;同时,通过改革又有利于促进党风和社会风气的好转。

有的同志担心端正党风会影响改革;有的担心"党风上去了,生产下来了";有的担心加强党纪和法制,"环境就不宽松了";也有的一听到要保护改革,该查的案子也"等等看",不敢查了。这里有必要再次明确:第一,要坚决支持改革。改革是一个探索的过程,允许成功,也允许失误。出现失误,重要的是帮助总结经验,完善改革措施,支持继续改革。端正党风工作的成效,要看是否促进了改革和经济建设。第二,对违法乱纪的,要区别情况,严肃对待,按照法律和政策认真查处,这也是保护改革。第三,一切从实际出发,是掌握政策的总原则。必须正确区分违纪与失误、罪与非罪的界限。坚持有法必依,执法必严,违法必究,在法律面前人人平等。处理案件要充分考虑到当时当地的实际情况,不要把属于工作失误、违反党纪政纪的问题当成违法犯罪来处理。对有的案件如各方面意见有重大分歧,应进一步核对事实,统一认识。对一时搞不清、拿不准的事,不要急忙处理。

端正党风的工作,要有创新精神。不能用老眼光来观察和研究新情况,不能机械地搬用老办法来解决和处理新问题。最近,纪检机关、司法等部门的领导同志要求本系统的干部了解改革,熟悉改革,保护改革。这是值得提倡的。当然,搞经济工作的同志,也要进一步了解和熟悉党纪和法律,提高遵纪守法的自觉性。只有这两方面都注意到了,才有利于做到端正党风与改革、经济建设"两手抓",扎扎实实地去夺取精神文明建设和物质文明建设的新成果。

（三）关于纪检机关和行政、司法部门的分工合作

小平同志指出："党要管党内纪律问题，法律范围的问题应该由国家和政府管。""我们现在的重点是端正党风，但对全局来说是抓法制。""不正之风是属于法律范围、社会范围的问题，应靠法制和社会教育来解决。"这不仅讲清了党风、不正之风、违法犯罪之间的区别，而且进一步明确了加强法制是当前在端正党风工作中必须重视的一个重要问题。

不正之风、违法犯罪，与党风问题是有区别的。其中有的有联系，有的没有联系，不能都说成是党风问题。作为执政党，我们的党要管这些事。但要通过国家和政府去管，要靠法制和社会教育去解决。这样分工，有利于党的纪检机关集中精力管好党内纪律问题，加强党风建设；也有利于在全体人民中，包括党员干部中，树立法制观念。

党的纪检机关和行政、司法部门既要分工，又要加强合作。我们党的纪检机关享有很高的威信，许多人习惯于向纪检机关揭发党员干部的违法犯罪活动。前一段工作中，纪检机关发现属于触犯法律的问题，及时交司法部门查处，司法部门发现涉及党风党纪的问题，也及时向纪检机关通报情况，这样做是很好的，希望坚持下去。在目前情况下，对一些大案要案采取协同办案的方式还是需要的，进行必要的协调便于统一思想认识，加快办案的进度。但必须明确：凡属党纪、政纪案件，应由纪检机关或有关政府部门负责，按规定办理；凡需要法办的案件，则应由司法部门按司法程序审理。

为了搞好各部门的分工合作，各省、自治区、直辖市端正党风领导小组应在地方同级党委领导下，做一些协调工作。地方各部门需要请示的问题，凡是涉及党纪的，请示中央纪委；凡是涉及违法犯罪的，请示最高人民法院、最高人民检察院。凡同时涉及党纪、国法，或涉及若干省、自治区、直辖市，由一家解决有困难的案件和问题，需要

中央协调、解决的,中央机关端正党风领导小组在书记处的领导下予以协调或处理。

三、下一阶段工作的几点意见

总的来说,中央的方针、政策和部署大家已经明确了,现在是如何结合本地区、本部门的情况,严肃认真地贯彻落实的问题。希望各地认真回顾一下 8 个月来的工作情况,看看哪些问题解决了,有些什么成功的经验;还有哪些问题没有解决好,根据新的情况需要采取哪些措施? 肯定成绩,找出差距,加强分类指导,克服领导工作一般化的毛病。下一段的工作,还是要按照八千人大会和后来中央历次提出的要求去做。在这方面,我想强调以下几点:

（一）当前仍然要抓紧查处大案要案

目前结案率较低,有多方面的原因。客观上有些案子取证较难,一些经济案件的政策界限不易划清;主观上也还有畏难情绪和不敢碰硬的现象。现在的关键,是要抓紧,采取有力措施,抓住主要案情,当断则断。不要缩手缩脚,拖拖拉拉,不能因为涉及到领导干部及其子女的问题,该查的不敢查,该处理的不敢处理。需要领导同志亲自过问的地方,要亲自检查督促。查处案件要准字当头,又准又快。抓人一定要慎重。要敢于坚持实事求是,依照党纪国法办事。

在查处经济方面大案要案的同时,对人事工作方面严重不正之风、以人代法造成严重后果和严重渎职行为等问题,也要严肃查处。

各地还可以用适当方式,引导违法犯罪人员投案自首,争取从宽处理。

（二）继续纠正行业不正之风

行业不正之风,主要是一些人凭借手中的权力谋取个人或本单位的私利搞起来的。纠正这种不正之风,要从领导干部、领导机关做起,从群众意见比较集中、问题比较突出的事情抓起,先着重整顿那些与群众密切相关的行业和部门。领导干部要端正指导思想,严格做表率。对以权谋私、影响很坏的,要给予必要的党政纪律处分;对经济犯罪分子,则应依法处理;对涉及广大职工切身利益的问题,处理要谨慎,着重总结经验,加强教育,健全制度。纠正行业不正之风不能走过场、追求形式,要加强调查研究,结合改革采取切实措施,解决实际问题。要加强正面教育。各行各业,都要牢固树立为人民服务的思想和高尚的社会主义道德观念,改善服务态度,提高服务质量。

(三)转变机关作风,着重解决提高工作效率和克服官僚主义

八千人大会以来机关作风有所转变,但距离中央和群众的要求还差得很远。各级领导机关要坚决扭转职责不清、互相扯皮、不负责任、缺乏服务观点、不办实事等官僚主义现象。要树立"领导就是服务"的观念、"一切工作都要讲效率"的观念和"办实事、讲实效"的观念,逐步改革管理体制,完善各项规章制度。

(四)加强制度建设和思想教育

小平同志早就指出:"我们过去发生的各种错误,固然与某些领导人的思想、作风有关,但是组织制度、工作制度方面的问题更重要。"端正党风和纠正行业不正之风,必须有明确的制度来规范人们的行为,让人们知道在社会主义有计划的商品经济条件下什么可以做,什么不可以做,使之有章可循,有法可依。这个问题各级领导应当重视,要组织人员认真加以研究,逐步建立和健全一整套明确的管理制度、工作制度和考核制度。

端正党风和纠正行业不正之风还要特别重视思想教育,包括"四有"①教育、法制教育和职业道德教育。要不断增强党员的党性

---

① "四有",指有理想、有道德、有文化、有纪律。

观念和纪律观念,鼓舞人们立志建设、立志改革、艰苦奋斗、勤俭建国、脚踏实地干事业;要普及法律知识,加强法制观念,做到人人知法、遵法、守法、护法。

要继续做好宣传报道工作,注意适当多报道一些好的典型。

(五)健全党内政治生活,建设好的党风

实现党风的根本好转,一是要解决当前存在的主要问题;二是要加强党风的建设。这两方面在目前都是十分重要的,但是,更重要的是加强党风建设,这是治本的办法。要健全民主集中制,开展批评与自我批评,加强群众监督。北京、广州实行群众评议干部是一个好方法。要健全党的组织生活,提高党内生活的思想性、政治性、原则性,自觉执行党的路线、方针和政策,既做改革的先锋,又做遵守党纪国法的模范。耀邦同志指出,党内生活政治化,党内生活健全了,这是党风好转的根本标准。我们在这方面要做更多的努力。

今年下半年的经济建设任务很重,劳动制度改革和企业领导体制改革相继出台。中央即将召开党的十二届六中全会,要作出关于社会主义精神文明建设的指导方针的决议,对端正党风工作将提出更高的要求。因此,各级党委在领导力量上要统筹安排,按照"两手抓"的原则,扎扎实实地把端正党风工作引向深入,做出更好的成效。

端正党风要抓关键性问题[*]

（1986 年 10 月 18 日—28 日）

我们党是一个有 4000 多万名党员的大党，又是执政党。党风状况如何，关系到党的生死存亡，对全国精神文明建设也是个关键性部分。只要党内不正之风纠正了，党风端正了，整个社会风气以至整个国家的治理都是可以搞好的，反之就不可能搞好。端正党风与开放、改革也是分不开的，端正党风是为了更好地执行开放、改革的各项政策，促进开放、改革的发展。我们要在学好《中共中央关于社会主义精神文明建设指导方针的决议》的基础上，把《决议》精神贯彻到端正党风工作中去，把端正党风工作坚持不懈地抓下去。

纠正行业不正之风，要和坚持职业道德教育结合起来。胡耀邦同志说，纠正行业不正之风，要抓住一些关键性问题。政法部门就要树立执法如山的观念，反对徇私枉法；组织人事部门要公道正派，反对任人唯亲；新闻单位的职业道德就是讲真实性，反对弄虚作假，等等。各部门、各行业都要采取积极措施，制定一些必要的制度，使大家共同遵守，逐步形成一种习惯，成为一种新的社会道德风尚。同时，要注意巩固端正党风的成果，有些不正之风已经刹住了，要防止过一段时间又旧病复发、故态复萌。

对经济犯罪大案要案的查处要抓紧，争取在今年年底以前，把手

---

[*] 这是乔石同志在福建省考察期间谈话的部分内容。

头的案件基本上办完或告一段落。一是办案要扎扎实实,既不扩大,也不缩小。不论是定罪还是从宽处理,都要有根有据,依法办事,不受任何干扰,真正经得起历史的检验。二是要从查出的大案要案中吸取一些经验教训,使大家受到教育。比如,为什么在这么短的时间里,出现那么多诈骗犯?为什么有的完全是编造出来的、假的东西,能够在一段时间里畅行无阻,无所不能?为什么我们有的党员干部为革命奋斗了几十年,被骗子这么一说,就糊里糊涂地信了,有的甚至陷进去不能自拔,成了罪犯?我们机关内部在工作制度上有哪些漏洞,使得坏人能够有机可乘?这些问题都应该好好地研究,吸取教训,而不要就案办案。三是定"渎职罪"、"玩忽职守罪"一定要慎重,确实是玩忽职守造成严重后果的,才能定罪。主要要把握这么几条:一条是看当时的背景;一条是看有没有中饱私囊;再一条看是否确实因玩忽职守而使国家和人民的利益遭受重大损失。对这类问题一定要弄清楚再下结论。四是对牵涉到港澳商人的问题,总的要依照法律办事,但在具体掌握上要合情合理。

端正党风的任务是
很艰巨的，也是长期的*

（1986 年 11 月 14 日）

中央国家机关党委在前一段端正党风工作的基础上，认真地抓了行业不正之风，取得了一定的成效。你们的汇报总的说是好的，对行业不正之风的表现、形成的原因、采取的措施以及今后的打算，都讲了。下面我谈几点意见：

第一，下一步你们打算开个会，我觉得不一定等到年底，最近开也可以，准备好了就开。我想能不能在会前向国务院领导同志汇报一下。这个汇报提纲再准备扎实一点，有些具体事例发生在 1984 和 1985 年，今年采取措施以后有哪些好转的地方，要反映出来，当然不要夸大。端正党风、纠正不正之风正在进行中，还在发现新的问题，虽然不多，说明工作正在深入，不是到此为止了。有的问题处理很不容易，光查清就不简单，阻力是不小的，有些案情也很复杂。总之，端正党风的任务很艰巨，也是长期的。向国务院领导同志汇报一下，然后再开会好一些。

第二，抓纠正行业不正之风是对的，很必要。纠正行业不正之风是端正党风的一个重要内容，一定要坚持继续抓下去，抓出显著成绩来。每个行业要根据自身的特点，经过认真的调查研究后，找出本行

＊　这是乔石同志在中央机关端正党风领导小组第 22 次会议上的讲话。

业真正的要害问题。抓准了,纠正行业不正之风的工作就会各有特点、效果显著;抓不准,抓不住最要害的问题,纠正行业不正之风的工作就解决不了问题。工作中对一些好的典型事例,要注意总结经验,适当报道;对于严重违法乱纪的要坚决处理,一般的分别情况处理;对绝大多数党员和群众,主要是教育。一定要抓住典型事例,否则,这项工作容易一般化、流于空泛。

第三,端正党风、纠正不正之风的工作,要逐渐统一到贯彻、执行党的十二届六中全会决议的工作中去。以不提两者结合为好,因为端正党风和纠正行业不正之风是决议中的一个内容,是贯彻决议的一个重要方面,与决议是完全一致的。每一个行业最好都要按照六中全会决议精神,提出自己的职业道德规范,使本行业中人人都知道,都按这个要求去做。职业道德规范要简明扼要,三五条,六七条就不少了,条条多了记不住。军队有三大纪律八项注意,今年又提了八条。如铁路的职业道德是什么? 要针对这些年来发生的问题,应该有个什么样的职业道德,要具体化。每个行业的职业道德总的来说都是为人民服务,搞好"四化"建设,但要有自己的特点,既反映共性,又反映自己的特点,共性与个性是一致的。根据六中全会决议精神,教育各个行业的人员,无论是党员还是非党员,都要遵守职业道德,党员当然应该做得更好。如果制定得不那么完整,也不要紧,过一两年再总结经验,补充、修订。这个问题现在要提到日程上来,不能老是抽象地要求。地方党委要重视,像北京市最近提出了几条。中央国家机关各部门、各个行业都要制定具有自身特点的职业道德规范。用一个模子去贯彻六中全会决议是不解决问题的。

第四,宣传报道要实事求是。有的事情要严肃处理,影响我们党、政府、解放军形象的东西,虽然为数很少,但必须严肃处理。

关于纠正行业不正之风,有些部门搞得比较好,可实事求是地报道。如邮电部,领导抓得紧、扎实,整个行业行动起来了。还要继续抓下去,但不要把话说满,宜留有余地。报道每一个部门的人和事,都不要像过去那样:一是搞运动;二是宣传好的就说得天衣无缝,讲坏的就坏到了极点。新闻报道机关尤其要注意这一点。

最后,查处大案要案还是要抓紧,不管社会上怎么风传,要顶住。该结案处理的就处理,有问题及时提出来,不能拖,不受干扰,也不无限上纲。需要依法处理的要抓紧,不要超过法定时间。认识不一致的,可以党内协调,冷静地处理,要经得起历史的检验。有些案子开始看起来严重,最后查的结果没那么严重,这还是要坚持实事求是的原则。办案要以事实为根据,法律为准绳。不要受哪个单位、哪个个人的影响。工作中可能有缺点,事情这么多,有的又很复杂,我们处理这类事情的经验不足,法制也不完善,不发生某些缺点不可能,主要要注意一发现就及时纠正。无论工作中发生什么问题,领导上要多承担责任,不要弄得底下压力很大,当然,底下有责任也要讲,不能只顾面子,不讲原则。

切实纠正行业不正之风[*]

（1986 年 12 月 9 日）

中央国家机关端正党风的工作,今年以来总的说是抓得比较紧的,成绩是显著的,形势也是比较好的,对下面和各地的影响也比较大。当然这项工作是长期的,要坚持抓下去。只要坚持抓,党风是能够不断好转的,对这一点还是有信心的。

纠正行业不正之风主要是今年下半年开始比较着重地抓的。有几个部门走在前头,抓得比较实,与部里的业务工作一起抓,真正做到"两手抓",这样效果比较好。行业不正之风,不完全是党风问题,有的是行业的或社会风气的问题。行业不正之风,对绝大多数行业和部门还是局部性的、支流的问题,当然程度和表现形式不尽相同,不能说各个行业和部门都存在很严重的问题。但是,如果行业和部门的主要领导同志不重视,不去抓紧解决,这种问题就可能发展,甚至成为全行业性的比较严重的问题。要把行业和部门的风气搞好,首先要求从主要领导同志和领导班子做起,他们本身的作风要正,要严格要求自己,如果有什么缺点随时克服、改正。同时,要重视并注意抓这方面的工作,给下级干部、本系统和基层作出榜样。只要这样做到了,而且坚决地做下去,就一定会做出很好成绩来的。

对大案要案,我们从下半年开始,就给有关方面都打了招呼,要

---

[*] 这是乔石同志在中央国家机关端正党风工作会议上讲话的一部分。

求抓紧办案。从今年 7 月以来,一直在抓这项工作,估计今年年底有一半以上可以结案。大案要案,绝大多数还是 1984 年、1985 年发生的,有的更早一点,今年新发生的是极个别的。查办大案要案,应该说困难是不少的,但一定要扎扎实实,实事求是,严格按照党纪、政纪、国法办案。

总的看来,端正党风的工作还要坚持不懈地抓下去,防止松劲,防止有的人看"风头"过去又重新搞不正之风。

搞好纪检工作要贯彻改革的精神*

（1987 年 11 月 4 日）

第一次会议,本来想多讲一讲,但看来不可能了,因为明天上午,我就要陪李先念①同志访问欧洲四国。上午我到陈云同志那里去了一下,王鹤寿同志也在那里。现在我先把陈云同志对我谈的一些意见讲一下。

陈云同志主要讲三个意思。第一,他再次强调,执政党的党风问题是关系到党的生死存亡的问题。一个党执政以后和没有执政,有很大的不同。对于执政党,党风问题任何时候都不能放松。第二,搞好党风问题,端正党风的关键是提高党员素质。共产党员要有共产主义理想,要对党员进行共产主义思想的教育。我们过去参加党,都冒着生命的危险,有的做秘密工作,有的在打仗,都是凭自己的理想,凭自己的党性。以前我们说过,中国革命取得胜利是很不容易的,如果没有毛主席的领导,没有毛泽东思想,可能现在我们还在黑暗中摸索。第三,高级干部,以及他们的家属,包括夫人、孩子,绝大多数是好的,极个别的不怎么好,但是影响很大。高级干部,一定要以身作则,作出榜样来。因为高级干部处在党和国家的领导岗位上,你的作风好不好,对下面影响很大。对高级领导干部要求要更加严格。陈

＊　这是乔石同志在中央纪委常委(扩大)会议上的讲话。

①　李先念,时任中华人民共和国主席。

云同志对我说：你要想办法学点哲学，学点辩证法，把这件事当作工作任务的一部分来看待。延安的时候，毛主席劝我学哲学，学辩证法，亲自同我讲了三次。所以，从 1938 年开始，我就学习。学好哲学，学好辩证法是终身受用的。学好这个，概括能力就强了。学习的事情要当作一件工作来抓，就安排在工作时间之内。

我把中央纪委选举的简要情况向陈云同志汇报了一下。我说，我当中央纪委书记，困难还是比较大的。当然，既然已经决定了，我一定努力去做。陈云同志说，党风、党的纪律检查工作要抓紧，不抓紧有的地方就会烂掉的。

我说，可能以后端正党风和纪律检查工作会碰到的、最困难的还在领导这一层。陈云同志说：反正有问题就要按党的原则办。有人说情，硬着头皮顶住就是了。不要怕孤立，只有一个人也不怕孤立。他还说：要能听各方面的意见，要听各种不同的声音。多听到一些不同的声音有好处。不同的意见，如果是好的、合理的，就吸收；不好的、不合理的，可以不吸收嘛，也可以驳倒它。驳倒不合理、不正确的意见，也就可以增强自己正确的意见。这是辩证法。他还说，有钱难买反对自己意见的人。有的人有意见，他还不肯讲呢！让他讲出来，这是好事情。他又说：中国这么大的国家，中国革命非常艰巨，是来之不易的。你们肩膀上的责任很大，要好好地读点书。在中国革命的过程中，有很大一批人牺牲了，是很多同志牺牲后才得到胜利的。我们国家这么大，有 10 多亿人口，责任是很重的。这么一个国家，解决吃饭穿衣，就不那么容易。要过吃饭这一关，是不容易的。前些天，我找商业部刘毅同志谈了谈，我说，一要吃饭，二要建设，总不能每年只顾了吃饭，总要留一点余地来搞建设。又要吃饭，生活又要有所改善，同时，又要把国家建设起来，这是很不容易的。这次党的十二届七中全会和十三大，讨论农业的时候，感觉往后这个台阶是不容易上的。无粮则乱。1985年我就讲过粮食问题,我看在农业科学技术没有新的突破的情况下,就目前来说,没有什么别的办法,永远会比较紧张。因为10亿人,国家大,吃饭还是第一位的。不要把面临的任务看得太轻了,领导中国这个担子是很重的。人那么多,生活水平不可能提得太高。空头支票开得太多了没有用。经济建设的任务还是很重的。

这是陈云同志上午和我谈话的要点。这些话是对我讲的,也是对常委讲的。

至于中央纪委今后的工作,我提不出什么具体的意见来。党的十三大已经批准了中央纪委的工作报告,而且通过了决议。其中指出,中央纪委从党的十二大以来做了大量的工作,对党的建设起了重要作用。我个人对中央纪委的情况,除了过去在中央书记处接触到纪检工作的个别案件外,基本上是不了解的。所以,我一下子说不出什么具体意见来。有几点想法,建议常委考虑一下。

第一点,这一届中央纪委的工作任务是很繁重的。这次新选出的常委,特别是我当中央纪委书记,无论政治水平、工作经验,还是处理复杂的有关党风问题的能力,跟全党对纪律检查工作、对党风工作的要求相比,是有相当的差距的。这个问题,我不止一次地在有关会议上讲过。现在已经定下来,我愿意跟全体常委和中央纪委机关的其他同志,以及纪检战线的全体同志一起,尽自己的可能,努力把这项工作搞好,力求不辜负十三大和党中央对我们的期望。现在的常委,除我个人以外,都是上一届连续下来的老同志,当然还有郭林祥①同志,他对军队的纪律检查工作还是熟悉的。我对纪检工作是真正不熟悉,上届连续下来的老同志无论如何都比我熟悉。中央纪

① 郭林祥,时任中央纪委常委、中央军委纪委书记、总政治部副主任。

委机关还有一批党性比较好、又熟悉这方面工作的同志,应该说骨干还是比较多、比较强的。我们有党中央、中央政治局和中央政治局常委的领导,同时,全党同志和全国广大人民群众对党风也表示了高度的关心,这实际上也是对纪检工作的一种支持。批评也好,有时候甚至讲怪话也好,不满意也好,这也是对党关心的一种表现。如果弄得没有人批评,这个事情就更坏了。大家还是希望党风能够搞好,党的建设能够加强,党的纪律检查工作能够加强。总的看,批评的声音还是从这种愿望出发的,至少绝大多数是这样的。这些,都是我们这一届中央纪律检查委员会以及常务委员会做好工作的有利条件。所以我相信,经过大家的努力,我们能够把这项工作搞好,完成党所交给我们的任务。

第二点,现在十三大开完了,我建议首先在中央纪委机关,同时也在全国纪检系统,认真传达好、学习好十三大文件精神。这是我们当前首先应该抓好的工作。我参加十三大筹备工作,以及直接参加党的十二届七中全会、十三大和十三届一中全会,深深感觉到,十三大是党的历史上具有很重要意义的一次会议。这次大会,全党、全国人民、全世界都是非常瞩目、非常关心的。这次大会对今后中国的社会主义建设事业,具有十分重要的意义。这几天,我看了许多外电报道,反映都非常强烈,非常好。希望常委能专门抽出时间研究一下,怎么样把十三大会议精神传达好、学习好、贯彻好。一个是中央纪委机关本身,要传达、部署,一个是在全国纪检系统也要组织好传达学习,真正使大家深刻领会大会的精神实质,用大会精神来提高和进一步统一全党的思想,武装每个同志的头脑。以后我们就要用十三大的精神来指导我们的实际工作。我很赞成杨尚昆①同志讲的,要认

---

① 杨尚昆,时任中共中央政治局委员、中央军委副主席。

真学习十三大文件本身,不要搞很多辅导材料和辅导报告。

第三点,在学好文件的基础上,联系党的建设、党风建设和纪律检查工作的实际,联系思想实际,提高思想认识和工作水平。十三大文件内容很丰富、很全面,涉及到经济体制改革、政治体制改革和今后一个时期党的理论、指导思想和基本路线。这些方面如果不吃透,单纯谈纪检工作,是不行的。同时,搞好党的建设,搞好党风,搞好纪检工作,也有一个贯彻改革精神的问题。今后党风建设和纪检工作的任务加重了,而且是在经济体制改革、政治体制改革和两个文明建设这个大范围里来加强的,离不开这个范围,离不开党的基本路线。所以,首先要把十三大精神学好,打下一个好的基础,这对于我们今后的长期工作具有重要意义。

党的纪律检查队伍,全国大概有 25 万人,队伍是不小的,成绩也是不小的。在改革纪检工作的方案还没有研究成熟以前,不论是中央纪委机关,还是各级纪律检查机关,都要注意做好稳定情绪的工作,不要弄得人心动荡,不安心工作。当前手头的一些工作,该做的还要坚持做下去;该办的案件还要继续办好。要和下边的纪委打个招呼,要安定下来,不要搞得人心惶惶。现在已经选出了新的一届中央纪委,不管有多大的困难,我们八个常委同志要齐心协力,同时要和全体机关同志齐心协力,把我们的工作任务担当起来。我也下了决心,力求把工作做好。以后,纪检队伍、组织机构的变动难以完全避免,精简也是必然的,但是这个不着急,等到我们充分研究提出方案以后,再逐步进行。从常委来说,还是要抓紧,争取早一点提出一个精简和机构调整的方案,这样可以主动一些。即使机构要精简或调整,现在在纪检工作岗位上的干部,不要怕没有事情可干,因为整个党的建设是要加强的,党的建设工作还需要很多同志去做。现在有点动荡,要及早地稳定下来。中央纪委的机构设置,大家可以考虑一下,如果需要调整,怎么调整。至少,领导骨干不要轻易放。要调整可以调整,只要大家商量好了,意见一致了,该办的就办。当然,需要报中央的还要报中央,中央批准以后再办。

我听说中央纪委机关正在研究制定必要的制度,你们做了一些准备。对这些问题,也希望大家考虑一下,在常委会上讨论决定以后再办。下边的纪律检查机构还是以稳定人心为主,做好思想工作。我个人准备跟先念同志出国回来以后,分别找各个方面的同志谈一谈,熟悉一下情况,听取意见,研究如何搞好纪检工作。

用改革的精神，
加强党的建设，搞好党风*

（1987 年 11 月 4 日）

同志们，党的十三大刚刚胜利闭幕，十三届一中全会前天才结束。今天主要是抽时间来看看大家，借和同志们见面的机会，讲几点希望。

第一，希望大家认真学好十三大报告和其他文件，深刻领会精神实质。十三大是我们党历史上一次有重大意义和深远影响的大会，不但是全党、全国人民所关心的，而且是举世瞩目的。最近，我看了国内、国外的反映，特别是国际上的反映，对这次会议评价都很高。党的十三大报告，是我们全党智慧的结晶。这个报告，把马克思主义基本原理和中国的具体情况密切结合起来，总结了建国 30 多年来，特别是党的十一届三中全会以来的基本经验教训，深刻阐述了关于社会主义初级阶段的理论，应该说，在理论上是有重大突破的。我注意了苏联、东欧社会主义国家以及资本主义国家的评论，也都认为我们在马克思主义理论方面，在社会主义建设的理论方面是有重大突破的。这个报告提出了党在这个历史阶段的基本路线，为建设有中国特色的社会主义指明了方向。所以，认真学习、深刻领会十三大精神是全党当前一项非常重要而迫切的任务。

第二，希望在学好十三大文件的基础上，按照文件提出的党在社

---

*　这是乔石同志在中央纪委机关全体干部会议上的讲话。

会主义初级阶段的基本路线、加强党的建设、从严治党的精神，密切联系党的纪检工作实际，研究和探讨如何在十三大精神指导下，用改革的精神加强党的建设、搞好党风，进一步改进和加强党的纪律检查工作。十三大以后，党风建设和党的纪律检查工作的任务，不是轻了，而是更重了。全党、全国人民对于党风建设都寄予很高的期望。现在可以说，除了物价问题以外，大家议论最多的是党风问题。正因为这样，中央纪委和各级纪委的工作任务决不是减轻了，而是加重了。我们有责任，也必须在十三大精神的指导下，把纪律检查部门的工作搞好，不辜负十三大对我们的期望。杨尚昆同志昨天在军队代表的会上讲，学习十三大文件，不要搞很多传达提纲，也不要搞很多辅导报告，要集中学好十三大文件本身。我非常赞成这个意见。学习马克思主义，就要学习马克思主义的原著，特别是马克思主义的一些基本著作；学习十三大文件精神，重点也是要学好文件本身，领会文件本身的精神实质。十三大报告，前前后后搞了将近一年的时间，第四稿出来以后，又在全国五六千人的范围内进行了讨论，作了相当大的修改。党的十二届七中全会讨论以后，又作了大概 150 多处的修改。开十三大的时候，也作了相当一部分文字和提法上的修改。十三大报告是很全面的，总结了十一届三中全会以来党的各个方面的工作，指出了当前我们面临的一些问题，比较系统地讲了我们的经济战略和经济体制改革，讲了政治体制改革的总体设想，也讲了加强党的建设，强调党要管党和从严治党。十三大文件已经见报了，大家要在吃透文件精神的基础上，联系党的建设、党风建设和纪律检查工作的实际深入学习。十三大的主题是加快改革，深化改革。今后五年党的建设、党风建设、纪律检查工作，都离不开改革、开放、搞活。正因为这样，如果我们不全面领会十三大文件精神，就不容易掌握好党的建设、党风建设和纪律检查工作的方向。

第三，十三大已经明确政治体制改革的总体设想。加强党的建设，从严治党，提高党的各级领导班子和全体党员的素质，是政治体制改革总体设想的一个重要方面。今天上午陈云同志反复对我讲，执政党的党风问题是关系到党的生死存亡的问题；端正党风的关键，就在于提高党员素质。纪检工作的改革，需要我们在学习的基础上，充分进行研究，反复进行探讨，逐步具体化，逐步付诸实施，不必匆匆忙忙。当然，也要抓紧，要按照改革的精神搞好纪律检查工作。

改革的方案研究好了，成熟了，需要报请中央审批的，要报请中央审批；可以由我们自己定的，也要研究成熟后再定。现在务必请大家安下心来，整个纪检队伍都要安定下来。我今天来，很重要的一个原因，就是希望大家不要思想动荡，坐立不安。将来到哪儿去，同志们也不必担心。党的建设要加强，还少得了大家吗？就是年龄过线需要退下来的同志，你还是共产党员，你从第一线退下来了，到第二线或第三线，党的任务还没有完，初级阶段就得上百年，共产主义就更远了，我们这辈子是完成不了的。至于年龄没有过线的同志，就更不必着忙了。当前手头的工作，要抓紧做好，不要"停摆"，不要观望。那么将来机构会不会精简一些呢？我现在也说不准。即使精简的话，还怕失业吗？还会有很多工作要做。整个党的建设不是要放松，而是要加强。所以我们不怕没有事情做，不要搞得人心不定。

最后我要简单说一下，中央纪委的同志，我认识的是个别的，不认识的是多数。但据我所知，中央纪委和各级纪委的同志，多年来，辛辛苦苦，在搞好党风建设和党的纪律检查工作方面，做了大量工作，为党的建设事业作出了贡献。希望大家一如既往，用改革的精神，把纪检工作搞得更好。今天是第一次见面，我请求，今天说的话，和以后讲的话都不要当作什么指示，只作为个人意见同大家讨论，对的可以采纳，不对的可以批评。

要抓好党员的教育管理工作[*]

（1988 年 1 月 14 日）

同志们在中央党校学了半年,现在快要结业了,我代表中纪委常委同志,祝贺大家完成学习任务。

现在的八名中纪委常委中,我是纪检战线上的新兵,其他七位都是老战士了。我对纪检工作不熟悉,最近初步了解一些情况,说不出多少意见来。提点希望,也有些话请同志们捎回去,带给各部门、各地区的党委、纪委。

希望进一步学好党的十三大文件。十三大文件,你们在中央党校已经学了,这就为以后进一步学习,打下了比较好的基础。但是,在党校学习的时间终究有限,其他学习任务也较重,不可能更深入地进行讨论和研究。所以,希望大家回去以后继续学习,结合你们地区、部门的情况,结合纪检工作的情况,深入研究,更好地贯彻落实十三大的精神。

十三大对党的建设、党风建设提出了更高的要求。明确规定,在加强党的建设、从严治党方面,中纪委的任务是集中力量管好党纪,协助党委管好党风。这个任务是很重的。

在今后政治体制改革过程中,在经济体制改革继续推进的过程中,在整个改革时期,党的领导不能削弱,相反的是要加强。十三大

---

* 这是乔石同志在会见中央党校第十期纪检干部进修班学员时的讲话节录。

总的精神是要加强党的领导。只有加强党的领导,从严治党,才能使党适应新时期改革、开放、搞活的需要,经得住改革开放时期的考验,才能使党的工作做得更好。

十三大对于党的纪律检查工作提出了明确的要求。中纪委正在研究,如何把这些要求落实。总的是集中力量管好党纪,协助党委管好党风。中纪委以及各级纪委任务还是很重的。纪律检查机构,按照党中央的要求需有计划、有步骤地实行精简。现在党的纪律检查工作面临的条件,同过去,比如说同 1978 年、1979 年不一样了。那时候才经过十年浩劫,公检法机构还没有很好地恢复起来,而党的纪律检查机构已经建立起来,因此它就承担了非常繁重的任务。比如说"两案"①的审理工作。最近,中央政治局常委听取了"两案"审理工作的汇报,对"两案"工作作了很高的评价。这个工作是中央委托"两案"审理小组承担的,同样也是中纪委很重要的一项工作。"文化大革命"中间,甚至"文化大革命"以前,有一系列的冤假错案,要拨乱反正,给予平反。这个平反工作,其他有关部门也都承担了,其中中纪委承担了大量的工作任务,成绩也是非常突出的。这对中纪委来说也是非常光荣的。再比如说,1982 年初,中央有一个紧急通知,叫作《打击经济领域中严重经济犯罪活动的决定》。中央决定,由中纪委作为中央进行这一工作的办事机构,中纪委就建立了"经打办",这个工作也搞了好几年,也是取得了相当大的成绩。从中纪委和各级纪检部门恢复工作到现在,已有 9 年时间,大家做了大量的工作。有些工作,由于情况变化,今后看来不需要由纪委直接抓了。因为公检法机关都已经恢复并健全起来,行政监察部门已经建立起来,其他如工商管理、审计、税务等部门也都在加强,这些方面的违纪

---

① "两案",即"两案"审判,是指我国公开审判林彪、江青反革命集团案件。

违法案件就不需党的纪检部门直接抓了。但不能因此回过去说中纪委以前做了很多不应该做的事情。我到中纪委和许多同志谈的时候，都说过这个问题。

总之，经过过去 9 年的努力，制度比较健全了，管监督、检查的部门比较多一些了，分工也比较明确一些了。党的纪律检查部门就可以从过去非常繁重的任务中解脱出来，集中力量管好党的纪律、协助党委管好党风。这只有好处。治理好我们国家，当然要依靠各个方面的工作，首先依靠发展社会生产力、发展经济，依靠我们坚持四项基本原则，依靠我们改革、开放、搞活，这样才能最终建成具有中国特色的社会主义。在所有这些工作中间，党的工作是极其重要的，党风建设和党的纪律检查工作是不可缺少的。由于我们党处在执政党地位，首先要抓好 4000 多万党员的教育管理工作。如果绝大多数共产党员都成为名副其实的共产党员，都真正有理想、守纪律，这个党就可以搞好，党风就可以搞好，也可以把社会风气带动好。最近发了一个党风建设座谈会纪要，大家都看了，希望大家进一步讨论研究。党风和社会风气不是一码事，是两码事，但它们是有密切联系的。因为我们党处在执政党的地位，我们党又生活在社会中间，社会上的各种现象都必然会在党内反映，社会上的各种不正之风也必然会对党员带来不好的影响，这是很自然的。另一方面党风对社会风气的影响也非常重要，因为我们的党是执政党，在全国处于领导地位。如果我们从严治党，把党风建设好了，那么，社会风气也可以被带动好。在这个意义上来讲，党风好不好，对社会风气有关键性的作用。

搞好党风建设，正如陈云同志所说关键是要提高党员的素质。党员既要思想解放，有开拓、改革精神，积极参加各项工作，作出创造性的劳动，作出自己的贡献，同时又不受社会上各种不良的、包括外来的资本主义腐朽思想的影响，党才能经得起新时期的考验。中纪委打算在春节以后,召开第二次全体会议。第一次全委会实际上就是选举领导班子。第二次全体会议要把今后的工作安排一下。过去的工作,中纪委的报告,十三大已通过了正式决议,对中纪委的工作作了充分的肯定。另外,前一届的中纪委,不管从集体来讲,或者从任何个人来讲,都不能说犯了什么错误。我在中纪委常委会上讲了,常委会的同志也都同意我的意见。陈云同志作为中纪委的第一书记时间很长了,虽然日常工作他不管了,但他对中纪委工作是很关心的,中纪委处理的重大问题,他是知道的,对中纪委的主要领导同志,他也有全面的了解。在十三大选举中,凡是被提为候选人的,都是够条件的。既然是差额选举,总要差掉几个,没有选上,不能说有什么问题。这个大家都是能理解的。在这个问题上,如果有什么流言,大家碰到了要辟谣。至于各级纪律检查部门的干部,全国有 20 多万人,这些同志多年来都是在党的领导下,在纪律检查岗位上勤勤恳恳、辛辛苦苦地做工作,他们的工作成绩是全党有目共睹的,也是全国人民都知道的,应该给予充分肯定。不要觉得做纪律检查工作得罪了人,总觉得有什么不大说得响的事情似的。对得罪人,该怎么看? 坚持党的原则,维护党的纪律,该查的事情查了,实事求是地作了结论,这怎么叫得罪人啊? 如果坚持党的原则,坚持按原则办事,那就是在经济部门或其他部门也可能"得罪人"啊! 总之,全国 20 多万纪检干部,在纪检工作岗位上,在党的领导下,做了大量的工作,他们的成绩要给予充分的肯定。今后随着政治体制改革,随着机构的变动,可能有一些同志要变动一下工作,党的事业在前进、在发展,机构人员有变动是正常的,但是都要安排好,都要对组织负责,对这些同志个人负责。

有的同志说,中纪委同教育党员有什么关系? 我觉得各级纪委应该关心党员的教育,应该积极参加对党员的教育工作。我们从管好党纪、协助党委管好党风中间,发现党内存在这样那样的问题,提出我们改进加强党内教育的意见。从我们处理的违纪案件中间,发现对党员应该怎样加强理想、党性的教育,包括党纪的教育、法纪的教育。要在这些经验的基础上,争取逐渐地把各方面的工作更制度化、更规范化。我相信,在中央的领导之下,经过大家的努力,今后的党风、党纪工作都可以在原有的基础上取得新的更大成绩。

在改革开放条件下
从严治党很重要*

（1988 年 2 月 8 日—18 日）

省委对攀枝花市的党风作了充分肯定,我很赞成。在省、市委的领导下,攀枝花市的党风建设是搞得好的,市委坚持两个文明建设一起抓,在抓物质文明建设的同时抓精神文明建设;在抓经济建设的同时抓党的思想、组织、作风建设,抓文化、科学、教育事业的发展。你们提倡的攀枝花精神也很好,符合党的十一届三中全会以来的路线、方针、政策,符合中央关于加强精神文明建设的决定,同十三大精神是一致的。市委抓工作比较全面,1986 年全市就形成了全党抓党风的局面。人还是要有一点精神,在压力之下发挥出来的开拓精神、艰苦奋斗的精神、克服困难的精神、千方百计把各项工作搞上去的精神,都是很有益的。

在改革开放条件下,从严治党很重要。我们有 4600 多万党员,全党面临的问题是新中国成立以前入党的党员数量比较少,今后会越来越少。现在有相当一部分比较老的党员退居二线了,当然,就共产党员这一点来说,他们还是在第一线。沿着党的十三大的基本路线指引的方向发展,中国的经济、我们的事业是很有希望、充满光明的。但在这个过程中,党需要加强建设,使每个党员、每个组织、每个

---

* 这是乔石同志在四川省考察期间讲话的部分内容。

96

领导班子,都能适应改革开放的形势,经受得住改革开放的各种考验。现在改革开放了,我们同资本主义世界有了广泛的接触。这是有好处的。但我们终究还是搞社会主义的,我们终究还是共产党员,在几乎天天跟资本主义打交道的过程中,要经受住考验,不要忘记自己是共产党员,不要忘记在思想上、组织上加强党的建设,不要忘记共产党员应该有的好作风。过去我们党就有好的传统和作风,党的十一届三中全会以后,已得到了进一步的恢复和发扬,今后要在新形势下继续加以发扬。如党的理论联系实际、密切联系群众、批评与自我批评这三大作风,还有实事求是、艰苦奋斗、勤俭建国等,这些传统和作风都要长期坚持下去。有人说初级阶段对党员的要求不要那么高了,好像对党员的要求应该放松了。这不对。民主革命时期,我们要求共产党员要随时准备作出牺牲,搞社会主义也要有献身精神,这个要求不能低。在民主革命时期,我们对共产党员就要求,具有共产主义觉悟,在社会主义初级阶段,对共产党员的这一要求也没有变。共产党员还是共产党员,基本素质不但不能降低,而且要不断提高,这样才能真正适应社会主义初级阶段建设有中国特色的社会主义的需要,才能经受住新时期的锻炼和考验,这是一个最根本的保证。共产党员要坚持党的领导,如不改善党的领导,不提高全党的素质,不提高各级领导班子的素质,怎么领导?所以,党的建设,要放到各级党委的重要议事日程上,不断地抓。各级领导班子要加强党的十一届三中全会以来路线、十三大路线的学习,真正解放思想,才能加强和改善党的领导,担负起新时期的各项工作任务。

党风建设,我希望按照从严治党的精神去抓。我看了省委批转省纪委的文件,讲得是很好的,我赞成。一方面党风建设要靠纪律检查部门,但还要靠党委、靠全党来抓,首先是书记和各级领导。光靠一个部门是不行的。纪律检查机关是党委的主要助手或主要助手之

97

一。在改革、开放中,纪委支持、保护改革,这是很好的。偶然有一些问题不清楚,有一些事做得不太理想,或者有些失误,也是可以理解的。有些问题暂时还不清楚,也可以看一看再说。但对一些人借改革的名义以权谋私,违法乱纪的,就要严肃处理。对改革起败坏作用的,要严肃查处,不能含糊,这也是支持、保护改革的顺利进行。否则,党内外群众有意见。当然处理要实事求是,把问题搞清楚;该怎么处理就怎么处理。

要加强基层党组织的建设。对基层的党员,要把党的十一届三中全会以来路线的精神、十三大精神与他们工作实际直接有关的方面,给他们讲清楚。要灌输,要做思想工作,并坚持不懈地做下去,使他们始终保持共产党员的本色,中国共产党才能成为领导全国人民的坚强核心,这是我们实现基本路线的根本保证。加强社会主义民主与法制很重要,党内也要法律化、制度化。所以我们要把党员教育放到非常重要的位置上。

党内思想教育要认真抓,要抓相当一段时间。一层是抓领导班子,另一层是加强对基层党员的教育。前几年我们比较忙于其他工作,机构改革后班子调整得差不多了,但对基层党组织状况的调查研究,经常性的思想教育,基层党组织的组织建设、党风建设等研究得少些。建议你们多搞一些这方面的工作。因为改革开放要长期搞下去,要靠各级领导干部、骨干的理想和能力,以及很好的党风,同时要靠全体党员的先锋模范作用。提高党员的素质,使全体党员在十亿人民中间真正发挥先锋模范作用,关键还是要教育党员。当然,对严重违法乱纪的要严肃查处,该开除的要开除,教育无效的要劝其退党。

基层政权建设要加强,特别是市、地、县一定要抓好基层政权建设,它是各项工作的基础,是依托。社会治安工作也要依靠基层党政才能搞好。市、地、县干部,也包括省里干部,要多深入基层,多作调查研究,多接触群众,多总结改革、开放、搞活的经验,并使之制度化。考察一个干部,比如一个县长,要看他在任期内是否深入基层,为人民办了多少事情,是不是在那里扎扎实实地工作。

加强党的宗旨和党性教育[*]

（1988 年 2 月 16 日）

　　四川地、县两级干部比较好,这也是个优势。选拔干部特别是地、县以上的干部,有两条不能放松:一是基本素质,特别是革命化不能放松;二是要经过实际锻炼,不能放松。干部要有点马列主义和科学文化知识,关键是不说空话,踏实肯干,工作有实绩。现在 50 多岁的干部都是机构改革以后上来的,可以适当稳住,逐步补充。40 多岁的干部年纪轻,文化程度比较高,只要在实践中踏实肯干一般也是很有培养前途的。对这些干部要有意识地放下去锻炼,然后择优选用。有的人到地、县去,既可以踏实地干几年,也可以去"熬"几年。如果抱着"熬"几年的态度下去,不能下基层,不能深入实际,不搞调查研究,只是有文化,能说会道,这种干部不行。所以,培养选拔干部还是两条:一是物色到成熟的,合适的就提上来。二是有的干部基础很好,暂时缺乏经验,可以放到地、县去锻炼几年上来。挂职,以前那种挂职下放办法效果不好,反而把干部的思想意识搞坏了,有的人只想做官,下去锻炼镀金,一回来就公然伸手要官,要避免这个问题。总的说来,机构改革后上来的干部多数是很好的,更加适应国家"四化"建设的需要。今后主要是稳定,逐步调整。问题是选拔干部的制度要不断完善,就像前几年在讲知识化时过分强调文凭,这些都不

---

[*]　这是乔石同志在听取四川省委工作汇报时讲话的部分内容。

能绝对化,要在实践中不断总结完善。

要抓好党的自身建设,即思想建设、组织建设和作风建设。党的建设关系到我们的事业能不能继续下去,意义十分重大。党的十三大提出,社会主义初级阶段需要上百年。那时,我们在座的同志都不在了,但我们的事业不能中断,还要一茬一茬地接下去。初级阶段以后,我们的事业也还要发展,所以一定要认真加强党的建设。党的建设,一是要加强党对各方面的领导;二是要加强基层组织建设,起好核心作用,教育党员发挥先锋模范作用。思想建设,首先要对党的骨干进行马列主义的系统教育。不学习,就不能适应需要,就不能带领人民群众前进。4600 多万党员,有 4000 个高中级干部学好了就不错。对广大党员,要加强党的宗旨和党性教育。没有一个好的思想、好的作风不行。如果全党 4600 多万党员团结一致发挥了作用,我们的事业就会大大前进一步。我赞成这样的意见,除了加强乡基层组织建设(包括政权建设)外,还要加强城镇基层组织建设,不然,我们这样一个大的上层建筑,基础就是空的。今后新入党的一定要按党员的条件严格要求。作风建设,我主张一定要严格要求,特别要加强自力更生、艰苦奋斗的教育。坚决压缩集团购买力对端正党风也是有好处的。处在领导岗位的党员,要注意经常研究新问题,要站在前面引导和领导。

认真贯彻党的十三大精神，努力做好纪律检查工作*

（1988 年 3 月 20 日）

同志们：

今天，我们举行中央纪律检查委员会第二次全会。这次会议的中心议题是，研究如何进一步贯彻党的十三大精神，在改革开放条件下做好纪律检查工作，并作出相应的部署。我们这次会议是紧接着党的十三届二中全会召开的。二中全会开得很好，审议通过了向七届全国人大一次会议推荐的国家机构领导人员人选名单和向全国政协七届一次会议主席团推荐的全国政协领导人员人选名单，并且就进一步贯彻十三大精神提出了重要意见。会议强调要进一步解放思想，稳定经济，深化改革，使我国的生产力获得更大的解放，同时要加强党的自身建设。我们要认真组织好二中全会文件的学习，使十三大精神在纪检工作中得到更好的贯彻。

一、增强全党的纪律观念

党的十三大，是我们党历史上一次极为重要的会议。正如邓小平同志所指出的，十三大进一步解放了党和人民的思想，也将进一步解放生产力。这次大会，阐明了关于我国社会主义初级阶段的理论，提出了我们党建设有中国特色的社会主义的基本路线，确定了今后

＊　这是乔石同志在第十三届中央纪律检查委员会第二次全体会议上的报告。

经济建设、经济体制改革和政治体制改革的基本方针；同时还确定了在改革开放中加强党的建设的基本方针，强调必须从严治党，严肃党纪。

我们党从来是一个有伟大理想和严明纪律的党。党的纪律，是实现党的路线、方针、政策的可靠保证，是维护党的团结、统一的有力武器，是保持党的先进性和纯洁性的重要条件。在我们党的中心任务、活动方式和所处的社会环境发生重大变化的时候，加强党的纪律尤为必要。在新民主主义革命取得全国胜利前夕的重大历史转折关头，党中央突出地抓了党的纪律，采取了一系列加强统一纪律的措施。毛泽东同志当时曾鲜明地提出："军队向前进，生产长一寸，加强纪律性，革命无不胜。"这样把增强党的纪律观念作为关系大局的问题提到全党的面前，有力地保证了党顺利实现由各根据地被分割、独立作战的状况到领导全国政权的伟大历史转变。党的十一届三中全会以来，我们党进入了一个新的历史发展时期。目前，党已经拥有4600多万党员，领导着10亿人口的大国，正从事改革开放和社会主义现代化建设空前伟大而艰巨的事业。在这种新的历史条件下，党中央多次向全党提出增强党的纪律观念的问题，是具有特殊重要意义的。

增强纪律观念，当前说来就是要求党的各级组织和全体党员，在政治上同党的十一届三中全会以来的路线保持高度的一致，坚决贯彻党的十三大精神，坚决执行党在社会主义初级阶段的基本路线，坚持"一个中心、两个基本点"。这是党的政治纪律对各级党组织和全体党员的根本要求。没有严格的纪律做保证，再好的路线也不可能得到正确的贯彻执行。党在政治上高度一致，组织上紧密团结，工作方法各具特点，这样我们就能克服各种困难，继续沿着党的十一届三中全会以来的马克思主义路线胜利前进。

增强纪律观念,就是要求广大党员时刻牢记自己是个共产党员,一切按共产党员的标准要求自己,一切以党纪国法为准绳。作为一个执政党,我们已经经受了30多年执政的考验,还将继续长期地经受这种考验。特别是当前我们党正领导着改革开放,又面临着改革开放这种新的严峻考验。毫无疑问,改革开放已经并将继续给我们党的建设增添新的生机和活力。但是,随着对外开放的扩大,商品经济的活跃,资本主义腐朽思想和封建残余思想对我们党的队伍的腐蚀和影响会有所增加;社会上一些原来已经绝迹的丑恶现象沉渣泛起,也会侵蚀党的肌体。在这种情况下,必须加强党内外的监督,加强党的纪律约束,使广大党员增强反腐蚀能力,从而胜利地经受执政和改革开放的考验。

增强纪律观念,就是要求广大党员带头维护和发展安定团结的政治局面。在改革开放这场深刻的社会变革过程中,由于新旧体制的交替,各种利益的调整,再加上政策不配套、法制不完善、管理工作跟不上,出现这样那样的不协调、矛盾和乱子,是难以完全避免的。在这种情况下,加强党的纪律,坚持民主集中制原则,使全党意志统一,步调一致,极大地增强各级党组织的战斗力,扶正压邪,使我们党进一步成为具有强大凝聚力的政治领导核心,才能引导整个社会生气勃勃地前进。

党的纪律,是对党员在自觉基础上带有约束性的行为规范。这些行为规范的具体内容和要求,当然要随着实践的发展,随着经济体制改革和政治体制改革的深入,而不断地有所发展。墨守成规是不对的,以为改革开放就可以放松纪律更是不对的。一切为建设有中国特色的社会主义而勇于探索的同志,都应把创新精神同纪律观念统一起来,坚决地、创造性地执行党的路线、方针和政策。

党的十一届三中全会以来,我们党曾采取了一系列重要措施,包括整党在内,来整饬纪律,十年动乱造成的那种党纪废弛的现象有了根本改变。但是,目前在为数不少的党组织和党员中,包括某些领导机关中,纪律观念淡薄、纪律松弛的现象还比较普遍,有的还比较严重。因此,增强党的纪律观念,加强纪律性,对于党的各级组织来说,是一个十分重要和现实的问题。广大党员,特别是相当一部分入党较晚的新党员,很有必要认真学好党的基础知识,加强纪律观念。即使是入党多年的老同志,也要在新的历史条件下,继续保持和发扬模范遵守党纪的好传统。只有这样,才能使党适应十三大以后加快和深化改革的新形势、新任务。

二、集中力量管好党纪

党的十三大报告指出:"党的纪律检查委员会不处理法纪和政纪案件,应当集中力量管好党纪,协助党委管好党风。"这对加强和改善党的纪检工作,使之适应新形势,具有重要的意义。各级纪委必须坚决贯彻执行。

新时期党的纪律检查工作,必须保证党的基本路线的贯彻实施,坚持四项基本原则,促进改革开放。陈云同志指出:"党的各级纪检部门,要从纪检工作上保证、促进社会主义经济体制改革、政治体制改革的健康发展。"这个重要指导思想,要进一步体现到各级纪检机关的工作中去。改革开放是我们的总方针总政策。纪检工作必须立足于支持和保护改革,促进改革开放和社会主义现代化建设的健康发展。

党的纪律检查委员会的一个基本任务是维护党规党纪。纪检机关应该依照党章规定继续发挥以下职能:保护党员的民主权利,使之不受侵犯;惩处违反党纪的党员,清除党内腐败分子;监督党的各级组织特别是领导机关、领导干部执行党的路线、方针、政策、决议和贯彻民主集中制的情况;教育党员遵纪守法,履行义务,发扬党的优良作风,增强反腐蚀的能力。上面所说的保护、惩处、监督、教育等方面的工作,是纪检机关经常性的工作,都应该抓紧做好。

纪检工作必须根据党章规定,切实保护党员应享受的各种民主权利。这是维护和发扬党内民主,保证广大党员的积极性、主动性和创造性得以充分发挥的一个极为重要的条件。随着经济体制改革的深化和政治体制改革的展开,健全党内民主生活,保护党员的民主权利,将具有更加重要的意义。必须重申,侵犯党员的民主权利,就是违反党的纪律,应该受到严肃处理。各级纪委要把保护和支持党员正确行使民主权利作为一项经常性的重要工作摆在自己的议事日程上,认真做好。即使对那些犯了错误的同志,在严肃检查、处理其错误的同时,仍应依照党章保护他们应享有的民主权利,而决不能有所忽略。

认真查处党内违纪案件,是严肃党纪的中心环节。查处违纪案件,要按照干部管理权限,采取分级负责的办法,一级管好一级。当前查处案件应着重注意以下几个方面:利用职权谋取私利,侵犯群众利益,严重官僚主义,奢侈浪费和挥霍国家、集体的财物,破坏党的民主集中制,侵犯党员民主权利等。特别是对那些弄权勒索、贪污盗窃、出卖国家利益等严重违法乱纪的腐败分子,应坚决清除,决不能心慈手软,姑息养奸。查处违纪案件必须坚持原则,严格按照党规党纪办事,敢于顶住说情风,不受任何干扰,务必做到党员在党章和党纪面前人人平等。对于纵容、包庇党内违纪行为的人,要追究其责任。邓小平同志早就指出:"谁也不能违反党章党纪,不管谁违反,都要受到纪律处分,也不许任何人干扰党纪的执行,不许任何违反党纪的人逍遥于纪律制裁外。"我们要提高纪检工作的开放程度,鼓励广大党员和人民群众对纪检工作进行监督。在立案、调查、审理和处分的过程中,要始终本着对组织、对当事人高度负责的精神,严肃认真地进行工作。对于群众反映和揭发的违纪问题,要认真对待。经调查属实的,要按党纪严肃处理;确属不实的,要及时予以澄清。

多年来,在查处违纪案件过程中,中央和地方各级纪委积累了不少好的经验。特别是坚持实事求是的原则,严格按照事实清楚、证据确凿、定性准确、处理恰当、手续完备的要求办案,使案件的处理扎实可靠,经得起历史的检验。我们准备在调查研究和总结各地区各部门经验的基础上,制定纪检工作条例和量纪标准,切实做到立案有程序、量纪有标准,逐步实现纪检工作的规范化。

纪检机关和司法机关、行政监察机关既要明确分工、各司其职,又要主动互相协调、互相配合。要在实践中努力探索,总结经验,逐步把关系理顺。

三、在新的历史时期搞好党风建设

陈云同志曾一再指出:执政党的党风问题是有关党的生死存亡的问题。我们应该从这样的高度来对待党风问题,搞好党风建设。

纪委的一项重要任务是协助党委管好党风。去年 12 月,中央书记处召开了两次党风建设座谈会。会议提出,要把党风问题放在科学的基础上进行分析,从改革、制度建设和从严治党入手加强党风建设。这对纪委做好这方面的工作具有重要的指导作用。

我们党历来重视党风建设。在长期的革命斗争实践中形成了理论联系实际、密切联系群众、批评和自我批评这三大优良作风。党的十一届三中全会以来,在新的历史条件下,我们党恢复了"三大作风",在不少方面有新的发展。我们党坚持马克思主义的思想路线,实事求是,科学地总结了新中国成立以来的历史经验,尊重群众的实践经验和首创精神,制定了建设有中国特色的社会主义的路线、方针和政策。这代表了广大人民群众的根本利益,推动了生产力的发展,是深得人心的。在逐步实现那种又有集中又有民主,又有纪律又有自由,又有统一意志又有个人心情舒畅、生动活泼的政治局面的努力中,也取得了进展。大多数党员积极地、忠实地为人民服务,在两个文明建设中表现了很大的实干和创新精神。近几年来,在改革开放中,出现了一批思想解放、勇于探索、廉洁奉公、不计较个人得失的优秀党员;在保卫祖国、抢险救灾、维护国家统一、保障社会安定团结的斗争中,涌现出很多富有理想、英勇奋斗、先人后己、不怕牺牲的模范党员。所有这些,是我们党风的基本方面。

同时,我们也应该清醒地看到,确有少数党员,包括一些党员领导干部,经不起执政和改革开放的考验。有的以权谋私,假公济私;有的讲排场、摆阔气,奢侈浪费;有的弄虚作假,报喜不报忧;有的敷衍塞责,玩忽职守;有的任人唯亲,搞关系网;有的压制民主,打击报复;有的甚至敲诈勒索,索贿受贿,贪污盗窃,道德败坏。所有这些,都危害了国家、集体和群众的利益,干扰了改革开放,损害了党的形象。对这些群众议论多、意见大的突出问题,我们必须引起足够的重视。邓小平同志两年多以前就强调指出:"经济建设这一手我们搞得相当有成绩,形势喜人,这是我们国家的成功。但风气如果坏下去,经济搞成功又有什么意义?会在另一方面变质,反过来影响整个经济变质,发展下去会形成贪污、盗窃、贿赂横行的世界。"我们对这个问题决不能掉以轻心,必须采取有力措施予以解决。

搞好党风建设,一方面要靠加快和深化改革,建立、健全各种制度,逐步减少产生不正之风的土壤;另一方面要靠从严治党,严肃党的纪律。两者要紧密结合起来,相互促进。从改革和制度建设入手解决党风问题,二中全会已经作了一些安排和部署。例如:抓紧建立国家公务员制度,制定和实施《企业法》,推行住房制度改革等。这些措施都有助于从制度上防止和克服不正之风。在从严治党方面,二中全会也提出了重要的意见和措施。

从严治党，除了严格执行党的纪律、坚决清除腐败分子外，必须着重加强党内教育，提高党员素质。必须明确，在社会主义初级阶段，决不能降低党员标准，放松对党员的要求。共产党员必须认真履行党章规定的义务，当前要特别强调做到：克己奉公，不谋私利，密切联系群众，全心全意为人民服务；解放思想，勇于探索，致力于改革开放；艰苦创业，清正廉洁，勤俭建国，勤俭办一切事业；坚持原则，公道正派，敢于同违法乱纪行为作斗争。

搞好党风建设是全党的任务，关键在于领导。各级党委要按照二中全会的要求把党风建设放到重要的议事日程上来，从上到下，认真抓，坚持抓，形成全党抓党风的局面。领导干部首先要以身作则，严于律己，带头遵守《党章》和《关于党内政治生活的若干准则》等党规党纪，自觉接受党内外群众的监督，欢迎来自群众的批评和建议。凡是要求下面做到的，领导必须自己首先做到。领导干部只有这样做了，才能理直气壮、旗帜鲜明地反对和抵制一切不正之风，带动全党建设起好的党风。

纪检机关要在党委的统一领导下，配合做好加强党员教育的工作。要注意表彰模范遵守党纪，勇于同违法乱纪行为作斗争的先进个人和集体。要结合具有典型意义的案例，进行党纪教育，增强党员的纪律观念。同时，要协助党委健全党内监督制度。上级纪委应视情况派人参加下级党组织的民主生活会。地方纪委对同级党委的监督，主要是监督其执行党的路线、方针、政策和贯彻民主集中制的情况，以及党员领导干部思想作风方面的情况。

党风建设是一项长期而艰巨的任务，需要全党进行坚持不懈的努力。纠正不正之风要贯穿改革、开放的全过程。各地区、各部门应从自己的实际情况出发，有什么问题解决什么问题。应在调查研究的基础上，在一个时期内，抓住危害严重的倾向性问题，集中力量认真加以解决。党风建设必须持之以恒,作为经常工作,不采取搞运动、搞突击的办法。

四、以改革精神加强纪检队伍建设

我们的纪检队伍,从总体上说,素质是好的。他们埋头苦干,克服种种困难,做了大量工作,为党的建设事业作出了贡献。同时我们也要看到,一些同志在思想观念、政策水平、工作方法方面,还有同新形势、新任务不相适应的地方。我们必须采取得力措施,使整个纪检队伍的水平不断提高,努力建设成为一支坚决执行党的路线、秉公办事、富有才干、深受广大党员和群众信赖的队伍。

纪检干部要联系实际,深入学好党的十三大和二中全会文件。各级纪委要鼓励和组织纪检干部到改革开放第一线调查研究,了解新鲜事物,正确认识经济政治形势,进一步解放思想,振奋精神,增强做好纪检工作的信心。是否有利于发展生产力,是我们考虑一切问题的出发点和检验一切工作的根本标准。纪检干部深刻理解和认真掌握这个根本标准,就会把坚持党性原则同执行现行政策很好地统一起来,对于那些勇于改革、勇于探索的同志,就会满腔热情地给予支持;对于因改革缺乏经验而出现失误的同志,就会诚恳耐心地帮助他们总结教训,鼓励他们继续前进;对于那些破坏改革开放、违法乱纪的人,就会毫不留情地予以严肃处理。纪检干部的培训工作应继续抓好。除了认真学好马克思主义基本理论和党的十一届三中全会以来的路线方针政策外,还要学一点经济管理、法律和科学文化知识。要大胆放手地鼓励纪检干部到基层、到实践中去经受锻炼,开阔视野,丰富经验,增长才干。

要搞好纪检机关的体制改革。制定纪检系统的编制序列和职务序列,是搞好纪检队伍建设的一项重要工作,要认真抓好。各级纪检机关要在机构调整中做好干部的思想工作,并会同组织、人事部门对有关人员做好妥善安排。

要改进领导作风和工作方法,组织力量加强对纪检工作政策和理论的研究。中央纪委和省、自治区、直辖市纪委要在方针、政策和重大原则问题上,加强对下级纪委的领导和指导,不断增强纪检工作的预见性和科学性。

党的纪律检查委员会是各级党委加强党的建设、管好党风的重要助手。各级党委要加强对纪检工作的领导,定期讨论纪检工作,关心纪检队伍建设。要在政治上、工作上和生活上关心纪检干部,尤其是要帮助纪检干部排除办案中的困难和阻力。对坚持秉公办案而遭受打击的纪检干部,党委应给予必要的保护和支持。

纪检机关的权威是靠坚持原则、秉公执纪树立起来的。各级纪检机关和纪检干部在执纪工作中,要讲真理,不讲面子,坚持按原则办事,不怕得罪人。要以求实的勇气、扎实的作风、廉洁的品德、辛勤的工作,赢得全党的信赖。

同志们!新时期纪检工作任务艰巨,责任重大。我们相信,在党中央和各级党委的领导下,有广大人民群众的支持,依靠全体纪检干部的努力,一定能够克服困难,把纪检工作提高到一个新水平,为在改革开放中加强党的建设、为建设有中国特色的社会主义作出新的贡献。

我今天就讲这些,请同志们审议。这次会上还发了1988年纪检工作的要点(草稿),也一并请大家讨论,提出宝贵的意见。

党内腐败问题会影响
我们国家的前程和命运*

（1988 年 5 月 6 日—17 日）

在发展生产力，坚持改革开放的同时，必须坚持四项基本原则。坚持四项基本原则，第一条就是坚持党的领导。我们党要胜任目前担负的领导重任，就必须加强自身的思想建设、组织建设和作风建设，从严治党。

（一）各级党政领导要高度重视党的自身建设问题，把它经常摆在议事日程上。党政主要领导同志要亲自关心、亲自抓党的建设，从严治党。当然，党政各有分工，每个人都要做好自己分工范围内的工作，但是，对于党的自身建设，每一个共产党员、党的每一个领导干部都有责任关心。首先还是书记，但靠书记一个人是不行的，要靠整个领导班子，靠各级领导班子。抓党的建设，不仅要经常化，而且要具体化，不能一说到党的建设都是空的，都是原则，要像抓经济建设那样，一项一项扎扎实实地抓好。如果大家在思想上高度重视了，经常放在议事日程上，亲自抓，花大力气去抓，而且长期地坚持这样做下去，越抓越深入，越抓越具体，党的建设上各种问题的解决，就会有很好的效果。

党的十一届三中全会以来，我们党风的主流是好的，有的方面是

---

* 这是乔石同志在安徽省考察期间讲话的一部分。

新中国成立以来最好的,党确立了社会主义初级阶段的理论和基本路线,理论联系实际,密切联系群众,批评和自我批评,党内民主等方面都有了发展。同时也要看到,党内确实存在一些腐败现象和腐败分子,诸如以权谋私、贪污受贿等等,仍然是突出的问题,必须引起重视。这些问题现在不抓,越往后抓起来难度越大。发展下去,将来就会影响整个"四化"建设事业,影响我们国家的前程,甚至于命运。这样讲决不是危言耸听。小平同志1980年就讲过:"经济建设这一手我们搞得相当有成绩,形势喜人,这是我们国家的成功。但风气如果坏下去,经济搞成功又有什么意义?会在另一方面变质,反过来影响整个经济变质,发展下去会形成贪污、盗窃、贿赂横行的世界。"所以,我们必须从现在开始,就抓紧党的建设,从严治党。

(二)加强党的建设,从严治党,要从主要领导做起,从每个党员、干部自身做起。从领导做起,不仅是领导同志、领导机关要重视抓好这方面的工作,还有一个以身作则的问题。你光发号召、教育、上课,要下面这么办、那么办,自己做不到,这个效果就很难说。所以,领导干部一定要以身作则,走在前面。但是光有这一条还不够,同时也要强调每一个党员、干部都要从自身做起。不能说别人没有做到,就不能要求我做到;职务比我重要、比我高的没有做到,我就不能做到。任何党员都不能有这个借口,都没有权利说这个话,因为党章对所有的党员要求都是一样的。只有这样,才能不说空话,真正把党的建设抓好。

搞好党的建设,当前还要注意这样几个方面:一是要加强制度建设。通过建立各方面的制度,减少产生不正之风的土壤。像人事制度,同党风关系也比较大,要抓紧搞起来。二是要继承和发扬党的优良传统和作风。我们党具有60多年的光荣历史,形成了许多非常好的传统和作风,如"三大作风"、艰苦奋斗、勤俭建国等等。继承和发扬这些传统和作风,对于党风建设、党的建设以至"四化"建设事业,都非常重要。现在我们党内60多岁、70多岁甚至80多岁的同志还在,要注意通过他们把党的好传统、好作风传下去。三是要根据新时期的需要,研究新情况,采取新办法,创造新经验,努力使党风建设、党的建设更好地促进改革开放和生产力的发展。

经济要繁荣,党政机关要廉洁。这个问题非常重要,一定要很好地贯彻。有的同志说党政机关要厚俸养廉,这本来也有一定道理,问题是目前还做不到。以后有条件的时候,当然要逐渐调整国家工作人员的工资,这还要相当一段时间。现在工资虽然不高,但不廉不行,无非是生活清苦一点,清是清一点,苦也苦不到哪里去,因为生活总的都还不错嘛。这方面要求稍微偏严比偏宽在政治上更有利。

(三)在社会主义初级阶段,对党员、党的干部必须有更高、更严格的要求。党的十三大提出社会主义初级阶段理论后,有人说,在社会主义初级阶段对党员的要求,对党员素质的要求,对党员领导干部的要求可以低一点。这是完全不对的。我们回忆一下,从1921年建党,搞民主革命,到1949年取得全国革命胜利,这一时期我们对党员的要求低吗?我们用28年的时间,在中国这个几亿人口的大国里推翻了"三座大山",开辟了中国建设社会主义的道路,这个斗争是非常艰巨、复杂的。实际斗争对于党员提出的要求是很高的,有多少人牺牲了嘛!毛泽东同志说过,为有牺牲多壮志,敢教日月换新天。广大党员英勇奋斗,不怕牺牲,百折不挠地为夺取中国革命胜利进行各种各样的斗争,没有这么高的觉悟,中国革命怎么能胜利?所以,在社会主义初级阶段,对党员的要求,对党员素质的要求,对党的领导干部的要求,不仅不能降低,相反应该更高。从我们国家目前情况来看,还有很多困难,以后的道路也是充满困难和险阻的。这就要求共产党员多做自我牺牲,带头艰苦奋斗,勤俭建国。只有这样,我们才能经得住"两个考验",才能不断发展社会主义事业,最终实现共产主义。

我们地委、市委、县委的领导骨干,更需要有过得硬的思想作风。所谓过得硬,就是要经受得住"两个考验";就是必须忠诚地为党的十一届三中全会以来和十三大的路线、方针、政策而努力奋斗;必须勇于探索、开创和改革;必须一切从实际出发,坚持实践是检验真理的唯一标准;必须经常地深入基层,联系群众,真正为人民群众办实事;必须有长期的艰苦奋斗、勤俭建国的思想;等等。我去年元旦以前到广西去过,春节以前又到湖南、四川等地跑过一趟,有一个感想,从省级领导开始,到地、市、县的领导,跟以前相比,有很大的变化,这个变化大体上可以说是从1982年机构改革开始的,具体地体现在干部"四化"上,特别是年轻化,我看了感到很高兴。我接触到的很多同志,与过去比,有比较明显的优点,如比较年轻,活力大得多,文化程度一般比较高一些,接受新鲜事物,接受改革、开放、搞活的思想都比较容易些,老框框少一些。有些同志相当不错,以身作则,艰苦奋斗,深入基层,密切联系群众,等等。总之,1982年以后,我们干部队伍有相当大的变化,成绩是很突出的,这对于我们党的事业是非常重要的。这也证明小平同志当年提出干部"四化"确实非常正确和重要。另一个感想,就是如何使我们这些新上来的年轻干部能够更快、更好、更健康地成长起来。这要从两个方面加以注意:一是要加强马克思主义理论的学习,包括毛泽东思想,十一届三中全会以来党的路线、方针、政策,这是马克思主义和当前中国革命实际相结合的产物。这方面的底子还要再打得扎实一点,深厚一点,越扎实、越深厚越好。二是要带出一个好的作风,扎扎实实地为人民服务。现在各方面条件都比较好,做一个"官"也难也不难。如果马马虎虎,混那么两年、三年是不难的,你说没有政绩,好像又有一点,大的形势总是好的,群众的积极性也是高的。但要真正扎扎实实地深入基层,为人民群众办好事,不管在什么岗位上,都扎扎实实地搞出成绩来,这个是不容易的,是比较艰苦的。要做共产党的干部,还是应当选择比较艰苦的道路走。要挑轻便的担子,或者根本不费劲的,甚至于光吃吃喝喝的,混日子过的,这是不行的,是不能建设社会主义的。这个问题,我在湖南、四川谈过,这次同卢荣景①同志也谈了。希望从省委开始,带出一个好的、过硬的作风来。

(四)要切实加强党的基层组织建设。目前,许多基层党组织特别是农村基层党组织不起作用,有的甚至涣散、瘫痪。对这个问题必须引起高度重视。基层组织不搞好,不起作用,我们党的路线、方针、政策到了下面谁来落实? 你们省委已经开始强调抓基层,我是很赞成的。特别是地、市、县委,更应该重视抓好基层建设。不仅是党的基层组织建设,还有政权的基层组织建设,都要搞好。要在实践中总结经验,搞得好的,该表扬的表扬,该推广的推广;搞得不好的,该批评的批评,该处理的处理。要注意总结那些既能够坚持改革、开放、善于搞活经济,又能够按照党员的标准要求自己、模范遵守党纪国法的优秀党员的经验,从中找出规律性的东西,用以指导、推动基层组织建设。基层组织建设工作不是短期内就能上去的,不能搞运动,要坚持长期扎扎实实地抓下去,才能够搞好。

中纪委二次会议刚刚开过,对当前的纪检工作做了布置,各级党委和纪检机关要认真抓好贯彻落实。需要向大家特别强调的是,要结合贯彻这次会议精神,重视解决好提高全党的纪律观念的问题。因为,现在有令不行、有禁不止和纪律松弛、组织涣散、处理违纪案件软弱等现象还是存在的,有的地方还比较严重,所以目前强调提高全

---

① 卢荣景,时任中共安徽省委书记、省长。

党的纪律观念非常必要。不仅是党纪问题,也有政纪的问题、法纪的问题,都要增强纪律观念。党员要遵守党的纪律;党员如果从政的话,要模范地遵守政纪;党员作为公民,要模范地守法。党章规定,党必须在宪法和法律的范围内活动,每个党员都不能例外。这个观念要很好地树立,要多讲,要联系实际地讲,不要讲空话,以切实加强和提高纪律观念。对于违反纪律,情节较轻的,应该教育,让他改正。对于党内腐败分子,坚决清除出党,有多少清除多少。对于严重违法乱纪的,要按照党纪国法办,严肃处理。要逐渐把纪律观念在全党、在所有政府系统、在各个部门普遍加强起来。政纪问题,一个很重要的方面就是为政要清廉,这个要严格起来。对于党政机关和党政干部经商办企业问题,中央指出,这个不能搞,否则,后患无穷。这个问题,必须坚决执行中央规定。党的纪律是保证党的团结和统一的基本条件,没有这个是不行的。

要通过改革和制度建设，
消除产生腐败的土壤*

（1988 年 6 月 29 日）

要解决政治领域的一些重要问题。一是要在改革、开放的环境中保持党和国家机关的廉洁。这关系到人心的向背和改革的成败。解决这个问题，从根本上说，是需要通过改革和制度建设，消除产生腐败行为的土壤。但光这样还不够，必须经常地、随时地采取有力措施，反对贪污受贿、弄权渎职等腐败行为，并给予严肃处理，要从严治党。我们是社会主义国家，共产党员和国家公职人员必须先天下之忧而忧，后天下之乐而乐，自觉地保持廉洁。为了自己的私利，违反党纪国法，玷污党和国家机关的形象，败坏改革的声誉，这是绝对不能容许的。二是要加强党的基层建设，包括基层政权建设，使党的工作，人民民主专政，有坚实可靠的基础。还有一个问题，就是改进和加强思想政治工作。思想政治工作既要发扬我们党真正的好传统，又要为适应改革开放的新形势进行改造。不能再搞以阶级斗争为纲，不能搞训斥、说教，不能提一些又空、又高而又做不到的口号。要从实际出发，做深入扎实的工作。

改革和现代化建设需要有稳定的政治环境。当前的改革要过几个难关，矛盾比较多。我们的工作力争要做得好一些，但不可能没有

---

* 这是乔石同志在西藏自治区考察时讲话的一部分。

缺点。国外敌对势力一直在对我们进行渗透和破坏。所有这些,就构成了错综复杂的不安定因素。因此,我们必须要有应对事态变化的长期思想准备。头脑要清醒,措施要有力,力争做到有备无患。排除各种干扰,保证社会稳定,在深化改革的过程中,逐步建立起与社会主义商品经济相适应的新秩序。

解决好上面这些问题,我国的改革和现代化建设事业就能大大前进一步。现在的形势比较有利,生产在蓬勃发展,人们的收入在不断提高,对改革有一定的承受能力。老一辈革命家又健在。我们一定要抓住这个有利时机,迎着风浪前进,坚决把改革中不可回避的一些难点问题解决好。全党全国要统一思想,统一步调,同心同德,共渡难关。这一关非闯过去不行,工作做好了,也一定能够闯过去。

继承和发扬党的"三大作风"*

（1988 年 7 月 26 日）

党的十三大提出，要加强党的建设，从严治党。从严治党，我个人考虑，有以下几个方面需要注意。一是各级党委必须把党的建设放在经常性的工作中。作为一级党委，它要管的事情非常多。地方党委，跟中央政治局有所不同，管的面没那么宽，但从地方局部来说管得也很宽，特别是经济方面的重大问题。党委虽然不管经济方面的日常工作，但经济建设的重大决策、方针、政策，党委当然是要管的。各级党委在议事日程上经常有很多重要的紧迫的工作要做，不可能每一次党委开会，都去讨论党的建设问题。但必须经常把党的建设放在自己的议事日程上，由主要的领导同志亲自去抓这项工作。否则，党的建设就不容易搞好。二是党的建设，也就是党的思想建设、组织建设和作风建设，需要从各级党的领导班子做起，从领导干部做起。这一点非常重要。凡是要求下面做到的，上面必须做到，领导必须做到。凡是要求下面严格执行的，领导干部必须严格执行。如果领导班子、领导干部自己对自己要求不严，又有很多事情做不到，你怎么去叫下面的各级党的组织和党员群众做到呢？这是根本不可能的。所以说，党的思想建设、组织建设和作风建设，都必须从领导干部做起，要以身作则。三是党的各级组织特别是党的省、州、

---

* 这是乔石同志在听取中共吉林省延边州委工作汇报时的讲话节录。

120

地、县一级党的组织,要注意为基层党组织带出一个好的风气来。经济建设时期,随着搞活经济,经济成分越来越复杂,对外交往也越来越多,内部的经济活动也越来越多,这是好事,有利于促进整个经济建设事业的发展。但是,另一方面,党的各级领导必须从主要领导同志开始,要继承好的党风。

应当说,中国共产党的历史上是有好的作风的。如毛主席总结归纳过的"三大作风",即理论联系实际、密切联系群众、批评与自我批评,这"三大作风"一直到现在,都是有现实意义的。党的十一届三中全会以后,我们在党中央和小平同志的带领下,在恢复党的"三大作风"方面下了很大功夫。10年来这一成绩是很大的,而且是举世瞩目的。实践是检验真理的唯一标准,这是从三中全会以后我们提出来的。解放思想、实事求是,这是三中全会以来这10年当中我们一直讲的,不断讲的,没有这一条怎么能有今天这么好的党的路线、方针、政策呢? 这是克服头脑僵化,克服教条主义,克服老一套、老框框的非常有效的方法。党的十一届三中全会时,小平同志还说过解放思想,实事求是,团结一致向前看,目的就是为了经济向前发展。批评与自我批评,这10年中间,从中央来讲,是开展得很好的。但不能说所有各级党组织开展得都很好。从中央来讲,三中全会以后进行了全党范围的批评与自我批评,对毛主席晚年的错误也进行了总结。这是最重大的批评与自我批评,全世界都知道了,党的十一届六中全会作了决议。这个决议是好的。没有这样的批评与自我批评,没有一系列政策上的拨乱反正,我们怎么能解放思想呢,怎么能把历史上遗留下来的那些大量的问题比较顺利地加以解决呢? 而且没有搞乱,搞得越来越统一,越来越一致。所以说,批评与自我批评从中央来讲是很不简单的。我党历史上这样的批评与自我批评就进行过两次:一次是新民主主义革命时期的延安整风,并在此基础上作出了有关民主革命时期若干问题的决议;另一次就是这次社会主义时期若干历史问题的决议。这是两次非常大的批评与自我批评,而且也是举世瞩目的。没有这个,没有对"文化大革命"的否定,不拨乱反正,那么,怎么会有党的十一届三中全会以来路线的顺利贯彻执行呢?这是不可能的。密切联系群众,不要说别的,就讲农村家庭联产承包责任制,很大程度上就是人民群众的创造。我记得1980年中央有个文件,规定农村一些"三靠"队可以包产到户,就开了一个这么小的口子,一下子有一部分地区当年就翻了身了,粮食产量翻了一番,效果非常好。以后大约花了三年时间在全国推广和普及。据我所知,吉林搞家庭联产承包责任制偏后一点,黑龙江也是这样,对此中央没有批评,没有搞一刀切。至于整个经济体制改革和政治体制改革过程中,吸取群众中的智慧,不断修正领导上的想法,使之更加符合实际,这一点在党的十一届三中全会以后非常显著。所以,我在中纪委第二次全会报告中讲到了"三大作风"不但有了恢复,而且某些方面有了发展。但是,我们还需要不断继承我们党历史上的优良传统,还需要在新的历史条件下发展这个传统,与新的形势、新的情况、新的条件密切结合起来,使我们更好地理论联系实际,批评与自我批评,密切联系群众,这些概括到现在还是适用的。还要加一句话,就是自力更生,艰苦奋斗。我们要自力更生,艰苦奋斗。你刚才说,不要中央补贴,只要政策。虽然就那么一句话,但这种自力更生的精神还是非常可嘉的。至于艰苦奋斗,我们这一代和后代乃至整个社会主义初级阶段恐怕还是应当提倡的。当然,我们比前人已经好多了,比红军长征时期,比延安时期好多了,没有那么艰苦,奋斗是奋斗,但日子好过多了。毕竟我们新中国成立已经40年了,并且有了发展,条件也有了变化,但这种精神还是很需要的,就是还需要自力更生,艰苦奋斗。各级领导特别是地、县一级要注意多深入群众,深入基层,加强党的基层建设。基层建设现在不抓不行了。党的基层建设和政权的基层建设十分重要。我们党有4700万党员,党的一切工作,归根到底它的基础还在党的基层组织。如果基层组织是涣散的,那可不是小问题。所以党的基层建设必须加强。如果需要整顿就整顿。这个问题,最近召开的组织部长会议上专门讲过,希望认真贯彻执行。另外一个就是党的基层政权建设。基层政权必须要搞得健全一些。但并不是铺大摊子,而且真正能联系群众,能够做好工作。因为我们的一切工作,一切政策,最后还是依靠党的基层组织和基层政权组织,贯彻到群众中间去。群众中的一切意见、一切问题,也要靠他们反映上来。所以,要鼓励市委书记、县委书记、州委书记、各级干部经常深入群众,深入基层,做好基层的工作,组织部长会议也强调了这个问题。希望大家把加强党的建设当作经常性的工作来做。

加强党的建设,还有一条就是所有的党员、党员干部对党风建设,对党的组织性、纪律性方面的修养,党员的思想方面的提高,除了组织上帮助外,每个同志都要从自身做起。任何一个党员、党员干部不能有任何理由因上面没有这样做或没有做好而自己不去做。因为党章没有这样规定。只要是党章规定的东西,任何一名党员都必须遵守。对不遵守党章,不过党的组织生活,不尽一个党员的义务,在群众中间不起作用的党员,要加强教育,希望他们改过来,真正成为名副其实的党员。如果教育无效,就请他不要做党员了,请他退党。这在组织部长会议就已经讲过了。我是赞成这一条的。同时,我们还要吸收新党员,特别在年轻人中间发展党员。现在,生产第一线党员的比例并不大。但不能大批地吸收,要严格把关,真正够条件的就吸收,只有这样才能真正实现从严治党。

党的建设要适应社会主义
商品经济新秩序的需要*

(1988 年 8 月 5 日—11 日)

我想着重讲讲关于党的建设的问题。

第一，要提高对党的建设重要性的认识。最近中央决定成立党建工作小组。现在确实需要把党的建设放在一个重要的议事日程上来，放在一个重要的地位上。因为我们这个党是 10 亿人民的核心领导力量，如果党不建设好，怎么能实现率领全国人民完成"四化"建设的繁重任务呢？怎么能实现带领人民完成改革开放的事业，把改革开放搞好呢？关键还是要靠党本身。这不仅因为我们四项基本原则第一条就是要坚持党的领导，而且现在我们在整个改革事业中迫切需要加强党的领导，加强党在群众中的核心领导作用，以及监督作用，这样才能真正保证全党的政治路线有步骤地实施，取得社会主义建设新的成就。在改革的关键时刻尤其需要加强对党的建设的重要性的认识。改革靠谁呢？不能够光靠中央做决定、中央下决心，也不能光靠方案，要靠我们全党集中力量从各个方面围绕建立社会主义商品经济新秩序这个中心，把工作做好。我相信只要把这点做到了，下一步改革就可以取得胜利。我觉得现在应该有这个信心。同时在改革的过程中，使党经受新的锻炼和考验，能够真正在加快深入改革

---

* 这是乔石同志在山西省考察期间讲话的部分内容。

中发挥更大的作用。党的十一届三中全会以来,中央一些主要领导同志,如邓小平同志、陈云同志等,一直对党的建设问题不放松,一有机会就讲。在党的十三大报告中也讲了要加强党的建设、从严治党问题。从十一届三中全会后的 10 年来,相对地来讲,我们对经济方面的工作研究多一点,这是完全应该的,今后还应该这样,或者更多一点。但相比之下,关于党的建设,至少是不够系统、抓得不够有力吧。很多同志,特别是老同志对党的建设事业很关心,考虑我们这个党将来怎么办? 会变得怎样? 大家都关心这个事。

第二,党的建设要适应新的转变。我们党历史上有过好多次转变,这个我在党建小组开会时说过。先是大革命时期,按照当时的经验,主要到工人中去活动;后来逐渐到大革命后期,有一部分党员搞农民运动,还有一部分搞武装斗争,总的讲,以城市为主。大革命失败,国民党一屠杀、一镇压,城市待不下去了,就逐渐转到农村为重点,以农村包围城市。这个转变非常大,很长时间,很多同志在思想上和实际工作上转不过来,还是城市中心的思想嘛。周总理在的时候,还讲起过这个问题。毛主席上了井冈山,逐渐形成农村包围城市、最后夺取城市的道路。这条道路是中国革命夺取胜利的一条道路,在历史上是有过伟大贡献的,是符合中国实际的。我看不能否认,否认了我们这些人就没有今天了。这也不是我个人意见。在总结关于建国以来党的若干历史问题的决议时,小平同志讲过,如果没有毛主席的领导,没有毛泽东思想,说不定我们现在还在黑暗中摸索。在黑暗中摸索,就是革命还没有胜利。我们是独立地靠自己取得了胜利。这个转变的过程是很痛苦的,付出的代价也是很大的,在中国革命历史上起了很重要的作用。20 世纪 30 年代后期,发生抗日战争,民族危机上升为主要矛盾。在遵义会议以后,又在毛主席的领导之下,实现抗日民族统一战线。没有这个转变,就没有抗日战争的胜利。这个转变,当时也是很大的,不要说别的了,就是戴红军军帽,帽上原来有个红星,后来摘掉换个国民党的青天白日帽徽,在当时有人可是骂得厉害呀!思想就是不通,就是不愿意,这些同志都是好同志,是非常忠诚的,在第二次国内革命战争中作出了贡献的,英勇奋斗的。1949年,我们取得了全国胜利,又是一个大的转变,集中反映在毛主席在党的七届二中全会上的讲话中,就是党的领导中心由农村转到城市,以城市为中心,领导全国。进入城市以后怎么办?工商业怎么办?工业生产怎么办?怎么依靠工人阶级?党的十一届三中全会以后,党的建设处在一个新的巨大的转折时期,从中央一直到基层党组织,都要在思想上、组织上、实际工作上,适应新的情况。这个转变,对于我们现在这一代人也是相当大的。

党的建设如果只依靠老一套的办法来搞,那是不行的。需要在改革开放中,在进一步健全社会主义民主,加强法制和制度建设中搞好党的建设。我们过去几十年来积累了许多党建方面的好的经验、好的传统,这些好的经验、好的传统应该继承下来。但是光守住这些经验,不注意把过去优良的传统和经验同社会主义新的条件结合起来,就不能适应当前特别是今后工作的需要。这个问题是个非常现实的问题,光议论不行。党经历这么巨大的变化,党的建设也要跟上去。正因为这样,党自己本身也要改造。我们不是提改造思想政治工作吗?过去,思想政治工作老是形成一个习惯,就是我讲你听;打通思想,就是我打你通。现在讲社会主义民主,协商对话就是民主对话,这是党的思想政治工作的一个好方法。我说了,你同意就接受,不同意可以提出来,我们再讨论。思想政治工作再不改造,它就不起作用了。我前一段和一些三四十岁左右的同志聊天,他们都觉得现在20岁左右的年轻人不一样了,20多岁的觉得30多岁的老框框多了。我们不改造怎么能适应这个需要呢?所以,要随着建立社会主义商品经济新秩序,要搞好党的建设,同时要使党适应建立社会主义商品经济新秩序的需要,使党不断能够走在群众的前面,保证搞好改革开放。真正建立起社会主义商品经济新秩序,如果没有党的建设的加强是做不到的。

第三,要加强党的建设,就需要在全党进行比较系统的马克思主义教育。这个马克思主义的教育,突出重点是要进行党的十一届三中全会以来的路线、方针、政策教育,党的十三大关于社会主义初级阶段和基本路线的教育。我们党在民主革命时期,每到一个转折关头,党内思想工作是搞得好的。比如,1942年的整风运动,主要强调整顿"三风"。理论联系实际,克服了过去存在的主观主义、教条主义、宗派主义,统一了全党思想。用毛泽东思想统一全党,主要是在整风运动以后,在高级干部中首先统一起来,发挥了巨大作用,不但取得了抗日战争的胜利,而且取得了解放战争的胜利。党的十一届三中全会后,又发生了巨大的变化。在这样的巨大变化中,我们党员的思想五花八门,什么想法都有,这是不稀奇的。但有一条,我们系统地对他们的教育和帮助是不够的。马克思主义是应当学习的,但马克思主义著作量非常大,叫他们坐下来一年二年三年啃这些书,现在也有困难,把马克思主义最精华的东西、迫切需要的东西,与我们党的十一届三中全会以来的路线、邓小平同志的著作结合起来学习,进行一次系统的教育,使党员的思想水平都能提高一步。而且也使全党对于党的路线、方针、政策进一步地统一认识。现在不是说思想很活跃吗?一个因素是思想认识并不是很一致的,如果进行这样一次教育,可能有利于党内思想上的一致,也有利于党完成以后的任务。在党员教育中,要根据不同的情况,如城市的党员,工厂的党员,街道的党员,还有农村的党员,有针对性地进行教育。党员教育不要老是单向的作报告。我作报告你听,然后学习讨论,要有来有回,搞双向的方式,同时方式方法可以灵活多样。这样的教育在农村党员中间非常需要,教育本身非改造不可。不讲效果的教育算什么教育,严格说这是一种教条主义的教育。上海江泽民①同志讲思想政治工作有三条,其中第二条说摒弃过时的教条主义和已经不适应现时的教育方法。

第四,加强各级领导班子的建设。1983年机构改革以后,各省、市领导班子变化相当大,地、市、县的变化更大,主流是好的。这是邓小平同志非常了不起的贡献,而且他从自己开始,先讲废除干部领导职务终身制,然后自己带头做起,做出了榜样。而且他提出干部队伍要"四化",抓年轻化他抓得很紧。当然,他也明确指出,对老同志一定要安排好,这方面他也讲了不少。所以,领导班子建设,从机构改革以来,主流是非常好的。另一方面也要看到,新上来的领导干部过去基本上搞专业的多,搞技术的多,在基层的比较多。现在干部变动的周期加快了,这些同志就比较快地上来了。主要方面是比较好的,但也有些不足之处。比如说,对党的历史不是太了解,政治锻炼少一点,政治领导、组织领导、思想领导这方面的经验少一点,包括搞政府工作的,领导经验也比较少一点,锻炼的时间比较短,还来不及积累更多的经验。正因为有这些弱点,这些干部更需要加强学习,除了党内有组织有计划地对这些干部进行教育帮助外,这些干部自己也要加强学习,在工作岗位上抽出业余时间加强学习,特别是学习党的十一届三中全会以来的路线、方针、政策,并联系自己的实际工作学习好,真正融会贯通。同时,有必要在这些干部中进一步发扬好的党风。在我们党的历史上,毛主席概括过,理论联系实际,密切联系群众,批评与自我批评的"三大作风",这不但是过去适用的,在新的历

---

① 江泽民,时任中共中央政治局委员、中共上海市委书记。

史条件下,也是需要的。当然需要补充新的内容、新的做法,要有新的理解。比如说理论联系实际,学马克思主义的基本原理,学党的十一届三中全会以来的基本路线,学社会主义初级阶段理论,还有中央的指示、文件,就要跟本省、市,本地区的工作密切结合起来。如果不能密切结合起来,这算什么理论联系实际?照抄照搬,有时连研究都没很好研究,念一遍就算完了,这样怎么能提高呢?再比如说,密切联系群众,我们中央,特别是老一辈领导同志,那是做出了榜样的。农村家庭联产承包责任制搞得是很好的,很成功的,是从实践中解决问题,总结了群众创造的经验。之后党的十二届三中全会通过了城市经济体制改革的决定,现在又提出了加快加深改革。这都是集中了群众中的智慧,从群众的一些实践经验中提出来的。我们省、地、市、县的同志也需要多注意联系群众,尤其是地、市、县的同志要多注意深入基层,联系群众,倾听群众的呼声,这一点非常重要。你不进行调查研究,不深入基层,你怎么知道中央的方针、政策,或者你们市委、地委的办法是符合实际的呢?是不是切实可行呢?那你还不是光在上面发号施令,这样工作能做好吗?所以要有这个作风。这个作风现在应该大大地提倡。我们现在应该说做得很不够。现在当一个地委书记、市委书记、县委书记,也好当,也难当。好当是说反正一年到头送往迎来,反正会议很多,反正有秘书给你写稿子,东去讲个话,西上一个电视,一个月就晃过去了,这不是也好当吗?不但是一个月晃过去了,几年就这样晃来晃去,又有了资历,还说我当了三年县委书记,当了五年、六年县委书记,觉得我是个老书记了,没提拔还觉得是领导对我有看法。严格说起来,这是不行的。这不符合我们对党员领导干部的要求。特别是这一层干部,你不深入基层,不调查研究,不联系群众,你的工作经验从哪里来呢?什么叫实践是检验真理的唯一标准呢?就是看我们的政策是不是符合群众利益,是不是能够进一步解放群众思想,解放生产力。如果是相反的,那就不对了。刚才我说的是那种送往迎来的干部,还有只会发表演说的干部。因为现在干部文化水平都比较高了,东讲讲,西讲讲,他还容易对付。跟过去农村干部、土地革命时期的干部不一样。他们的讲话还能适应新的一套名词,报纸上面看看翻翻,也很容易吸收进来,有这方面的优势。但光靠这个怎么行呀? 还要做艰苦的工作,深入到群众中去,要培养这种作风。工作要讲实际成绩,不是看作了多少次报告,发了多少文件,开了多少次会议,而是看你在这个地区搞了几年,面貌有什么改变,有什么真正被群众公认的成绩。这才算是工作的实绩嘛。工作要讲实绩就是这个实绩。所以密切联系群众的作风在新的历史时期,还是非常需要提倡的。再比如批评与自我批评,当然是需要的。现在我们党内,批评与自我批评的风气不算太浓,特别是批评,好像是批评不得。自己比较浮浅地说自己两句还可以,要别人说了两句,就觉得你对我有成见了,这个不行。批评与自我批评,不仅要在党内开展,而且要在群众中开展,请群众监督。群众有权批评领导干部,只要批评得对,话说得重些也要听嘛。这有利于改进工作,这是共产党的作风啊。否则还算什么共产党呢? 除这些外,还有些需要在新的时期提倡的,需要坚持的。比如说自力更生的精神,艰苦奋斗的精神,我们在社会主义初级阶段始终是要坚持的。改革开放、引进外资这是完全必要的和正确的。但是总的讲,10 多亿中国人,这么大的国家主要靠自力更生,在自力更生的前提下,尽一切可能和外面合作,这不是更有益吗? 更可以加快我们的建设步伐吗? 没有自力更生的精神是不行的。就上级下级关系来说也有这个问题,不要一级一级地往上伸手要。要把着眼点放在自己本县、本地区、本市、本省的条件上,发挥这个潜力,把工作做好,做出成绩来。艰苦奋斗也是很必要的,我们在座同志的衣服都穿得不算太好,但总不是长征时期的吧,不是延安时代的吧。你看看照片,我们有些解放初期的同志穿什么衣服,就都清楚了嘛。当然现在讲的艰苦奋斗,不光是这个。现在的艰苦奋斗就是不追求个人的享受,不要光关心自己或自己鼻子下的事嘛,这种精神要长期地坚持下来。有人说,社会主义初级阶段,大家要求低一点算了。我说不对。社会主义初级阶段要求应更高点,更要艰苦一点,更要自力更生。条件困难嘛,我们底子差,更需要这种精神。这个也有先例,在我们民主革命时期,没有人说反正是民主革命,我们要求低点。那样的话,民主革命根本没有胜利的可能。都还是要按共产党员的要求,都还是自力更生,艰苦奋斗,兢兢业业在那里工作的,都有高度的自我牺牲精神,现在叫奉献精神。像这样的一些作风,要提倡,要树立,该坚持的要坚持,有所忽略的要改正。这也是党风建设,是党的建设的一个重要方面。

经济要繁荣,党政机关要廉洁。党政机关不能经商办企业已发了文件。党政机关要廉洁,这个是毫无疑问的。光廉洁够不够呢?不够。不够应该怎么办? 比如我刚才说的好多都是廉洁以外的事情,那你共产党员不做怎么行呢? 当然首先要查一查,贪污啦、受贿啦、索贿啦,要查清楚,一定要做到廉洁奉公。如果有了艰苦奋斗的精神,我想也会廉洁的,艰苦奋斗的精神都没有,他怎么会廉洁呢?所以这个还是一致的,不是矛盾的。当然党的建设还是围绕着发展社会主义商品经济,建立社会主义商品经济新秩序这个中心。

最后一个问题,讲讲加强基层建设的问题。这个问题我已经讲了几年了。一个是党的基层建设,一个是基层的政权建设,都要加强。到了乡里,不是中央明确了吗,不要强调党政分开,一把抓就一把抓,只要有人抓就行。但一个支部书记,自己抓起来,这也不大容易,不大可能。还是需要你上面抓,你不抓,他抓不起来。有什么问题,你上面要给他解决。你不做调查研究,老是说涣散、涣散,涣散说了几年了,到底涣散到什么程度,也不清楚。怎么解决涣散问题也不清楚,那基层长期这么下去,还得了吗?让基层完成这个新的转变,使基层党组织适应新的转变,需要做大量的工作。当然还是要从基层领导班子抓起。要健全党的生活,当然在农村还是要现实一点,但能够做得到的,要长期坚持下去。把基层组织搞得健全一点,稳稳当当地作为经常工作搞,不搞政治运动。但是要坚持下去,使基层党的组织逐渐健全起来。党员呢,经过反复地教育,是能够在群众中间起先锋队作用和起模范带头作用的。

基层党的领导,一定要以身作则。当然,上面的领导更要以身作则。但是对任何党员,或者任何一级干部来讲,他都没有权利说,你上面没有做到,我底下就不做到。所以还是两句话,一个是从上面做起,领导要以身作则,带头做到,凡是要求底下做到的,你领导首先要做到,要真正做到,不是在嘴上讲讲。再有一句话,就是说,每一个党员干部、每个党员必须要从自身做起,就是上面没有做到,你也应该做到。党的基层组织,党员个人,基层干部,工作表现好的,要及时地总结经验,给予表扬扶持。违法乱纪的,要严肃处理。经多次教育还不能解决问题,不能起党员作用的,要坚决劝他退党。不搞运动,不搞清洗,但确实不够条件的就是请他退党。党员就要像个党员的样子,不能忘记你是个共产党员。

在改革开放中加强党的建设[*]

（1988 年 8 月 26 日—31 日）

关于在改革中加强党的建设问题。改革靠什么呢？首先还要靠党的领导，靠党的监督和保证。这一点还得树立信心。但是也要看到，现在党的组织、思想状况，也有一些不适应的地方。这些年要很好地强调一下党的领导，强调党组织在改革中的保证作用。加强党的领导首先要统一思想，然后才能有行动上的一致。中央工作会议就是要统一大家的思想。全党和党的各级组织，在这次价格体制改革过程中，要经受锻炼和考验，也应该有意识地通过改革把党的各级领导加强起来，把党的纪律加强起来。党的十一届三中全会以后，中央有一些老同志，特别是邓小平同志，经常讲党的建设问题。但是作为我们具体做党的工作的同志来说，系统地抓党的建设是不够的。最近中央成立了党建工作小组，第一次会议就议了这个问题。认为党的十一届三中全会以后，党经历了巨大的变化，但是根据变化后的新状况，系统地抓党的建设是不够的，与变化了的情况和改革开放的进程相比，是很不适应的。今后在深入改革的时期，非要抓这件事不可，而且要长时期抓下去，一代一代抓下去。邓小平同志说，我们最大的优势就是党的领导。充分发挥了这个优势，把 10 亿人团结在党的周围，改革就有了把握。要抓好这个工作，一方面要继承党的优良

---

[*]　这是乔石同志在山东省考察时讲话的部分内容。

传统和作风,另一方面又要使这些优良传统和作风,能够同当前改革开放的形势相适应。

你们山东是老区,对党的建设是比较重视的,群众心理、党群关系,总的来说是好的。希望各级党委在现有基础上进一步加强党的建设,使党真正在深化改革的过程中间发挥更好的作用,使每一个党员经受住新的锻炼和考验,都成为真正合格的党员。在新的时期和改革开放的条件下,共产党员也要逐渐地在实践中塑造自己新的形象。不是以阶级斗争为纲、跟地主老财和"三座大山"进行斗争的形象。这个形象虽然是很好的,是解放生产力的,最后把整个民族都解放了,但这已经成为历史。党的十一届三中全会以后,这方面又有了新的发展,今后还要继续发展。特别现在我们要发展商品经济,建立社会主义商品经济的新秩序。在这个建立新秩序的过程中,我们党的各方面工作都应该有一个新的要求,如果要求低一点叫跟上,严格说应该是走在前面。因为党是领导人民的核心力量,你不走在前面,谁走在前面?如果说有些党员和党员干部在深化改革的过程中间,经不起考验和锻炼,发生各种各样的歪风邪气,违反党的纪律和组织原则,败坏党在群众中的威信,这样的干部就不能做党的领导干部,这样的党员就不能成为名副其实的党员,严重的要给予纪律处分,经过教育不够条件的,还要请他退党。

处理不合格党员,不能抓一阵,搞突击,这件事要成为经常性的工作。因为每一个时期随着形势的发展,总会有相形见绌、不够条件的党员,这一部分就得淘汰。其实过去也是这样。战争年代,打仗和白区地下工作本身就是一个考验,不行的就自然淘汰了。现在执政了,条件好一些,如果我们不注意这个问题,党员素质就会下降。尤其是党的十一届三中全会以后,变化非常大,更需要注意这个问题。

关于继承发扬党的优良传统和作风问题。有一个问题希望在现有的基础上更多地注意一下,就是党的作风建设,也需要放在一个很重要的位置上。我们党历来有很好的传统作风,在延安整风时期,毛主席把它概括为理论联系实际、密切联系群众、批评和自我批评。这"三大作风",到现在还是很有现实意义的。如民主评议党员领导干部,在各个不同的层次上听取大家的意见,这就是一种党内党外批评与自我批评的形式。对中央的、省委的指示,到了各地后都要结合本地实际进行研究,看如何创造性地贯彻上级的指示精神,真正把上级的指示和当地的实际密切结合起来,这就是理论联系实际。共产党员不是说空话的,不管哪一方面的工作,都需要联系当地和本单位的实际。联系群众也是这样的,现在在新的条件下,我们执政党更不应该脱离群众,特别在改革这个关键时期,处在执政地位的党、党员和党员领导干部更应该注意密切联系群众。比如说一定要保持为政清廉的作风。群众有什么意见,我们要随时能听得到,随时引起我们的注意,注意改进我们的工作。这样才能充分发挥党在群众中的领导作用。除了"三大作风"以外,在现在情况下,一些具有现实意义的我们党的好的作风,我们都要提倡。我们现在虽然实行改革开放的政策,但我们这么大的国家,任何时候都不能放弃自力更生为主的方针。争取可能的外援是必要的,但总还要依靠我们自己奋斗,奋斗几十年、上百年,把中国的社会主义建设好,建成有中国特色的社会主义。我看了济南郊区的清河村,觉得他们自力更生的精神还是不错的。另外,艰苦奋斗的作风还是要坚持的。我们现在所说的艰苦奋斗,不像过去长征和延安时期的那种状况,人民群众的生活水平已经提高了,党员和党员干部的生活水平也已经提高了,但艰苦奋斗的传统作风不能丢。不要把党员领导干部的生活搞得太好、太高,这样非常伤害党和群众的关系。我们过去取得革命胜利,非常重要的一条是官兵一致、军民一致,当然还有中央和毛主席的领导。现在情况不一样了,有时候工作需要,如市委书记、市长要接待外宾,不可能像过去那样,把战争年代的衣服拿来穿上,这样接待外宾就不行了,也不要求这样。但这种传统作风和精神还是要保持的,随时注意不要脱离群众,把工作搞得更扎实一些。市里、县里、区里面的工作,要经常深入基层。我们作为领导干部,各级都要多到基层去,多接近群众,多听听群众的意见。

我们是社会主义国家,在开放的环境下,对外交往是非常多,对资本主义国家和其他社会主义国家都采取开放的政策,这十分有利于我们经济发展,是完全正确、完全必要的。但在对外开放的同时,我们又要注意保持一些好的传统。外国人已经议论到了,说中国人搞不好会失去中国人原有的传统。国际上认为日本虽然经济发达了,资本主义发展很快,但它的固有传统还保留着。中国有五六千年的历史,这个历史总有一些好的传统,这个要保留下去,不能一概否定。我们对历史,不能采取虚无主义的态度,好像从共产党产生以前,一切都要否定,都要打倒。正确的态度应该是取其精华,去其糟粕。所以历史上一些好的传统还要保持下去。有中国共产党以后,党确实为人民办了许多好事,也继承了很多好的传统。中国共产党为了推翻"三座大山",为了中国的统一,进行了长期的、艰苦卓绝的斗争,老百姓特别是老一代的老百姓是不会忘记的。全国解放以后,共产党为了人民生活的改善,尽快富裕起来,也做了大量的工作。不能把党的十一届三中全会以前的中国共产党说得一无是处。解放以后,土地改革、民主改革等,对解放劳动群众,解放生产力都是必要的。新中国成立后凡是有利于发展和解放生产力的思想、政策、方针都是对的,按现在的标准看,也是对的,因为有利于生产力的发展。特别是党的十一届三中全会以后,我们从中央开始,又恢复了党的一些好的传统,除"三大作风"以外,还有艰苦奋斗、自力更生等,这些好的传统和作风是一定要保持下去的。这才是社会主义的中国,是中国共产党领导下的中国。

关于党的基层组织建设问题。党的基层建设,从第三批整党以后,我们一直在讲这个问题。但是应该说,我们党的基层建设还处于比较薄弱的状态,还有待于大力加强。这是因为,我们党在十一届三中全会及整个国家的体制改革以后,党的组织形式,尤其是农村的组织形式发生了非常巨大的变化,干部和机构也发生了很大的变化,总的是向好的方面变化的。但另一方面,党的基层组织在这个变化过程中间,因为上面没有及时系统地抓,也存在着跟不上或者一部分组织比较涣散、软弱,组织生活不正常,党的思想不统一、不民主,甚至以权谋私等情况。从人民公社一下转变到现在的状况,这个变化非常大,对此应该系统地抓,不断总结一些基层组织建设的好经验和好党员、好支部书记的事迹,同时对一些违反党章、违法乱纪的党员进行处理,把党的基层组织建设作为全党的一个基础工作来看待。我们同群众的联系,当然需要省委、市委、县委的领导同志经常深入基层,尤其是县委的领导同志,更应该这样。但是如果基层组织本身不健全,做群众的工作你依靠谁呢?依靠县委书记是不行的,他即使有三分之一或二分之一的时间下基层,那也下不了几个单位。靠省委领导下基层,更是很有限的,至于我们更不要说了。真正的工作基础还在基层,所以基层党的组织和领导班子必须健全,工作必须逐渐地上轨道,真正成为我们全党的工作基础。基层政权还是人民民主专政的基础。一切工作,如果基层搞好了,就都有依托了。基层建设无非抓两个方面,一个是党的建设,一个是基层政权建设。我前几年有段时间是专门管政法的,1985 年我就讲过,政法工作的基础就靠基层,基层的依托就在党的建设和政权建设,如果这两方面基础好了,基层的政法工作就有依托,有什么问题就可以解决。所以加强基层建设,是我们党长期建设的一个重要方面,不是抓一次两次,也不是抓它几年就能搞好了,要不断地、长时期地始终把基层建设作为我们党的工作基础来抓。

你们推广诸城、莱芜的经验很好,这是基层党的建设和基层政权建设的一个大问题。因为经济基础搞起来了,党的建设、政权建设以及其他包括治安等方面的建设就都起来了。这个问题是人民公社解体、改成乡镇政权以后的一个新的问题。农村要按照新的经济发展需要重新组织起来,这个问题全国都没有解决,需要认真研究解决。

加强党的纪律，保证全面深化改革目标的顺利实现[*]

（1988 年 9 月 29 日）

党的十三届三中全会和在此之前的中央工作会议开得很好。会议本着要总结经验，改革的方向必须坚持，步骤和方法应当审时度势力求稳妥的精神，提出了在坚持改革总方向的前提下，认真治理经济环境，整顿经济秩序，强调加强党的领导，贯彻民主集中制，严肃党的纪律。在会议的讨论中，大家顾全大局，服从整体，充分体现了全党团结一致的精神。

中央纪律检查委员会第三次全体会议的任务是，认真贯彻党的十三届三中全会精神，加强党的纪律，使党更好地发挥领导核心作用，保证治理经济环境，整顿经济秩序，全面深化改革目标的实现。

下面，我主要讲三个问题。

第一，增强纪律观念，加强党的组织纪律性

明后两年改革和建设的重点是治理经济环境，整顿经济秩序。这是摆在全党面前的一项十分重要而紧迫的任务，也是对党的一次新的严峻考验。能否顺利完成这个任务，关系到党和政府的威望，关系到改革和建设的成败。10 年来，我国改革开放取得的成绩是巨大的，目前经济仍处在继续增长的时期，我们有许多有利条件，但面临

---

[*]　这是乔石同志在第十三届中央纪律检查委员会第三次全体会议上的工作报告。

的困难也不少,任务十分艰巨。要克服这些困难,确保全面深化改革按照已经确定的措施和步骤有领导、有秩序地进行,最根本的是靠党的坚强领导,靠全党思想认识上的高度一致,靠党的严明纪律,来保证全党在行动上的高度一致,这正是我们的政治优势。

我们党 67 年的历史充分证明,无论是战争年代还是和平建设时期,正确的思想、政治路线,严格党的纪律,维护党的团结统一,是我们战胜艰难险阻,夺取革命和建设胜利的力量源泉。我们之所以能迅速结束十年"文革"动乱,完成拨乱反正的历史任务,集中力量进行社会主义现代化建设;之所以能在 10 年改革和建设中取得举世瞩目的成就,一个根本的原因就是因为有党的坚强领导,有业已证明是正确的马克思主义的思想路线和政治路线,同时也由于有铁的纪律作保证。没有严格的纪律,党的正确路线就无法得到贯彻执行,党的团结和统一就无法实现,就不可能团结和带领亿万人民群众去夺取胜利。当前,改革进入关键阶段,面临治理环境,整顿秩序,深化改革的极为繁重和复杂的任务。在这种情况下,加强党的建设,严格党的纪律,增强党的凝聚力和战斗力,充分发挥党的领导核心作用,尤其具有特殊重要的意义。

正如党的十三届三中全会指出的,我国当前总的经济形势是好的,但存在的困难和问题也不少,突出的是经济生活中出现了明显的通货膨胀,物价上涨幅度过大。有些地区和部门置中央号令于不顾,各行其是,大搞楼堂馆所,盲目攀比,预算外基建规模不断扩大,奢侈浪费、滥发实物,社会集团购买力一再膨胀,搭车涨价、变相涨价,党政机关经商办企业等现象相当普遍。这些问题严重地扰乱了经济秩序,引起广大党员、群众的强烈不满。如不严加整饬,任其发展下去,不仅败坏党和政府的声誉,而且使改革和建设无法顺利进行,会把国家搞乱。正因为如此,在全面深化改革的过程中,必须增强全党的纪律观念,加强党的组织纪律性。

增强纪律观念,必须在民主和集中、局部和整体的问题上澄清一些模糊认识。改革开放10年来,我们不断加强民主建设,扩大地方、企业的自主权,允许各地区、各部门根据自己的实际情况,采取一些因地制宜的政策和措施,这是完全必要和正确的。但是,我们有的同志只从本地区、本部门、本单位的眼前利益出发,认为放权让利,搞活经济,就可以不讲集中统一,就可以置纪律于不顾,甚至为了局部利益,可以无视中央的三令五申,另搞一套。现在流行一种"红灯"、"绿灯"之说,借口"变通",对党中央、国务院的决定和政令采取实用主义态度,合意的就执行,不合意的就变相抵制;有的甚至搞"先斩后奏、边斩边奏、斩而不奏"。这些思想和行为是非常错误的。邓小平同志最近说,要改革成功就必须有领导、有秩序地进行。不能搞"你有政策,我有对策"。党中央、国务院要有权威,没有这个保证不行。措施定下来,要坚决执行,宁可从严,不可从轻。就是过分一点,也得这样做。这次党的十三届三中全会以及中央工作会议,根据中央领导同志的重要讲话精神,大家进一步统一了思想,强调在改革和建设中,必须坚持民主集中制的重要原则,局部利益服从整体利益,甚至为了整体利益不惜牺牲局部利益,保持全党在思想上、行动上的高度一致,把党中央的决心变成全党的自觉行动。

党的民主集中制是党的基本组织原则。它要求:个人服从组织,少数服从多数,下级服从上级,全党服从中央。党的各级组织和每个党员都要自觉地同中央保持一致,维护中央的权威。我们党历来有这样的传统,就是依靠全党团结一致,在中央的统一号令下,克服面临的困难和问题。党员干部尤其是党员领导干部要以高度的党性自觉维护改革的大局,无条件地服从党和国家的利益,坚决同一切损害党纪国法的行为作斗争,使党组织在改革中充分发挥战斗堡垒作用。

每个共产党员都要加强党性锻炼,增强纪律观念,充分发挥共产党员的先锋模范作用。

第二,严格执行党的纪律,严肃查处违纪行为

这次党的三中全会以及中央工作会议提出了治理经济环境、整顿经济秩序、全面深化改革的目标,确定了实现上述目标的一系列重要措施。会议对加强党的领导,从严治党,严肃党纪,也提出了很高的要求。这都是目前形势的迫切需要,也反映了全党和全国人民的强烈愿望,必须坚决贯彻执行。

为了贯彻落实会议提出的各项要求,党中央、国务院已经和正在制定一些具体规定。这些规定一经颁布,必须严格执行。对于党组织和党员中有令不行、有禁不止,不顾大局,损害国家整体利益的,不管是什么人,都要严肃查处。对于那些哄抬物价、囤积居奇、敲诈勒索、中间盘剥、贪污受贿、奢侈浪费等严重违法乱纪的党员和党员干部,要给予必要的纪律处分,直至开除党籍。触犯刑律的,要由司法机关依法惩处。

执行党的纪律,要坚持在纪律面前人人平等。越是党的高、中级干部越应严守党的纪律,带头执行党中央、国务院的决定。中央领导同志在党的十三届三中全会上讲,我们一定要用事实使全党同志特别是担负领导工作的同志都知道:党的纪律是一定要执行的,决不能言者谆谆,听者藐藐。希望各级领导班子和领导干部,都要以身作则,从严要求自己,严格遵守和执行党的纪律。每个共产党员,都要遵守党章,从自身做起,决不允许有任何例外和特殊。

严肃执行党的纪律,必须充分依靠全体党员和广大人民群众的监督和支持,贯彻群众路线。对于来自党员和人民群众的各种批评意见和检举揭发,都必须认真对待,该查处的要严肃查处,该澄清的要及时澄清。对执纪过程中必须处理的问题,凡是不涉及党和国家机密的,要尽可能以适当方式公开处理,以提高执纪工作的透明度。要发挥各个监督部门的作用,充分运用各种监督形式,包括广播、电视、报刊等宣传舆论工具的监督。监督工作要积累经验,逐步制度化,使党组织和共产党员真正置于人民群众的监督之下。监督部门本身,也要建立相应的制度,受到监督。

执行党的纪律,查处违纪案件,始终要坚持实事求是的原则,注意掌握政策界限。中央纪委二次全会就曾经指出,对那些破坏改革开放、违法乱纪的人,必须毫不留情地严肃处理;对那些真心实意地从事改革,但因缺乏经验而出现失误的同志,要帮助他们总结经验,继续前进;当然也不允许借口"缺乏经验"来掩盖违法乱纪。在执纪办案过程中,定性量纪要严格依据党章和有关的规定、条例,处分党员要严格按照必须履行的程序进行,使每个案件的处理都做到事实清楚、证据确凿、定性准确、处理恰当、手续完备,经得起历史的检验。这样做了,不仅能使违纪者本人受到教育,也使广大党员受到遵纪守法的教育。

第三,纪检队伍要勇于承担起党和人民赋予的重任

这次三中全会把加强党的纪律提到了突出重要的位置,说明党和人民对我们寄予很大的期望。各级纪检机关和全体纪检干部,任务更重了,责任更大了。我们要有强烈的使命感和高度的责任心。广大纪检干部要努力提高思想政治素质和工作水平,当前要认真学习十三届三中全会的文件,振奋精神,深入实际,努力工作,为治理经济环境,整顿经济秩序,全面深化改革作出应有的贡献,同时也使我们的纪检队伍在这个过程中得到锻炼和提高。

各级纪检机关和广大纪检干部要从党和人民的利益出发,敢于坚持原则,敢于碰硬,对于违纪案件,要发现一起就严肃查处一起。对重大案件,领导干部要亲自抓,一级抓一级。在执纪办案中不回避矛盾,不徇私情,要顶住说情风,排除关系网的干扰。对秉公执纪的同志,要给予支持和保护。对违纪案件,该查不查,有失职行为的,要追究领导者的责任。

纪检机关要坚持经常性的监督检查,特别要加强对同级党委和同级党员领导干部执行中央决策情况的监督检查。发现错误倾向的苗头,要及时提醒,帮助改正。重大问题要按组织程序向党委和上级纪委报告。上级党委和纪委要抓紧弄清情况,及时解决,不要拖延。同时纪检机关也要加强对自身的检查,自觉地接受党和人民群众的监督,不断改进自己的工作。

纪检机关的监督检查,同组织、宣传、行政监察、国家司法等方面的工作,既有联系、交叉,又有各自的职能。要加强相互之间的密切协作,逐步形成监督体系,这对治理经济环境、整顿经济秩序、全面深化改革,是非常重要的。搞好协作的关键在于相互支持,密切配合。我们要积极主动地支持有关部门的工作,建立必要的联系制度,发挥监督机制的整体效能。

中央纪委二次全会以来,中央纪委和各级纪委做了大量的工作。制定、颁发了一些规章和条例,促进了纪检工作的制度建设;加强了执纪办案工作,查处了一批违反党纪的案件;初步划清了党纪检查和政纪监察的职能。这些工作对于贯彻党的基本路线,落实从严治党的方针,起到了积极作用。现在,我们面对党和人民赋予的光荣而艰巨的新任务,各级纪委要在各级党委统一领导下,以新的姿态和卓有成效的工作,为保证全面深化改革目标的顺利实现,作出最大的努力。

党组织和党员要经受住执政和改革开放的锻炼与考验*

(1988 年 11 月 18 日—29 日)

　　加强党的领导历来是我们的政治优势。党的十三届三中全会专门强调了加强党的领导问题。加强党的领导历来是我们的政治优势,在整个社会主义历史阶段都要坚持。要坚持四项基本原则,四项基本原则中首要的是坚持中国共产党的领导,这是我们最主要的优势。中国革命和建设的经验证明,没有中国共产党是不行的,不以中国共产党为核心是不行的。所以,党的领导,不但现在要讲,今后也要讲。过去我们打仗,为保证每一次战役、战斗的胜利,首先是加强党的领导。

　　要加强各级党政领导班子的思想、组织、作风建设。要注意加强省、地、市、县、乡各级党政领导班子建设。在思想上要用党的十三大的"一个中心、两个基本点"来统一认识,这就是同党中央保持一致。在组织上,领导班子首先要讲党性,要加强纪律,步调一致,全面贯彻执行党的民主集中制原则。在作风上,要保持和发扬我党理论联系实际、密切联系群众、批评与自我批评的优良传统,要深入群众、深入实际调查研究,扎扎实实做工作,不搞形式主义。我们首先还是要为人民服务,把人民生活搞富裕。每个党员都要从自己做起,应该按党

---

*　这是乔石同志在湖北省考察时讲话的部分内容。

章、党的规范、党的准则来要求。

发扬党的优良传统,改善党的领导方法和工作方法。加强党的领导,并不是说要完全恢复过去革命战争年代的老的工作方法。对优良传统无疑应该发扬,但我们终究是处在一个改革开放的形势下,因此,党的领导方法、工作方法也要随之改进,要寻找新的办法。1980 年邓小平同志提出来,要加强党的领导、改善党的领导。我很赞成这个意见。就中央来讲,领导着全国 4700 万党员,同 20 年代、30 年代相比,党员的数量、构成、思想变化都很大,随着改革开放进一步发展,将来的变化还要大。党的领导不改善不能适应新的历史时期的需要,不能完全适应建设中国特色社会主义的需要。改善党的领导,并不妨碍坚持党的一些固有的优良传统,比如理论联系实际,密切联系群众、批评与自我批评,自力更生、艰苦奋斗,这些优良传统什么时候都需要。我们党应该是越来越密切联系群众,不能越来越官僚化。现在条件好了,有的同志就不大注意了。"文化大革命"之后,有的干部自我批评马马虎虎说两句还可以,但别人批评却批评不得,谁要批评他几句,他心里就嘀咕,这种心理状态不是共产党员应有的品德。应该欢迎批评。因此,对一些好的传统要继承,同时,要注意在新的历史条件下采取新的办法,与新的情况相结合,采取一些新的工作方法,来加强与改善党的领导,使党的领导适应新时期的需要。

要加强党的纪律和民主集中制。加强党的建设,必须要强调民主集中制,强调党的纪律性。中央强调民主集中制,强调纪律性,我看十分必要。对党的纪律问题,我不仅现在讲,在党的十三届二中全会上我也讲过。因为这些年来党员的党性修养和纪律观念比过去是薄弱了。对此不注意是不行的。我们这么一个大的国家,核心力量是中国共产党。共产党如果没有坚强的纪律,怎么保持行动一致,怎么保持党的坚强团结呢?没有党的坚强团结,又怎能把 10 亿人民团结到一起,实现全体人民的坚强团结,又怎么会有很大的凝聚力呢?邓小平同志说,要发挥党的领导优势,增强党的凝聚力,不仅思想上要高度一致,而且在组织上、行动上也要高度一致。而保持党内的高度一致,主要靠党的纪律。党的纪律又必须建立在思想自觉性的基础上。所以共产党员必须有纪律观念,没有纪律观念就不叫共产党员。加强纪律,就是要在重大问题上,在政治上、组织上,必须严格执行党和国家的法规,令行禁止。对此,不仅现在需要,我看今后长期也还是需要的。因为有党就要有组织纪律,就需要民主集中制。我们党在总的方向上还要不断增加民主,不是说一讲集中就不要民主了,相反地要越来越民主。比如公开化、透明度、听取群众意见,党内选举,考察干部、群众评议干部、评议党员,等等,就是各种各样的民主形式。总的方向还是要民主一些,办法要搞得更完善一些。民主带来的问题也不会少,但是比不民主好,不民主将来会带来大问题。现在世界的潮流是要改革、要民主。社会主义国家不主张改革的没几个。改革中,政治体制改革就其实质来说,首先还是要更加民主。总之,党内要讲民主,总的方向是扩大民主,但这个民主需要集中,即在民主基础上的集中。还应当看到,民主与纪律是一致的,没有很好的民主,就没有很坚强的团结一致,也不可能有高度的集中。

切实加强党的基层建设。要特别注意加强党的基层建设。基层有两个主要方面,一个是党的基层组织,一个是基层政权组织,总的讲是基层的党政建设。全党的工作基础在基层,我们同群众的联系,真正依靠的是基层党组织和基层政权,人民民主专政的基础就在基层政权。如果没有基层党组织和基层政权,各级党委和政府就是空的。加强基层组织建设,主要靠地委、市委、县委、区委。每个地市县区委都要把加强基层建设摆上党的重要议事日程,所有领导干部,都要多到基层去,抓基层工作,多联系群众,听取群众的意见,看看群众关心的是什么,有什么牢骚,牢骚听得到也是一个好事,我不是说牢骚有什么积极意义,听得到就说明你这个领导还有点民主作风,人家还敢在你面前发共产党的牢骚,从这个意义上讲,这还是个好事,你听不到了,就叫耳聋眼瞎,这个更危险。基层组织建设的关键在于领导班子,一个支部、一个总支,首先是支部书记、总支书记或者是支委会。在农村,主要是搞好乡、村班子的建设。基层党组织、基层政权如何发挥作用,首要的是抓好经济建设,工业也好、农业也好,经济工作抓好了,其他的就好办多了。听说你们这里基层工作还比较好,各级党政领导机关都派干部去加强基层工作,这是发现、培养干部的好办法,我很赞成你们这个办法。

党组织和党员要经受住执政和改革开放的锻炼和考验。党的整个组织现在面临新的锻炼和考验,一是执政的锻炼和考验。应该承认,将近40年的执政,总的方面是好的。但并不等于说每个党组织、每个党员都是好的。今后要继续执政下去,要为人民作出更多的贡献,必须要进一步提高自己的素质,更好地发挥执政党的作用,更广泛地团结各民主党派、爱国人士,更密切地联系群众,使党真正成为建设有中国特色的社会主义的核心力量。二是把党组织和党员推到改革、开放的环境中去锻炼和考验。改革开放当然会出现一些问题,党员中也会出现一些问题。对那些锐意创新,但在改革过程中出一些岔子或工作上失误的党员,我是主张保护的。当然也要总结经验教训,加以改进。另外一种,就是利用改革的机会搞个人的东西,为个人或小单位、小团体谋私利的党员,要按党纪、政纪、国法办理,严重的要处理。对那些在改革开放中不能很好地发挥作用带领群众一起前进,而且教育无效的,留在党内又不起作用的党员,还是劝退好。当然,在发展新党员时要严格把关,够条件的才能吸收。支部比较强、基础比较好的地方,要注意发展青年,特别要注意在青年生产骨干中间发展新党员,但不要大呼隆,不要规定百分比,要实事求是。

　　总之,最近几年,在党的建设方面,不能说有很系统很完善的经验,但在实践中也逐渐摸索出了一些好的经验,以后,我们还要下更大的功夫来加强党的建设。我们不搞形式主义,也不搞运动,而要脚踏实地搞它几年,使党的组织健全起来,党员的素质能有所提高,使全党都能适应新的形势,适应党的十一届三中全会以来的路线、方针和政策,把我们的党建设得更好。

对违法乱纪的不查不行，
否则会让人民群众对党失望*

（1988 年 11 月 19 日）

　　党内问题，首先还是要作为人民内部矛盾来处理。当然，工作要艰苦一点。调查就比较艰苦。既要把问题搞清楚，又要做思想工作，不容易。把问题搞清楚了，问题查出来了，又有人说情。对说情就得顶，顶就要得罪人。被处分的人他也不愿见你，认为处理他是纪委把他抓住不放。但怎么办呢？你要把党治理好，对违法乱纪不查也不行，不查不是得罪更多的党员、更多的人民群众吗?! 我们到底是得罪极个别极少数人为好，还是让党腐败下去，让人民群众对党失望，得罪人民群众的大多数为好呢？当然，还是要得罪这些该处分、该罚的。对得罪人，看怎么说。对有一些同志来讲，如果他愿意接受教育的话，本来是挽救，无所谓得罪，因为他犯有各种不同程度的错误，给他指出来了，是教育挽救。有的人虽然受了处分，但还可以继续当党员，当然给他敲了一下警钟，这也是必要的。敲了警钟，进行了教育，今后他只要改正就好了。即使开除出党，也是进行挽救，他总是因为问题比较严重才被开除嘛。如果让其继续滑下去，可能作为一个中华人民共和国公民的权利也没有了。这也是一种挽救。得罪人，这种现象不能说不存在，但纪委的工作还是得党心，得民心的。中央开

---

* 这是乔石同志在听取湖北省纪委工作汇报时讲话的一部分。

150

工作会议,不是有人希望中央抓几个刘青山、张子善吗?刘青山、张子善是1952年搞"三反"时枪毙的。一个是20年代的、一个是30年代的老党员。当然,这样的意见是表示党员里面的一种义愤,希望中央带头刹一刹不好的风,腐败之风。这可以理解。但我们只能按党纪国法办。够了的当然要枪毙,不够的,我们随便拉两个去枪毙,那怎么得了?我们不是讲法制吗?党内就是要以党章为法,这个邓小平同志讲过嘛!按党章办事,按党规党法办事,也是法制嘛!也包括在法制里面。当然,有的人被得罪了,也没有什么。有些人太不像话了。有个别公安干部,把公安制服穿起来,车上挂警灯,去倒卖汽车,这样搞怎么得了呢!

关于从严执纪。宽与严,还是要依法办事,标准就是党规党纪,对纪委来讲,是党规党纪。国家嘛,有国家法律。只能这样,只能以这个为标准。该严肃处理的要严肃处理。群众的要求,凡是合理的我们都得听。我们严肃查处,依法办事,依党规党纪办事。

关于上一届纪委的工作。中央是肯定的,当然我不是说没有缺点,但是下面有的同志认为,纪委得罪人呀,没有好结果呀。这个恐怕有点误解。还有一些说法,说纪委过去不务正业,也不能这样说,这是历史形成的。纪委刚恢复的时候,任务非常大。1982年打击严重经济犯罪由纪委牵头,后来有了"经打办",现在交检察院了。刚开始的时候,检察院刚恢复抓不起来呀!公检法在"文化大革命"时不是被砸烂了吗,纪委当然也受了很大的冲击,但公检法整个给砸烂了,给否定了。所以有一个时期纪委的工作宽一点,这也是党的工作的需要,是中央交的任务,这些任务都完成得很不错嘛。平反冤假错案,"两案"都是纪委为首搞的。"两案"也是纪委抓的,中纪委现在还有一个处理"两案"遗留问题办公室,还有几个人在那里抓,这些工作都不是纪委自己定的,是中央交给纪委的任务。

关于目前在执纪中存在以罚代纪、以罚代刑问题。听说还有这么个规定，钱上交可以返回百分之几十。你们这儿有没有？原来我说过一定要脱钩，不能挂钩。办案经费一定要保证，当然办案也不能浪费，要勤俭节约。经费要保证，不管哪个部门，省市财政，中央财政都要保证。但是罚没款要一律上交，罚没款与办案经费，检察部门、法院、纪委都不能挂钩。最近听说还有间接挂钩变相挂钩的。谁上交多，返回就多。你上交1万元，我退你3000元，30%。后来我又说不要这样挂，间接挂钩也不要挂，挂了以后都争这个钱，我争来了，上交多，返回就多，罚没多奖金就多，这不好，原则上我不赞成这个办法。以罚代刑这个办法不对，无论如何不能以罚代刑。否则就不能依法治国。既然触犯刑律了，就要依法办。如果没有触犯就是没有触犯；或者虽然有点触犯，但是可以不起诉，不判罪，那也可以，罚点款也是合法的。但是既然触犯刑律了，光罚点款就代替刑律这不行。该判刑的，如果我先判你的刑，你再交钱代替，不服刑，这是另外一回事，外国有这个做法。比如判你两年，你不服刑，交点钱相抵。这个外国有，中国还没有。总而言之，要依法治国，触犯刑律的就要按触犯刑律处理，不能以罚代法。

关于在治理整顿中省里各监督职能部门建立联席会议制度。我在北京开了五次会了，为什么后来又开下去了呢？因为参加会议的同志都希望开，一个大家觉得及时互通一下情况有好处；再一个，有些问题集体研究一下，定了意见，他回去好做工作。如果光是公安部，或检察院，或监察部去做，比较为难一些。会上大家商量商量，回去就好说话一些，好办一些。所以大家要求开。

关于清理党政机关、党政干部经商办企业问题。现在有些机关劳动服务公司安排待业青年，这些人本来就是机关干部的子弟，他本来就没有就业的单位，就业单位就是劳动服务公司。这种劳动服务公司实际上是为了解决一部分升学升不上的待业青年的就业问题。这些公司或者靠厂矿企业或者靠机关、学校。这个问题1986年就说过，像这类劳动服务性质的公司，我记得发通知时就有这类规定，劳动服务性质的公司不是说要马上撤销，因为一撤销待业青年马上就存在就业问题了。那么机关给它提供的一些条件，也还是服务性的，原来的通知有规定。另外，乡镇企业有乡镇的干部去办，但他又不愿意与原来的机关脱钩，怎么办？乡镇企业的情况有点特殊，我看可以采取这样一种办法，如果他不愿与机关脱钩，乡镇企业又需要他，那就可以拿乡镇企业的工资，机关里留职停薪，这样就可以了。他办他的乡镇企业。你要他脱钩回机关来，机关又没有多少事，机关反正人多，对吧？你把他抽走了，还影响乡镇企业的存在。他工资在原机关拿当然不太合理，那么可以停薪嘛，什么时候他不干了，他还可以回来。回来维持他原来的待遇。能不能这样处理？乡镇企业的问题要慎重一点，1986年端正党风的时候我到江苏去，在那里我就说过。有些问题要查，比如有的采购员，有严重的贪污腐化，使乡镇企业遭受很大的损失，对这种人要查，如果是党员要给党纪处分，如果违法了就要法办。这对乡镇企业的存在只有好处，没有影响。因为他的行为危害了乡镇企业的利益。作为国家干部收礼受贿这个要查。你作为国家干部，你给人家办事，该办的就得办。比如说，批项目，批材料，批经费，你该办的就应该办，收礼受贿怎么行呢？不但要处理受贿的，也要处理行贿的。

关于党政机关要廉洁，党政干部不准经商，但对企业干部没有规定。商业领域的干部不经商干什么，商业干部本来就是经商的。但在经商中间，他搞非法经营那还得查。他违反党章了，不查不行。党章只有一个，不是说企业还有另外一个党章。我们党章对党政机关的党员和对企业的党员的要求是一样的，只是工作不一样。至于对党政机关、党政干部就要特别强调廉洁。什么道理呢？因为他们有权，有行政权。我们党是执政党，所以要求要特别严格一些，这方面的问题尤其不能允许。我的理解是这样，并不是党章、党的纪律对待党政机关的党员与对待厂矿企业的党员不一样，不能这么理解。我们只有一个党章，党的政治生活准则也只有一个，所有党员都要遵守。我们现在就这两个，一个是党的十二大修改过的党章，一个是三中全会以后制定的《准则》。这两个是最主要的，这两个对任何一个党员的要求都是一样的。恐怕不能有另外的理解，也不能有"双轨制"的理解，这要向党内外说清楚。为什么对党政机关特别严格呢？因为我们是执政党，又是执政机关，应该廉洁，应该高要求。比如我讲到政法部门，我就要求政法机关特别要守法，政法机关是有执法权力的，也是党和国家相当信任的机关。比如公安，穿着公安制服，帽子上还有国徽，很庄严！你利用这个来搞走私倒卖，把公安形象搞成什么样子！这是不能允许的。要求更严格点，这是对的。因为一般的公司没有这个特权。执法机关处于特殊地位，他利用这种特殊地位去搞走私倒卖，那性质就变了。所以查出来就要严肃处理。有人用大邮车、装邮包的车装小汽车走私倒卖。中国的邮政部门原来属于管理比较好、管理制度比较健全的部门，铁道也是一个。本来银行内部的管理制度也是很健全的。但这些年搞得漏洞很多，这是不应该的。有些东西搞乱了，要整顿，不整顿不行。比如说纪念邮票，只能印一次，印多印少就是这一次，而现在先印一版，看到很多人买，就再印一版，这怎么行？所以这些部门不能小看它，都得好好整顿。

关于着装问题。着装国家是有统一规定的，还是要严格按规定办。着装问题专门叫财政部牵头统一研究过，不经批准是不行的。可能有的部门自己掌握的钱多一些，自己搞了。这不行。

关于有的党员干部犯了错误,其上级为之开脱,地方党组织不好处理的问题。这可以叫上一级的监察部门帮助处理一下,监察部门不就管这件事吗? 说到底还是个说情的问题,这就要顶。到我这里来说情的人,没有太小的,都比较大。要敢顶,当然方式方法要注意,但该办的我们还得办。但是要力求避免查案子一阵一阵的,一刹风就处理重一些,等到风一过,就搞得松松垮垮。不搞运动,在处理案子上,最主要的体现就是依据党纪国法,案子该怎么处理就怎么处理。不是运动一来,头脑一热,我就给你加重处分。那样效果最不好。我在中纪委也讲过,案子不要搞畸轻畸重。当然主观上说不畸轻畸重,有时在实际工作中,还是会出现这个问题,这要注意总结经验。在处理案件问题上,我是赞成头脑要冷静一点。中纪委提出的那“二十个字”,我是很赞成的,这就是:事实清楚,证据确凿,定性准确,处理恰当,手续完备。应该按这“二十个字”来查案子,不要发冷热病。历史上这方面的教训太多了。中央纪委准备明年初开一次工作会议,请你们也作点准备。中心还是贯彻党的十三届三中全会精神。明后两年重点是抓整顿,但不能把治理、整顿理解为改革要停止,或者改革出了什么问题了。对改革的看法,我很赞成邓小平同志讲的,改革 10 年成绩是很大的,没什么大错,缺点是不断有。他说的大概是这个意思。这么大个国家搞改革,又没经验,出现这样那样一点问题是很自然的,并不妨碍改革,整个形势是好的。出现了问题,及时发现处理,是可以解决好的。治理整顿丝毫不影响改革的深入进行。查案子,也是为了解决改革过程中出现的问题,通过查案子促进改革的健康发展,同时也有利于创造一个良好的社会环境。查案子本身要注意什么问题呢? 过去都讲了,三次全会我专门讲了一段支持保护改革,这与二次全会的讲话是重复的,就是提醒大家不要忘记这一点。改革没有经验,出点问题主要靠教育,靠总结经验教训。

当然,严重违法乱纪的,有令不行、有禁不止的,要严肃查处。今年上半年,中纪委根据过去的经验,搞了几个条例,已下发了。这些条例怎么样,执行中还有什么问题,有什么缺陷,把意见集中一下,以后再修改。

继承好的做法，探索新的路子[*]

（1988 年 12 月 30 日）

全国党员教育工作会议今天就要闭幕了。这次会议着重议论了
《关于在改革开放中加强党员教育工作的意见》，宋平①等同志讲了
话。总的来看，大家对这个意见稿和宋平等同志的讲话是赞同的，对
会议文件也提出了一些好的修改意见。经过集思广益，文件和讲话
稿一定会修改得更好。应该说，在党的十三届三中全会以后召开的
这次全国党员教育工作会议是比较及时的，是成功的，取得了圆满的
结果。同志们回去后，要结合落实十三届三中全会确定的任务，认真
贯彻这次会议的精神。

当前，全国都在贯彻党的十三届三中全会精神，总的情况是好
的。同时也要看到，这仅仅是开始，要认真总结经验，要把治理经济
环境、整顿经济秩序的工作做好，结合治理整顿进行必要的调整，坚
持把改革的事业接下去，还有许多艰巨的工作要做，要花很大的气力
去克服面临的困难。越是困难，我们越要有一个好的精神状态，任何
消极、埋怨的情绪都无益于我们的工作和事业。困难的时候强调党
的领导，强调党组织的核心领导作用、监督保证作用，强调党员的先
锋模范作用，这是完全正确和必要的。因为党的历史证明，坚强的党

---

* 这是乔石同志在全国党员教育工作会议上的讲话。

① 宋平，时任中共中央政治局委员、中央组织部部长。

的领导、党的紧密团结和统一、党的严密的纪律,从来是我们战胜一切困难的最根本的保证。小平同志指出,四项基本原则,核心是党的领导。我们党历来是在不断克服困难中前进的。只要全党上下认真贯彻中央的精神,严守纪律,顾全大局,齐心合力,再大的困难也不难解决。对此我们要有充分的信心。

党的十一届三中全会以来,我们党领导人民从事着建设有中国特色社会主义的伟大事业,实行改革开放。这是没有先例的。10 年改革,10 年巨变,我们已经取得的成就是举世瞩目的,改革开放使整个国家进入了一个崭新的历史发展时期。但是,正因为社会主义的改革是前人从未干过的事业,需要探索,工作中的失误和缺点就难以完全避免。小平同志最近讲:过去的 10 年,我们确实没有犯大的错误,但是这样和那样的小的缺点和错误还是经常发生的。这是非常正确的。我很同意这个意见。十三届三中全会就是在总结经验的基础上,确定了明后两年的任务,目的还是要进一步全面深化改革。有了这样的认识,我们就可以正确总结经验,发扬成绩,改正缺点,不断前进。

党员教育工作,就是要提高全体党员的素质,在新的时期把全党凝聚成一股推动社会主义现代化建设的巨大力量。因此,这不仅仅是组织、宣传等部门的工作,而且是全党的工作。各级党委,特别是党委的主要领导干部,要亲自过问,认真地、长期坚持不懈地抓下去。当前,要从形势教育入手,以党的十一届三中全会以来的路线、方针、政策,特别是党的十三大阐明和确立的党在社会主义初级阶段的基本理论和基本路线为中心内容,利用各种行之有效的方法开展教育工作。要教育全体党员立足于社会主义初级阶段的现实,把坚持共产主义理想与"建设四化,振兴中华"的实践统一起来,在本职工作中多作贡献,发扬勇于献身的精神。

新的时期对党员教育工作提出了新的任务和新的要求，也创造了新的条件。我们必须用马克思主义的基本理论和方法，密切结合建设具有中国特色社会主义的实践，不断研究党员教育工作中出现的新情况、新问题，不仅使党员教育工作坚持下去，而且越来越深入，内容越来越丰富，形式越来越多样化。几十年来，我们党在领导人民进行革命和建设的同时，为加强党的自身建设和党员教育做了许多工作，也积累了一些好的经验。对于今天仍然适用的经验，要坚持下去。但是现在的情况毕竟和过去不同了，因此，要一方面结合新的情况来运用和发展过去的好经验，另一方面要转变不适应新形势要求的观念，勇于创造新的经验。继承好的做法，探索新的路子，都要实事求是，讲求实效，防止和克服任何形式主义。

我们的党是一个执政的有几千万党员的大党。党的工作者的队伍也是一支好的队伍，是可以信赖和能够有所作为的队伍。各级党组织要充分肯定他们的成绩，体谅他们的困难，为他们进一步做好工作创造条件。

发挥我们党固有的政治优势，重视加强党的领导和建设*

（1989 年 1 月 23 日）

全国纪检工作会议现在开始。这次会议是在全党认真贯彻执行党的十三届三中全会精神，深入进行治理经济环境、整顿经济秩序、全面深化改革的形势下召开的。开好这次会议，对于加强党的纪律，在实现治理、整顿、调整、改革任务的过程中，充分发挥纪检工作的作用是非常重要的。

党的十一届三中全会以来，我们通过拨乱反正，总结历史经验，实行以经济建设为中心、坚持四项基本原则、坚持改革开放的路线，取得了巨大的成就。党内党外在这个问题上认识是一致的。10 年来的实践充分证明，我们党贯彻执行的路线、方针和基本政策是完全正确的。当然，改革的进程不可能一帆风顺，领导中国这样一个有 10 亿人口的大国进行伟大的史无前例的"四化"建设和改革开放，从事这一前无古人的事业，不可能不发生一些缺点和错误。小平同志最近说过：这 10 年来我们的方针、政策基本上是正确的；我们没有犯大的错误，小的缺点和错误还是经常发生的。我很赞同这个观点，这对我们正确认识形势，坚持改革方向，增强信心，继续前进，具有重要的意义。

---

* 这是乔石同志在全国纪检工作会议开幕式上的讲话。

党的十三届三中全会实事求是地分析了改革的形势,在认真总结经验的基础上,提出了治理经济环境、整顿经济秩序、全面深化改革的任务,并在一些重大问题上统一了全党的思想,澄清了模糊认识,明确了改革的方向必须坚定不移,步骤和方法应当审时度势,力求稳妥。十三届三中全会的精神传达下去以后,全党的反映是好的,全国人民的反映也是好的,可以说是人心趋向稳定,以前那种乱哄哄、人心不稳的局面为之一扫。三个多月来,党中央、国务院召开了全国计划工作、农村工作、经济体制改革工作、沿海地区开放工作和财政工作等重要会议,采取了一系列治理整顿措施,已经出台的各种条例、法规、办法、决定、通知就有 30 多项。大批应当停建缓建的基建项目在陆续压下来,截至去年 11 月末,全国决定停缓建的各类投资项目 10220 个,可压缩今后投资 334 亿元;全国物价上涨趋势减缓,稳中有降;城乡储蓄逐步回升,去年四季度平均月储蓄净增额已基本恢复到正常水平;合同定购粮食收购已接近完成;一批政企不分的公司已被清理和整顿。可以说,治理整顿工作已经取得了初步成效。

当然我们也要看到,治理经济环境、整顿经济秩序才刚刚开始。目前,克服经济过热现象的工作仍然需要继续努力,估计今年生产仍将保持一个较高的速度;压缩基建规模,特别是对预算外投资控制、疏导还缺乏有效办法,预计今年在建项目总投资规模将超过 1.3 万亿元;在稳定物价方面,由于去年货币发行 679.6 亿元,供需的差额率达 16.2%,商品货源与购买力的差额达 800 亿元左右,居民手存现金 540 多亿元,加上去年物价翘尾巴因素就将影响今年物价总指数上升 8%左右,所以抑制物价继续上涨的困难还是很大。这些都说明,对今年的经济形势,对治理、整顿和调整的工作不能掉以轻心,必须对治理、整顿、调整、改革的艰巨性有足够的认识。只要我们统一认识,统一行动,坚持不懈地把十三届三中全会决定的各项工作抓下去,就一定会实现我们既定的目标。

党的十三届三中全会以来,党中央十分重视发挥我们党固有的政治优势,重视加强党的领导,加强党的建设,在这方面做了大量的工作。不久前召开了全国党员教育工作会议。中央书记处讨论了保持党政机关廉洁、反对腐败的问题,提出了一些有效措施。中央还举办了党建研究班。民主评议党员、考核党政领导干部的工作正在进行。党中央政法领导小组也开了全国政法工作座谈会,中央政治局还准备讨论政法工作。在这种形势下,全党的纪律观念有所增强,各地区、各部门能够顾全大局,摆正局部利益与全局利益的关系,认真地贯彻治理、整顿的各项有关措施,积极以改革的精神进行调整。在各级党委的领导下,监督、检查部门协调配合,有的由纪检机关牵头,从查倒卖国家计划内重要生产资料、紧俏耐用消费品、专卖商品、铁路车皮等问题入手,集中力量认真查处了一批贪污受贿、弄权渎职、非法倒卖等案件,对扭转纪律松弛,有令不行、有禁不止的状况,起了重要的作用,为治理整顿和调整创造了良好的条件。我们要在此基础上总结经验,坚持不懈地认真抓好这一工作。

当前的形势和任务对我们进一步严肃党纪,搞好党风建设十分有利。党的十三大以来,各级纪检机关明确了新时期党的纪检工作的指导思想、基本任务和主要职能,初步理顺了同其他监督部门的关系,在严肃查处党内违纪案件,协助党委抓好党风以及搞好纪检队伍自身建设和加强纪检工作制度建设,实现制度化、规范化等方面,做了大量的工作,取得了不少的成绩,这是应当予以肯定的。当然,我们也有许多不足之处,特别是还存在着一些与新形势、新任务不相适应的问题,需要我们认真总结经验,不断加以改进和克服。今年是治理、整顿和调整工作关键的一年。我们肩负的责任十分重大,要增强紧迫感和责任感。中央书记处在讨论廉政问题时指出:广大党的纪检干部,是同党内各种违纪行为作斗争的一支重要力量。各级党委要对纪检工作加强领导,使这支队伍在履行党内检查、监督的职责方面充分发挥作用。我们要牢牢把握住当前的有利时机,在全面深化改革中提高全党的组织纪律观念,加强党的纪律,加强纪律检查工作,保证党中央战略部署的顺利实施。

这次会议要总结交流十三大以来纪检工作的情况和经验,按照从严治党的方针,讨论和部署在治理、整顿、调整、改革中进一步加强党风党纪建设。明确今后纪律检查工作的主要任务是:进一步加强党的纪律,以严明的纪律保证党中央决策的贯彻落实;坚持从严治党的方针,严格执行党的纪律,认真查处党内违纪案件;搞好党风建设,保持党政机关的廉洁;强化纪律监督,积极主动与有关部门协作配合,充分发挥监督体系的整体效能;切实搞好纪检队伍自身的改革和制度建设,使纪检工作逐步走上规范化、科学化的轨道。会上,陈作霖①同志将代表中央纪委常委会作工作报告,简要回顾十三大以来的工作,对今后工作作出部署。由于会议时间紧,任务重,希望同志们围绕会议的中心议题,在主要问题上集思广益,畅所欲言,进行讨论,把提出问题和研究改进措施结合起来,把交流经验和讨论今后工作结合起来,着眼于党风党纪建设的发展,使纪检工作提高到一个新的水平。

希望大家共同努力,集中精力,把会议开好,达到预期的目的。

---

① 陈作霖,时任中央纪委常委、副书记。

增强党性，提高纪律观念*

（1989 年 1 月 28 日）

全国纪检工作会议开了六天，现在就要结束了。

在这次工作会议上，同志们对陈作霖同志代表常委所作的报告进行了认真的讨论，认为报告实事求是地肯定了党的十三大以来纪检工作取得的成绩，对在治理、整顿、调整、改革中进一步加强纪检工作，作了切合实际的部署；同时，大家也对报告提出了一些很好的意见。会上，各地介绍的经验，内容相当丰富，而且各有特色，听了很受启发和教益，值得参考和借鉴。总的说来大家有这样的看法：无论是加强党的建设，还是增强党性、组织纪律性和加强党的纪检工作，关键都在于全党必须认真地抓。只要认真地抓，而且坚持不懈地长期抓下去，就一定会收到成效，一定会使目前存在的一些问题得到解决。通过几天的会议，大家进一步明确了纪检机关在治理、整顿中担负的责任，增强了搞好党风党纪建设的信心。我觉得这次会议是开得好的，也很及时，达到了预期的目的。

一、增强党性，提高纪律观念，是全党的一件大事

会议期间，突出地讲了党的团结统一的极端重要性，讲了增强党的凝聚力首先要解决思想上的统一。这是十分重要的。所谓思想统一，就是要统一于党的十一届三中全会以来的路线、方针、政策，也就

---

* 这是乔石同志在全国纪检工作会议闭幕式上的讲话。

164

是统一于党的十三大阐明、确定的社会主义初级阶段的理论和党的基本路线。党内的思想进一步统一了，全党的行动一致就有了坚实的基础，就能使党更好地成为领导全国人民建设有中国特色的社会主义的核心力量，团结全国人民为实现"四化"、振兴中华而英勇奋斗。

在统一思想的问题上，增强党性、提高纪律观念是目前全党面临的一件大事。对此，我在中央纪委第二次、第三次全会上都讲了。为什么现在还要讲呢？因为这方面的问题还比较多，有必要再提出来。在新民主主义革命时期，无论在根据地或者敌人统治的地区，总的说来，我们党的干部和党员的党性、组织纪律性是相当强的；党对极少数违犯纪律的党员和干部，思想教育是抓得很紧很严格的，处理也是严肃的。为什么我们党、我们的军队在长期的极端困难的条件下能够坚持斗争，直至推翻"三座大山"，夺取中国革命的胜利呢？正如小平同志反复讲过的，靠的是有理想、守纪律。当时，不仅党和军队是这样，而且影响所及，根据地的社会和人民群众都有比较好的风气，都有一定的组织纪律性。当然，那个时候客观上有严酷的斗争环境，也使得我们必须这样做，但主观上还是我们加强了党的建设和党性锻炼。应该说，新中国成立以后，在一个时期内，虽然有时也有不够严格的地方，但我们大体上保持了这种传统。但是，"文革"十年给党的建设造成了极大的损失，给党性、党的组织纪律观念带来了极大的损害。这不仅严重地影响了党的形象和威望，而且也扩及社会。十一届三中全会以后的 10 年，总的情况是好的。但要完全解决好这方面的问题，很不容易。这些年来，我们下放权力，搞活经济，扩大民主，进行经济体制改革和政治体制改革，取得了巨大的成就。而在另一方面，对增强党性的教育，对加强党的组织纪律观念的教育，尽管不少同志特别是老一辈的领导同志，一再提出和反复强调，但我们在具体工作上却抓得很不够。十三大重申从严治党的方针,三中全会确定治理、整顿和全面深化改革的任务,强调加强全党的组织纪律性,是非常重要的。我们应该抓住这个有利时机,把增强党性、提高组织纪律观念的任务,提到更加突出的地位,争取用若干年的时间,使党在这方面有一个明显的进步。

增强党性,提高纪律观念,是全党面临的一项紧迫而重要的任务。党的各级组织,首先是各级领导班子、领导干部,都应以坚强的党性和组织纪律性做党员和人民群众的表率。同时,要用各种有效的方法和生动活泼的形式,包括民主评议党员、评议党政领导干部、剖析典型的违法乱纪案件等等,坚持不懈地进行教育。各级纪委作为党委的助手和参谋,在这方面有不可推卸的责任。

二、加强纪律,对治理、整顿和全面深化改革具有重要的意义

这次会上,大家一致认为,在治理、整顿和全面深化改革中,必须严明党的纪律。搞好治理整顿,要综合运用经济的、行政的、法律的、纪律的和思想政治工作的手段,五管齐下。纪律是其中的一种重要手段,特别是对党来讲更是这样。各级纪委要坚持从严治党的方针,严肃党的纪律,坚决纠正某些地区和部门的有令不行、有禁不止、纪律松弛,甚至在治理、整顿中还存在的"你有政策,我有对策"的现象,维护国家宪法、法律和党中央、国务院决策、政令的权威性。对那些贪污受贿、敲诈勒索、弄权渎职、非法倒卖等严重破坏经济秩序和损害人民群众利益的党员,要严厉惩处,为治理、整顿排除干扰和阻力,保证全面深化改革的顺利进行。

治理、整顿、全面深化改革,对加强纪律提出了更高的要求。社会主义民主政治的建设,有计划的商品经济新秩序的建立,都必须在党的领导下有步骤地进行。建设社会主义民主,是总的方向,但要有一个发展过程,必须从中国的现实状况出发,实事求是、真心诚意、脚踏实地地进行。任何时候讲民主，都不能离开民主集中制的原则，这是党章和宪法明确规定的。在经济方面，分权让利、扩大企业自主权是当前经济体制改革的一项重要内容，是发展生产、繁荣经济所必需的。然而，如果不顾国家计划，缺乏必要的宏观调控，没有严格的纪律制约，就难免出现滥用权力、片面追求局部利益和短期行为等现象，乃至发展成为同整体利益相对立的本位主义和个人主义，出现损害全局、以邻为壑等状况，造成经济活动中的混乱局面，最终将阻碍社会生产力的发展。因此，加强纪律，对于社会主义民主政治建设和商品经济的发展，决不是束缚，而是不可缺少的保证。加强纪律是我们党在任何时期、任何情况下都必须坚持的一条原则。至于在新的历史条件下如何加强纪律，需要我们在实践中不断探索，创造新鲜经验。

三、关于党风建设与廉政工作

党的十三大指出："改革开放的新形势，使党的作风建设的任务更加突出起来了。"我们党作为领导改革和建设的执政党，党员干部是全心全意为人民服务，还是做官当老爷、以权谋私，是党风建设中需要高度重视和认真解决的重大问题。

会上，大家比较多地提出了如何看待党风现状的问题。在这方面，有两个基本事实应当看到：一方面，党的"三大作风"在新的历史条件下得到继承和发展，特别是理论联系实际、实事求是的作风，在建设有中国特色的社会主义的实践中得到了比较充分的体现。多年来，全党在党风建设上，针对不断出现的新情况做了大量工作，取得了一定的成绩。如果看不到这一点，就会对党风建设失去信心。另一方面，党内官僚主义、脱离群众的不良风气还相当严重；以权谋私等消极腐败现象仍在滋生蔓延；某些党员的违法乱纪行为使人触目惊心，受党纪处分的党员人数每年上升的幅度较大，违纪案件中大案的比例在增加,性质有越来越严重的趋势,党员领导干部违纪的人数也在增多。这说明党风建设的任务相当艰巨,决不能等闲视之。特别是党的各级领导干部、党的检查监督机关,在看到前一个方面的同时,要更多地看到后一个方面,这对抓紧工作,搞好党风建设是很必要的。

当前,党风建设的一个重要问题,是保持党政机关的廉洁。党政机关中的领导干部和工作人员,大多数是共产党员,手中都掌握一定的权力,因而,保持党政机关的廉洁,就理所当然地成为党风建设的重要内容。应当肯定,我们党和国家机关的绝大多数党员、干部,是廉洁奉公、执政为民的。但是,确有少数人奢侈浪费、贪污受贿、弄权勒索,严重危害人民群众的利益,败坏党和政府的声誉和威望。而且,必须看到,在改革开放、搞活经济的情况下,保持廉洁、反对腐败的问题更加突出起来。解决好这个问题,无论是对改革开放,还是对加强党的建设,都具有十分重要的意义。当前,抓好党政机关的廉洁,使我们的党政干部忠于职守,正确、有效地行使权力,才能保证治理和整顿任务的顺利完成。最近,中央书记处讨论了党和国家机关在新形势下保持廉洁的问题,形成了纪要九条,我们要认真贯彻落实。协助党委抓好廉政工作,是各级纪委的重要职责。

会上,同志们就廉政工作与党风建设的关系谈了许多很好的意见。普遍认为,廉洁问题是党风建设的重要内容。保持廉洁,首先是对党政机关的要求,但决不仅仅是对党政机关中党员干部的要求,而是对各条战线、各个工作岗位上的所有共产党员的共同要求。只要是共产党员,都必须做到廉洁奉公。如果做不到这一点,就没有资格当共产党员。同时,作为中国工人阶级的先进分子,共产党员在作风上还应有更高的要求。"三大作风"是我们党所独有的优良传统,反映了我们党最基本的政治特征,我们要在新的历史条件下不断发扬光大。全体共产党员要始终保持工人阶级先锋队的政治本色和精神风貌，在任何时候都牢记自己是一个共产党员。

陈云同志曾指出："执政党的党风问题是有关党的生死存亡的问题。因此，党风问题必须抓紧搞，永远搞。"党风建设是党的建设的重要组成部分。我们要按照十三大的精神，从严治党，把制度建设和思想教育紧密结合起来，坚持不懈地把新时期的党风建设推向前进。

四、继续抓紧查处违纪案件

同志们普遍反映，当前查处违纪案件特别是经济案件难度很大，主要表现在检查难、取证难、定性处理难。造成办案难的原因，一是来自各方面的干扰，特别是有的领导干部的说情干扰；二是有些地区和部门为了狭隘的局部利益，对查处案件不积极，甚至有抵触；三是在改革过程中，确实还存在着某些政策不完善、制度不配套、法制不健全的情况，使一些问题界限不清，是非难辨，以致有些案子久拖不决。对这些问题应当作具体分析，采取相应措施加以解决。

对党委来讲，重大违纪案件的查处，党委领导同志应亲自过问，支持纪委排除阻力，秉公执纪。对因坚持原则而受到刁难和打击报复的纪检干部，党委要旗帜鲜明地给予保护和支持。党委领导同志要主动回避与自己有牵连的党内违纪案件，支持纪委按党的原则办事。对凭借职权干扰纪委办案的人，轻者批评教育，严重的视情节给以相应的纪律处分。

对纪检机关和纪检干部来讲，首先要坚持原则，勇于同各种违法乱纪行为作斗争，敢于抵制干扰办案的行为，顶住说情风，不怕得罪人。要善于在复杂的情况下处理各种矛盾，熟悉和掌握有关政策规定，提高执纪办案水平。同时，要增加办案工作的开放程度，充分相信和依靠党的各级组织和广大人民群众，做好案件查处工作。

在查处违纪案件中,纪委应当主动加强同国家和政府检查监督部门的协作配合,充分发挥监督体系的整体效能。在国家机关工作人员中,特别是在领导干部中,党员占绝大多数。许多大案要案的查处,往往是党纪、政纪、法纪相互交叉,错综复杂,单靠哪一家都是难以搞好的。在协调配合方面,各地普遍采取了联席会议的方法,效果较好。有的地方,党委指定纪委牵头,纪委就应不辜负党委的委托,把事情办好。各级纪委要在党委的领导下,积极组织协调各检查监督部门的工作,主动协助有关部门查办涉及党纪的政纪、法纪案件,支持帮助他们排除阻力,严肃处理违法乱纪的党员和党员领导干部。我们要结合实际工作,不断总结和完善这方面的经验,使之逐步形成制度。

五、关于纪检机关的自身建设问题

党的各级纪律检查机关是保证党的路线、方针、政策和决议贯彻执行的专门机构,是各级党委加强党的建设、管好党风党纪的重要助手。广大纪检干部是同党内各种违纪行为作斗争的一支重要力量。各级党委要加强对纪检工作的领导和支持,充分发挥其职能作用。这就要求纪检机关进一步搞好自身建设。

各级纪检机关和纪检干部,首先要继续学习、深刻领会党的十一届三中全会以来党的路线、方针、政策,特别是十三大阐明、确定的社会主义初级阶段的理论和党的基本路线,以及当前治理、整顿、调整、改革的有关方针政策,不断提高贯彻执行党的路线、方针、政策的自觉性。要经常了解改革开放和经济建设的情况,使我们的思想观念和工作方法更好地适应形势发展的需要。各级纪委特别是中央纪委和省、自治区、直辖市纪委,要立足于党的建设和改革开放的全局,开阔视野,加强调查研究,及时发现贯彻执行党的方针、政策方面出现的倾向性、苗头性问题,研究解决的办法,指导面上的工作,并从丰富的实践中不断总结新鲜经验，以增强工作的预见性和科学性。

要继续健全和完善党内法规，使党组织和党员的活动建立在严格遵守宪法、法律和党的纪律的基础之上，做到有章可循，执纪有据，以党规党纪治党。

十三大提出，党的纪律检查委员会不处理法纪和政纪案件，应当集中力量管好党纪，协助党委管好党风。这两个"管好"，概括了在当前形势下纪检工作的基本任务，对纪检工作提出了更高的要求。这一任务是根据党章对纪律检查委员会的有关规定，从新时期执政党建设的需要出发，为切实搞好党风党纪建设、进一步加强党的纪检工作而确定的。因此，纪委和纪检工作的地位和作用并没有改变，只是具体工作职能有所调整。

几年来，各级纪检机关和广大纪检干部为加强和改进纪检工作，付出了艰辛的劳动，取得了很大的成绩。但是，我们不能满足于现状。在治理、整顿和全面深化改革中，纪检工作的任务是繁重而艰巨的，需要我们继续克服困难，勇于探索，创造性地做好工作。相信大家在党中央和各级党委的领导下，经过不懈的努力，一定会把纪检工作提高到一个新的水平。

正确认识现状，讲求党建实效[*]

（1989 年 2 月 2 日）

中央办的这次党的建设研究班今天就要结束了。同志们反映办得很好，收益不小，我也有同感。我作为研究班的一员，借今天座谈的机会，就研讨中涉及的几个问题粗略地讲点个人看法，和大家一起研讨，有不对的地方，请同志们指正。

第一个问题，在科学分析的基础上正确认识党的现状，振奋精神，增强信心，进一步把我们的党建设好。

根据办班的要求，同志们从实事求是地分析党的现状入手开展研讨，实践证明这是个好办法。正因为大家运用马克思主义的辩证唯物主义和历史唯物主义的科学方法，联系党处于伟大历史性转变时期的特点，客观地分析党的现状，所以对党的状况的基本估计容易得到比较一致的认识。我赞成同志们经过研讨形成的两个基本观点，这就是：一要充分肯定我们的党是一个好党，有好的传统、好的指导思想、好的路线，中国社会的先进分子多数聚集在党内。在过去10 年历史性的大转变中，从总体上看，党组织是富有生机和创造活力的。二要充分认识党在前进中确实存在一些直接影响党的战斗力的问题，如不高度重视并认真解决，发展下去会危及党的建设和党领导的事业。这"两个充分"，当然不是各占一半，互不相干，前者肯定

---

[*]　这是乔石同志在党的建设研究班结束时的讲话。

了本质和主流，决定着我们党有足够的条件解决存在的问题。只要努力去抓，我们就一定能克服属于支流的党内外群众很不满意的消极现象。

对党的现状既然有了上述基本估计，我们就可以得出以下两方面的看法：一方面是要理直气壮地讲，我们党不愧是中国工人阶级的先锋队，是全国各族人民的领导核心，是能够代表最大多数人民的利益，担当起建设有中国特色的社会主义这一历史重任的执政党。当然，党本身也面临着新的严峻的考验，需要在新形势下加强自身的改革和建设。另一方面要实事求是地承认，我们党内确实出现了一些新的问题和消极现象，有的还相当严重。工作中也有失误和困难。对此，决不能估计不足，决不能掉以轻心。我们必须保持清醒的头脑，注意总结新的经验，依靠全党的努力和人民群众的支持，兢兢业业地做好工作。这样，我们党就能够解决存在的问题、克服缺点，排除困难，更好地领导人民前进。

讨论中反映，有人看到党的领导工作中有过失误，就动摇了对党的信心。这种情况，历史上曾经多次出现过，特别是在大的转折时期，或者遇到比较大的困难，更容易发生。用马克思主义观点看问题，一个党的伟大，决不在于它不发生任何失误，而在于它是否能勇于承认失误，做认真的自我批评，善于总结经验，纠正错误，使自己不断得到充实、提高。从我们党 68 年的历史看，无论是领导新民主主义革命，还是领导社会主义革命和建设，都走过了曲折发展的道路，有过不少小的失误，也有几次大的错误，包括"文化大革命"这样严重的错误。但党每次都能够正视失误或错误，而且都是自己勇敢地纠正了，从而使革命和建设事业不断前进，党自己也在总结和吸取经验教训中日益成熟起来。党的十一届三中全会以来逐步形成的、党的十三大阐明和确立的社会主义初级阶段的理论和基本路线，就是党自己在全面、系统地总结经验教训的基础上产生的,是全党在老一辈革命家指导下自上而下地开展批评与自我批评后获得的共同认识。中国10年改革的全面发展,国家的内涵和外观的巨大变化,最好地证明了我们党在总的方面是前进了,而不是后退了。邓小平同志早就预料到,在没有现成经验可循的情况下,领导一个基础较差、情况复杂的大国发展社会主义商品经济,实行改革开放,我们的工作中会有困难和失误,党内还会有一些经不起考验的人腐败堕落。同时,他又一再强调无论发生什么问题,都要沿着已经开拓的道路坚定不移地前进。这是非常正确的。实际上大家也是努力这样做的。我们应当对自己的党充满信心。

在研讨中,一些同志谈到工作指导方面的变与不变的问题。应该说,无论发生什么情况,党的基本路线是不会变的,党内外群众也决不会同意变。但客观情况变了,人们的认识和实践自然需要跟着改变。有时由于经验不足,对客观规律的认识有个过程,在走向既定目标的实践中,也会有改变,这往往是必需的,有时也是难以避免的。党的十三届三中全会开得好,一个重要原因就在于大家认为改革的部署调整得好,变得对。当然,可以也应该要求工作指导上的科学预见性更强些,但在领导一次社会大变革、进行一次从未进行过的新探索中,要做到这一点确实很不容易。所以,重要的问题在于全党都要善于学习。学习和研究怎样更好地领导发展社会主义商品经济和建设社会主义民主政治,学习和研究怎样更好地在改革开放的新形势下治理国家和建设党,尤其要学习掌握在中国进行社会主义现代化建设和党的建设的客观规律。这样讲,决不是要把工作中的一切问题和困难都归于客观原因,恰恰是要强调主观努力,尽量做到主观同客观相统一。在出现失误和困难的时候,尤其需要采取认真重视、及时总结经验、切实解决问题的态度。这样,我们才能增强信心,振奋精神，群策群力，去扫除继续前进道路上的各种障碍。

第二个问题，新时期加强党的建设，必须紧紧抓住把党建设成为领导社会主义现代化事业的坚强核心这个主题，密切联系党的基本路线来进行。

这次研究班突出地提出了这个问题，并且贯穿在整个研讨过程中，这对今后研究党的建设也会很有帮助。

我们党执掌全国政权已经40年了。我们所取得的成绩是伟大的，把中国建成了一个初步繁荣昌盛的社会主义国家。这一点，我觉得还是要讲，因为这是历史事实。现在需要进一步认识的是，以党的十一届三中全会为标志，党的工作重点已经转向社会主义现代化建设，全力发展社会生产力，整个国家进入了一个新的历史发展时期。党在过去经受了执政的考验，应该说总的情况还是好的。现在，我们党面临着领导人民建设有中国特色的社会主义的新考验，领导改革开放、发展有计划的商品经济的新考验。因此，党既要保持自己的工人阶级先锋队的本色，继续牢牢地执掌人民政权；又要在坚持改革开放、搞活经济的条件下，同那些消极腐败现象作坚决的斗争，至少把它们限制在尽可能的最低限度。这是关系党的兴衰和事业成败的极其严重的考验。只有把党真正建设成为领导社会主义现代化建设的坚强核心，党才能经受住这场在改革开放条件下执政的新考验。这就是在社会主义初级阶段党的建设的根本任务，也是新时期加强党的建设工作的主题。那么具体目标是什么呢？我理解，主要就是十三大提出的，要努力把我们党建设成为能够以崭新的姿态站在改革和现代化建设前列的党，勇于改革、充满活力的党，纪律严明、公正廉洁的党，选贤任能、卓有成效地为人民服务的党。

为了完成党的建设的这个任务，从工作上讲最重要的靠什么？我赞成好几位同志的意见，就是靠全党一致地密切联系党在社会主义初级阶段的基本路线来建设党。当然,怎样才能把握好党的基本路线同党的自身建设的内在联系,并在工作上切实做到、做好,还需要继续研究和探索。我想,是不是有以下三个方面需要注意:

（一）必须按照党的基本路线的要求来建设党和从严治党。这就要首先根据十三大所作的阐述来全面理解党的基本路线的内容和实质以及"一个中心、两个基本点"的相互关系。其中十分重要的是坚持发展社会生产力这个中心,是新中国成立以来的经验反复告诉我们的,是决不能变的;坚持四项基本原则,这也是决不能变的;坚持改革开放的总方针总政策,这同样是决不能变的。党的十三届三中全会前,邓小平同志就明确指出,坚持改革开放的方针不能变,具体措施和方法可以调整。我们进行治理、整顿、调整,就是为了更好地全面深化改革。既然如此,我们进行党的自身建设的一切工作,包括选拔、培训干部,调整、配备领导班子,教育、发展党员,执行党的纪律,建设基层组织,等等,都必须符合和服务于党的基本路线的要求而决不能违背或偏离。

（二）必须密切联系党的基本路线的贯彻执行来进行党的建设。这就是说,要把党的各级组织和广大党员、干部都发动和组织起来,团结全国各族人民群众,去发展社会生产力,坚持四项基本原则,进行以发展社会主义商品经济为中心的经济体制改革和以建设社会主义民主政治为中心的政治体制改革,在这些实践活动中,充分发挥党的作用,加强党的建设,使党经受锻炼和考验。如同全党在民主革命时期从战争中学习战争,在革命斗争中学习领导人民革命,党自身也在革命实践中得到加强一样,在新时期,我们也必须从参加社会主义现代化建设的实践中学习建设,不断提高执行党的基本路线的自觉性,抵制各种错误思潮和错误倾向,搞好党的思想建设、组织建设和作风建设。

(三)必须用执行党的基本路线的实际效果来检验党的建设工作的好坏。这是实践的标准。一般地讲,哪里的党组织在坚定不移地执行党的基本路线中自身建设工作做得好,哪里发展生产力、坚持四项基本原则、坚持改革开放的效果就好,党组织的威信也高。反过来,如果贯彻执行基本路线不得力,效果不大好,或者某个方面发生了重要的偏差,也总是首先因为党组织内存在这样那样的问题。所以,每个党组织都要善于结合贯彻执行党的基本路线的实践,经常分析自己的活动和党员队伍的状况,及时解决党内存在的矛盾,包括提高党员执行党的路线的自觉性,清除腐败分子,处置不合格党员,等等。这样,党的自身建设就会不断得到加强,建设和改革也会取得更大的效果。

总之,密切联系基本路线来建设党,以保证党的基本路线的贯彻执行,党的建设工作就会不断进步,党内的凝聚力、党在人民群众中的吸引力就会增强,党的威信就会提高,党的领导作用就能进一步发挥,社会主义事业也会蓬勃发展。这样,那些主张要改革只能在经济上实行私有化、在政治上实行多党制,要开放只能"全盘西化"等言论,就不会有多少市场,几个持不同政见者的别有用心的蛊惑和煽动,也就更不可能得逞。

第三个问题,继续坚定不移地执行干部队伍"四化"方针,从新的情况出发,进一步建设好各级领导班子,切实推进干部制度改革。

同志们在研讨中认为,同党的基本路线相适应的干部队伍"革命化、年轻化、知识化、专业化"的方针,是实践已经证明的正确方针。在老一辈领导同志的带领和倡导下,全党执行这一方针取得了很大的成绩。过去工作中发生的某些缺点和问题,不是方针本身带来的,而且已经引起注意,有些已经改正了,今后要在总结经验的基础上更好地执行这个方针。我完全赞成这些意见。

　　我想要着重讲的是,新时期党的干部工作的指导方针,党历来坚持的任用干部应掌握的原则,识别和选拔干部的具体标准,这三者是一致的,不能对立起来。干部队伍的"四化",是适应新时期党的基本路线的需要而提出的指导干部工作的方针,这个方针既继承、完善了德才兼备的原则,又符合并体现了今天所处的时代的要求。党章规定的领导干部的基本条件,体现了"四化"方针和德才兼备原则的精神,是选拔各级各类领导干部的标准。

　　经过前几年的多次调整,现在各级领导班子的构成和素质,确实发生了可喜的变化,有了明显的进步。总的看来,基本上符合党的路线的要求,年龄初步形成了梯次结构,1982 年后选拔上来的干部大多数也在新岗位上取得了一些经验。有的同志提出:当前建设领导班子,要注意"稳定骨干,优化结构,改善素质,积蓄后秀"。我觉得这个思路是符合实际的、可行的。还需要强调的是,根据干部队伍"四化"方针,着重从优秀中青年知识分子(包括自学成才的)中发现、培养、选拔一批实践证明确属德才兼备的同志,仍然是我们党一项不可忽视的任务。这不仅是为了眼前优化领导班子的群体结构,而且是为了给实现社会主义现代化建设的宏伟目标准备足以担当跨世纪历史重任的可靠人才。因此,我们的干部工作,决不能停留在对现有人员的调动和配备上,而要用长远的眼光和很大力气去做人才资源开发的工作,加强宏观管理。这是现代化人事管理的一项重要原则。为此,要做好两方面的事情:一方面,要加强对各级领导班子里的年轻干部的培养。这些同志多数知识基础好,思想活跃,接受新事物快,年富力强,工作热情。但是,不少同志还缺少马克思主义基础理论的训练,不大善于驾驭局势和处理复杂矛盾,不熟悉党的历史和党的优良传统;有些同志还不习惯严格的党内生活。各级党组织应当热情关心、严格要求他们,在支持他们大胆工作的同时,帮助他们弥补自己的不足。特别是要通过健全民主与集中相结合的党内生活,通过深入实际、深入群众、深入基层的锻炼,继承和发扬党的"三大作风"和自力更生、艰苦奋斗的精神,把党的优良传统和作风一代一代地传下去。另一方面,要继续坚决而稳妥地推进干部制度的改革。对于经过试验已经肯定的改革,比如废除干部领导职务终身制,实行离退休制度,公开招考、择优录用党政机关工作人员的制度,在民主评议、科学考核的基础上实行干部职务能上能下的制度,通过有计划地交流、培训提高干部素质的制度,以及科学的干部分类管理制度等,要抓紧逐项建立和健全起来。在改革干部制度问题上,当前要十分注意把创新与求实结合起来,既要勇于创新,更要立足于求实。

第四个问题,密切结合各行各业的改革,切实抓好党的基层组织的建设,进一步提高党在贯彻执行基本路线中的战斗力。

在研讨中,有些同志提出要重视党的基层组织的建设,我很同意这个意见。党的基层组织是党的各项活动和工作的基础。我们党现有的4700多万名党员,生活在280多万个基层组织中。这些遍布全国的基层党组织,负责经常对党员进行管理和教育,担负着直接向群众传播党的声音,并将群众的意见和呼声及时反馈给上级党组织的任务。群众路线是党的根本路线,"从群众中来,到群众中去"是党的基本领导方法。真正把党的政治路线和方针政策变为广大群众的自觉行动,归根到底要靠基层党组织,靠它在群众中进行大量而有效的活动。现在,我们要把全国各族人民更加紧密地团结在党的周围去克服种种困难,为"振兴中华、实现四化"而奋斗,更加需要高度重视、切实抓好基层党组织的建设工作。

对于加强党的基层组织建设,中央和省(自治区、直辖市)委当然要重视和关心,但更重要的是靠地(市、州)委和县委真正下功夫抓。目前,党的基层组织绝大多数是比较好的,在关键时刻是有战斗力的。但是确实还有一部分党的基层组织不能很好地起作用,有的甚至组织涣散。要改变这种状况,主要靠上级领导认真地坚持不懈地抓。实践证明,抓与不抓大不一样。在这方面,应当逐步建立地(市、州)委和县委抓基层党组织建设的目标责任制,努力走出一条规范化、制度化的路子,从根本上改变有些地方存在的对基层党组织不抓或抓而不紧的状况。

加强基层党组织建设的关键,是要建设起适应改革开放新形势要求的得力的领导班子。抓基层建设,必须从搞好领导班子着手,根据不同情况,采取相应的措施。

第五个问题,对这次研究班的看法和下一步的工作。

这次党建研究班虽属试办,但大家都认为效果较好,达到了预期的目的。这个研究班是否可以说有以下几个特点:一是研究的内容集中,主题鲜明。整个研讨过程,都是围绕如何把党建设成为领导社会主义现代化建设的坚强核心,抓住当前全党普遍关心又迫切需要解决的重大问题来进行。二是坚持了理论联系实际的原则。各地同志事前做了调查研究,讨论时既不空谈理论,也不就事论事。三是坚持民主讨论的方法。研讨的专题大家来出,答案共同探求。同志们都持平等研讨、相互切磋的态度。四是中央领导同志很重视、很关心。五是参加研究班的同志既有地方的,也有中央部门的,既有做实际工作的,又有做理论工作的,还有经验丰富的老同志。正如有的同志所说:"这个研究班的群体结构比较好。"这有利于我们从不同的角度,较深入地研讨党的建设问题。这次办班也有不足之处。如果专题再集中一点,可能效果更好。

同志们回去后怎么办,我提几点意见供参考:

第一,要把关于党的建设的研究继续进行下去。在社会主义初级阶段如何加强党的建设,是一个很大的课题。这一次的研讨,应当说只是全党较系统地研究解决党建问题有了一个良好的开端。建议同志们回去后，密切结合实际，不但继续研究已经提出而尚未解决的问题，还要研究将会出现的新情况、新问题。至于是不是也办这样的研究班，或者采取另外的形式研究，请省、自治区、直辖市党委决定。

第二，要把对党的建设的研究同推动当前加强党建工作的实践结合起来。对于一些已经确定的评议党员、考评领导干部等措施，都要认真贯彻，并要结合整顿、治理、调整工作来进行。

第三，抓党的建设要讲求实效。党的建设虽然问题很多，但只要去抓，就一定能见效。但是，必须看到，这是一项长期的、很艰巨的任务。要抓出明显的成效，决不是办几次研究班，发几个文件，作几次报告就能做到的，必须靠大家脚踏实地、坚持不懈地工作。这次研讨中提出的意见，介绍的经验，符合你们实际情况的，可以参照办理。有些需要中央专门研究的问题，中央有关部门将会抓紧研究，也希望各地同志在深入研究后提出意见。

党的建设与高等学校党的工作[*]

（1989 年 2 月 17 日）

　　高等学校的工作，最近教委正在开会，中央也作了研究。昨天下午李鹏[①]同志和大家座谈了，有些问题可能还需要继续研究。关于高等学校党的工作问题，今天就算漫谈吧。因为我对高等学校党的工作情况缺乏调查研究，按毛主席的说法，没有调查研究就没有发言权。但听到刚才大家提了这么多问题，觉得不说一点也不好。我就说一点初步意见，跟同志们商量，与大家共同研究。

　　最近，中央办了一个党的建设研究班。把一部分省、市委的书记、副书记，还有少数几位地委书记以及搞党的工作时间较长的两位老同志，集中起来，跟党建工作领导小组的同志一起，在中央党校办了一个研究班。这个研究班研究的题目由大家定，答案由大家议论。那次研究有几个基本的问题，我给同志们再简要地说一下。

一、如何估计党的现状

　　要正确估计党的现状，当然应该用科学的方法，也就是用马克思主义的辩证唯物主义和历史唯物主义的科学方法来分析。

　　这次党建研究班的同志，联系我们党处于伟大历史性转变时期的特点，用发展的观点、全面的观点，实事求是地分析党的现状，得出

---

[*]　这是乔石同志在部分高等学校党委书记、校长座谈会上的讲话。

[①]　李鹏，时任中共中央政治局常委、国务院总理。

了比较一致的基本估计。这就是：

第一，在党的领导下，过去10年改革使我国各项事业有了巨大发展，党内民主、人民民主得到发扬，政治形势总的来说是安定的，经济持续增长，人民生活有了比较明显的改善。事实证明，我们党是个好党，有好的传统、好的指导思想、好的路线。我们可以毫不夸张地说，中国社会的先进分子，多数是聚集在我们中国共产党内。从总体上看，党组织是富有生机和创造活力的，大多数党员是努力为人民工作的，关键时候能够经得起考验。经过调查了解，在一些关键时刻，诸如抢险救灾、保卫人民生命财产安全的时候，冲在最前面的几乎都是共产党员。这是我们党的本质和主流，必须理直气壮地充分肯定。如果说我们党已经腐败了，怎么能取得过去10年的这么大的发展？

第二，我们也必须清醒地看到，在新的形势下，我们党内确实出现了一些新情况、新问题，有的比较严重，有的正在蔓延和发展。例如：在历史性大转变时期，部分党员有这样那样的错误、模糊认识；有官僚主义、脱离群众的现象；以权谋私，弄权渎职，贪污受贿，敲诈勒索等腐败现象有所滋长；组织纪律松弛的现象也比较严重。这些问题我们中纪委开会一直讲，我讲了三次。因为"文化大革命"以后，党员的组织纪律观念比较薄弱，加上我们正在改革开放，发扬民主，有些人就打着"改革开放、发扬民主"旗号，发表了各种言论。当然从另外一方面来讲，能发表各种各样的意见，也是党承受能力比较强，党内民主情况比较好的一种表现，这比万马齐喑总还是好吧，有它好的一面。但也确实有些问题，表现为一部分党员的组织纪律性较差，一些基层党组织和一部分党员不能发挥应有的作用。另外，在改革的10年中，我们也发生过一些失误，遇到了一些困难。但对这10年总的估计，我非常拥护小平同志的说法。他说，过去10年来，我们的基本政策是正确的,同时小的失误和小的错误还是经常发生的,或者说是经常有的。我们这次党建研究班的同志经过讨论,对党的现状总的估计也是两个方面。对这个估计我个人也是赞成的。党的现状概括起来讲是两句话:党的主流是好的;党的状况的某些方面与党的基本路线不相适应,甚至很不适应。我看到教委送来的一个材料,说高校党员中表现好的和比较好的占多数。

从对党的现状的以上基本估计上,可以得出两个观点:第一,我们党不愧是中国工人阶级的先锋队,是全国各族人民的领导核心,是能够胜利地担当起领导中国人民建设有中国特色的社会主义这一历史重任的。第二,也要实事求是地承认党内确实存在问题,而且决不能估计低了,决不能掉以轻心。就是说,不仅要看到现在我们党的主流是好的,而且还要看到我们党今后到底怎么搞。因为现在确实有许多消极现象在发展、在滋长,如果放任下去,听之任之,是危险的。尤其是党内领导同志、领导机关,更应该警惕这一点。从领导工作角度讲,我们把问题估计足一些,有利于我们保持清醒的头脑,正视问题,改进工作,从严治党,把腐败、涣散等现象减少到最低限度。正因为如此,党的十三大提出了从严治党的方针。十三大以来,中央多次讨论了党的建设问题,特别是十三届三中全会提出加强党的建设,发挥政治优势的问题。十三届三中全会后,中央在加强党的建设方面作出了一些部署,抓了几项重要工作。如围绕党风建设和廉政建设,中央书记处专门进行了讨论并发了纪要。去年12月,中央转发了《中央组织部关于建立民主评议党员制度的意见》,召开了全国党员教育工作会议,讨论部署了加强党员教育和党的思想建设问题。今年1月初开始,中央用一个月时间举办了党建研究班,研讨了当前党的建设中亟待解决的一些重大问题。1月下旬,召开了全国纪检工作会议,研究部署了进一步加强党风党纪建设。最近,中央书记处又同参加廉政制度建设工作座谈会的同志进行了座谈。总之,中央对党的建设是很重视的。我看这些工作抓得是必要的,也是及时的。今年,党的建设问题将会摆到中央工作的更加重要的议程上,还会有一些具体部署。新时期党的建设是篇大文章,要靠全党上下共同长期不懈地做下去,才能做好。十三届三中全会后,多数高校的党委已开始考虑如何加强党的建设,发挥政治优势的问题,一些地方和学校在这方面已经迈出了步子,这很好,说明加强党的建设已成为全党上下的普遍愿望和行动。我们只要扎扎实实地继续把党的自身建设抓下去,就一定可以抓出成效。中国的事,最根本的还是看我们党怎么样,只要我们党内不出大的问题,国家就不会出大问题,出了问题也有力量解决。只要全党上下共同努力,把党建设好,兢兢业业地做好工作,我们就一定会进一步赢得人民群众的支持,排除困难,克服缺点,更好地领导人民不断前进。

二、当前党的建设主要抓什么

当前要抓的工作很多,就全党来说,要把保持廉洁,防止腐败作为一项重要任务。这是因为我们应当做到经济要繁荣,党政机关要廉洁。现在,党政机关中滋长蔓延的腐败现象,已经引起人民群众的极大不满。这不是一个小问题,它关系到党的威信、人心的向背和改革的成败。所谓腐败现象,当前主要表现为拿权力和金钱做交易。应当看到,在改革开放和发展商品经济的条件下,产生腐败现象的土壤确实比过去大大增多了。因为产生了腐败现象就不改革开放是不对的,也不可能;但产生了腐败现象而不采取措施加以遏制和解决,也是不对的。尽管许多国家在商品经济发展的一定阶段,腐败问题都很突出,特别是在法制不健全的时候,这个问题更是成为社会上的一个公害。我们现在也处于类似这样的阶段、这种时候,但我们是社会主义国家,应当而且有能力把腐败现象减少到最低限度。所以我

们的方针是:改革开放,繁荣经济,要坚定不移;保持廉洁,反对腐败,
也要坚定不移。

保持廉洁,反对腐败是对每一个共产党员的要求。共产党员不
仅应该廉洁自律,还应该对党有强烈的责任感,勇敢、坚决地与腐败
行为作斗争。腐败现象在不同部门的表现程度、形式也不同,比如高
校可能要少一点。对在党政机关工作的党员尤其要管严,因为他们
有权力。解决这个问题要坚持综合治理。当前要着重抓好两件事:
一是严肃认真地查处案件。执纪执法部门的同志要坚持原则,铁面
无私,凡有线索的案件,一定要查个水落石出。这项工作,中央和国
务院都一直在抓,各地也在抓。二是加强制度建设,特别是加强行政
部门和公用事业单位的制度建设,实行照章办事和公开办事,以便于
群众监督。把这两件事情抓住了,抓好了,我们党就能以此为基础,
逐步建立起比较有效的反腐败机制。

三、新时期对党组织和党员的要求都不能降低

我们党正处在一个伟大的历史性转变时期,这场转变是巨大而
深刻的。这场转变,小平同志说实际上是又一场很深刻的革命。在
这场转变中,党内党外一些人缺乏必要的思想准备,产生一些模糊
的、错误的认识,党内出现某些混乱思想,这不足为怪,也不可怕。关
键在于我们要适应新形势,联系新情况,对一些问题作出有说服力的
回答,以澄清错误认识。高校的思想政治工作,包括学生的德育课,
也要紧密联系高校的思想实际和时代特点来进行。

有的同志问:当前党的政策所鼓励或允许存在的某些措施和制
度,同党章规定的党员标准发生了矛盾,在这种情况下,对党员到底
应该提什么样的要求,党员的标准还要不要坚持?这个问题实质上
是与党的性质、宗旨等问题联系在一起的。我们党从成立时起,就旗
帜鲜明地向社会宣布,我们是无产阶级的先锋队组织,是为最广大人

民群众谋利益的组织,我们的最高理想是建立共产主义制度。几十年来我们也是这样做的,是这样走过来的。过去 10 年,我们实行改革开放,发展社会主义商品经济,鼓励勤劳致富,允许个体经济和私营经济的发展,也学习和吸收国外包括资本主义国家的一些科学、技术、文化成果和管理经验,吸收外资,等等。这些都是为了更好地发展生产力,加快我们国家的建设,更好地发挥社会主义制度的优越性。这是为了今后的发展,也是走向共产主义建设的一个具体步骤。什么叫社会主义初级阶段? 大致可以这样理解,我们党建立以后,经历了一个新民主主义革命阶段,现在经历的是社会主义初级阶段。从 1949 年开始到现在,今后还有 60 年时间。有的人说,你们为什么过去没提出来? 现在提出来,是因为认识加深了嘛,经验多了嘛。经验中间有非常重要的一条,就是我们中国国家大、情况复杂,原来的底子特别薄弱,因此要建设繁荣富强的四个现代化的社会主义,它需要特别长的时间。40 年的经验中,主要的一条就是我们的工作容易发生急于求成的现象。这个也不仅仅是中央工作指导上容易发生,部门和下面的同志思想上也容易发生,当然中央发生的影响就更大一点。从 1949 年到现在,很多时候、很多问题上都是急于求成。去年党的十三届三中全会为什么要提出治理整顿? 就是因为原来搞得快了些。这要说就是中央的失误,也不好说。比如说基本建设要压缩,经济过热各地都有,你们大学也有。你们学校里不是很有意见吗? 说楼堂馆所盖了那么多,在北戴河盖了那么多。当然,实事求是地讲,是党政机关盖得多,但国务院调查的结果,也有大学在那里盖楼堂馆所。生产力还没有发展到这个程度,搞这些东西干什么呢? 非常容易成风。一成风呢,都是急于求成,追求高标准。我在这里说,丝毫没有减轻中央或者国务院有关部门这方面的责任。但是大学也有呀,也是事实啊。我不想责备哪个同志,而是说我们国家容易发生这个问题。想发展得快一点,本身都没有坏意,那不就容易发生经济过热的现象嘛。为什么要提 100 年左右呢? 我考虑,最主要大概有这样的情况,一个是中国的基本国情。另一个是,40 年的经验证明,我们容易急。当然,我们要是不到 100 年就把初级阶段建设得差不多了,达到中等发达程度的水平了,那再好也没有了。刚才说的这些措施,为了加快我们的建设,是必要的,效果是好的。而且去年发生外资比较集中地要到中国沿海投资,有台湾的、韩国的,还有日本的、美国的,投资劲头到现在为止还不小,我觉得应该欢迎,加快我们沿海建设对全国都有重要意义,但我们现在的困难就是国内的配套跟不上。这些都是为了发展生产,而且更好地发挥社会主义制度的优越性,是为了今后的发展。所以我们必须坚持改革,不改革不行,而且这些年改革的确有很大进展,但无论怎么改,我们党的基本路线不能改,坚持发展社会生产力这个中心不能改,坚持改革开放和坚持四项基本原则不能改;我们党的工人阶级先锋队性质,党的全心全意为人民服务的宗旨,党的民主集中制原则和党的铁的纪律,党的基层组织要发挥战斗堡垒作用,党员要发挥先锋模范作用也从来没有改,当然也不能改。这些都是党章规定的,我们没有修改党章嘛。即使修改党章,据我的看法,也不会修改到这些基本的东西。中国这么大一个党,几千万党员,没有一个民主集中制能行吗? 中国这么大一个国家,没有民主集中制能行吗? 我有一个意见,任何时候讲民主都不能离开民主集中制。这就决定了党章规定的共产党员的标准必须坚持,决不能因为处在初级阶段而降低党员的标准。这是由于我们党担负着社会主义现代化建设的艰巨任务。这个艰巨任务是什么? 我看,某种程度上还可以引用中国革命时期的一些论述,就是中国革命有三性:长期性、艰苦性、复杂性。有时候毛主席还讲发展不平衡性。这几个性我看好像都用得上。发展不平衡也是明摆着的。

你想平衡,一下子也有困难。所以说是艰巨的。我们党面临着执政和改革开放的考验,因此必须从严治党,对各级党组织和全体党员提出更严格的要求。这就是:克己奉公,不谋私利,密切联系群众,全心全意为人民服务;解放思想,勇于探索,致力于改革开放;艰苦创业,清正廉洁,勤俭建国,勤俭办一切事业;坚持原则,公道正派,敢于同违法乱纪行为作斗争。

至于说党的社会政策与党员标准之间的关系,我认为二者是有区别的,但不是对立的、矛盾的。党的社会政策是按劳分配,多劳多得,实行物质利益原则,鼓励勤劳致富。共产党员是社会成员的组成部分,党的社会政策对他们当然就不能例外。但是,对于党员来说,作为世界观和价值观,则应自觉地为国家为人民多作奉献,而不是追逐个人利益,更不能"一切向钱看"。而且,当党需要的时候,个人利益应当服从党的利益。做到了这个要求,才符合党员标准;做不到,就是不符合党员标准。所以,社会上的价值观念、商品经济等价交换,不能引到我们党内来。总之,要把党的社会政策同党员的价值观、党员的标准区别开来。至于对社会上,对人民群众,我们可以宣传我们共产党员价值观念,提倡这种价值观念、道德观念。因为我们是社会主义社会,宣传、提倡还是应该的。当然,我们不能以此要求每一个群众都做到,但对党员则必须这样要求,否则你就不要做共产党员。

四、高校党组织的地位和作用

一年多来,各级党委不同程度地从日常行政事务和经济事务中摆脱出来,这有利于改进和加强党的领导,有利于结束不同程度存在的党不管党的状况。我们党执政40年,有时候对党的自身建设管得就是不多,为什么呢?别的事务太多了嘛,特别是行政事务太多了嘛,因为是执政党嘛。小平同志多次讲过,坚持四项基本原则的核心

189

是坚持党的领导。是党的领导体制的重大改革,也是改善和加强党的领导的一个重要措施。因为它有利于改善和加强党的领导,为改善和加强党的领导创造了很有利的条件。高等学校的党组织,不管是否试行校长负责制,总的来讲都应该进一步创造加强和改善党的领导的有利的环境和条件,这对整个学校的工作都是有利的。

五、对高等学校党的工作的一些不成熟的意见

各级党委和政府都要关心学校的党的工作和思想政治工作,加强对这方面工作的领导,特别是要加强对高等院校党委的领导。要加强调查研究,把学校党委目前面临的问题搞清楚,而且研究出具体办法来。对高等院校,不管是否试行校长负责制,各级党委都要认真加强党的工作,充分发挥党组织的核心作用。已经试行校长负责制的,有一个校长或者学校行政领导如何正确行使自己职能的问题,如何很好地依靠党的各级组织以及共青团、学生会、工会来做好整个学校工作的问题。对于党委来说,有一个如何加强党的领导和自身建设,增强党组织的凝聚力和吸引力的问题。因此,需要认真地总结现有经验。在学校行政领导和党委之间的关系发生一些问题的时候,上级党委和上级行政部门要及时地加以协调解决。对于高等学校党委本身来说,不管是不是已经试行校长负责制,都应该加强自己的工作,使学校党组织真正成为学校各方面工作的核心。已经试行校长负责制的学校党委,摆脱了行政方面的许多事务,应该更有利于加强党的领导和建设。应该说这几年学校党的工作抓得是不够的,这个不怨你们,你们是很辛辛苦苦地在工作,我们研究得是不够的。以至于到今天我也说不出什么来,就是这个道理。没有好好地调查研究嘛。高校的党组织当然应该有必要的办事机构,这个办事机构是不是都维持原来的一套完全不动,还是可以探讨研究的。我个人的意见,还是要本着精简的原则,力求人员精干,办事效率高一点。这样可能好一些,人很多不一定是好办法。而具体怎么做,可以总结经验。近年来高等学校党委做了大量的工作。学校里出事情,实际上主要的还是靠党委、团委在那里做工作。

学校党委要在思想政治方面加强对共青团的领导,加强对工会、学生会的领导,当然,主要是政治方面的领导。至于他们的日常工作,还是要鼓励他们独立自主地去开展。对学校共青团、学生会、工会的领导的方式方法要不断地改善。团组织、工会里还有一些党员嘛,这些党员责无旁贷地要帮助党的组织加强党对共青团的工作,党对工会、学生会的工作。他们是专门在这些群众组织里工作的嘛。学校党的组织和有关的群众组织都必须经常地深入到群众中间,关心他们的思想、学习和生活,同他们同呼吸共命运,真正成为群众的贴心人。现在20岁左右的青年人,他们的很多想法、信息来源都跟我们不一样。我们要跟他们有个对话的渠道,要带领他们前进,我们有这个责任,好像父母要关心自己孩子一样。我们与自己的孩子有时思想距离也相当大,不是有人叫"代沟"嘛,要注意主动地去消除这个东西,要寻找出对话的渠道来,对他们很好地关心,很好地做工作。要多关心他们,体贴他们。当然,他们有不对的地方,耐心地帮助。我们上级党委也要注意,学生中间一闹事就想起党委了,想起团委了,这个可不好,要平时多关心。包括我在内,我们都应该注意。这样,使党的组织,团的工作,其他群众团体工作,以及整个思想政治工作,都有深厚的群众基础,才能发挥出强大的生命力。

学校里还有民主党派,今天因为时间关系就不多讲了。我们总的原则还是要按照共产党领导的多党合作制和政治协商制度这个原则,党委要义不容辞地主动地关心各个民主党派,加强同他们的联系。学校里的重大问题要多同他们通气商量,合作共事,共同把学校搞好。一定要做到这一条。民主协商嘛,我尊重你嘛。他也要承认,在学校里面,要接受学校党委的领导。你党委书记请他来座谈,交流交流,这个工作要做的,这也是你领导范围内的事情,而且应该做好。有什么问题大家一起商量怎么办嘛,不管他当校长、副校长、系主任,都要主动地做工作。咱们不是肝胆相照、荣辱与共吗?

查处重大案件不能手软，
坚决查到底*

（1989 年 2 月下旬）

一、一定要下大功夫严肃查处重要案件。对贪污、受贿以及给国家造成重大经济损失等案件，发现后一定要查清楚，不能含糊，不能手软。现在发现不少贪污案抓住以后，一查就是贪污十几万、几十万元。这些人很不简单，不仅本人侵吞公款，而且把一些地方的部门的主要干部，甚至一个市的主要领导都拖进去了。这些领导干部占了他的便宜，就替他说话。这个教训非常深刻，因此我们必须严肃查处这类案件，抓住重大的线索，一定要坚决查到底，牵涉到谁，就查到谁。在这个问题上，现在存在两种倾向，一是该办的不敢办，二是处理偏轻。所以，一定要首先把事实查清，同时处理要严肃。有一些案件，还必须公开进行处理，要起震慑作用。现在有的人搞公款私存，这是不允许的，是违法违纪行为，一是逃避监督，二是公款私用，或转为私有，将来就可能发生携私存公款外逃，对这类案件要重视。

二、要研究在新的形势和新的历史条件下办案的思路和方法。行政监察机关在立案程序、调查取证、必要的行政手段和措施、量纪标准，以及与其他监督部门配合和协调等方面，都要形成制度，搞出

---

* 这是乔石同志两次听取中央纪委、最高检察院、监察部、审计署和国家工商局等单位查处案件情况汇报时的讲话要点。

一套办法来。在新的历史条件下办案,老的一套办法要改进,当然过去行之有效的方法我们还应当保留。调查研究是最基本的方法,这要保留,但搞运动的方法要摒弃,要形成一套能适应新形势的需要,又便于操作的方法。行政监察部门主要还是处理人民内部矛盾,要研究处理人民内部矛盾的新方式。要研究行政措施问题,过去随便采用停职反省的办法,流弊很大,不能再用,这方面是有教训的。但如果发现一个人有重大嫌疑,怎么办? 也要采取必要的行政措施。可以考虑,一是从爱护干部出发,可与本人讲清楚,由行政领导出面与当事人谈话,肯定他的成绩,也指出有人揭发他的问题,让他集中一段时间好好考虑,讲清问题;二是开个适当的会,在会上把问题提出来。总之,方式要温和些,方法要得当。对案子的调查一定要认真细致,要在调查报告上把事实讲得清清楚楚,并且要抓住主要矛盾。写调查报告,没有见解,不涉及实质性问题,说不清主要责任者,也不提处理意见,这不行。经过调查,把事实搞清楚以后,应该提出自己的处理意见,不能把矛盾上交。

对案件的处理,一定要严肃,又要慎重,处理过轻过重都是不好的。有的案件处理后,要向社会公开,不宜向社会公开的,也可以在一定范围内公开,比如在案子发生的单位或一定的层次,也应当公开,这样才有震动,才会显示监督的威力。目前发生的一些案件有个基本特点,就是权力与金钱交换。贪污、受贿的现象增加了,大案要案也增加了,有的贪污、受贿数量很大。抓住了重大贪污、受贿问题的线索之后,要注意控制,防止当事人外逃。另外,在办案过程中,要注意保密,重大案件更要保密,严防把情况泄露出去。

三、要依法办案。中国要搞现代化,关键是法治,由人治变法治。一切依法办事,这很不容易。中国走法治的道路是肯定的,又是曲折的,困难重重,不是短期内能完全实现的,但是,必须从现在就开始,从我们这一代开始。依法办案,是我们工作的最重要原则,也是方向,这必须从思想上明确起来。现在办案受到干扰的情况还是很多的。我们要注意排除两方面的干扰:一是说情风,中国有些地方说情风太厉害了;二是对一些案件,群众要求重办,这可以理解。但是,我们要实事求是,不能迎合,该重办的重办,不该重办的不能重办,要以事实为根据,以法律为准绳。这两种倾向都要注意。希望监察部门的同志,第一要有高度的责任心,意识到自己肩负的责任,第二要冷静,既不唯上,也不唯下。

党要真正把党管起来*

（1989 年 3 月 3 日）

刚才有同志说到党不管党的问题,这是个老问题了。总的说,解放前我们对党的建设抓得还是比较紧的。新中国成立以后出现了完全不同的情况,我们党变成了执政党,要管的事情非常多。我记得那一年毛主席去天津,对黄敬同志说,你是天津人民的市长,你还是工商业者的市长,知识分子的市长,你也是妓女的市长,妓女你也得管。妓女有 20 年没有出现了,现在出现了,还得管。党执政了以后,和搞武装斗争、地下工作时不一样了,任务不同。刚执政时是五六亿人口。毛主席多次说,一切要从 6 亿人民出发。现在到 11 亿了,几乎翻了一番。所以党掌握全国政权,党的任务更大了,客观上有这样一个巨大的变化,因此比较容易卷入其他的工作上去,政权工作、经济工作,其他各项工作,而对党自身的建设有时候容易放松。所以党不管党的说法不是现在才有,新中国成立以来 40 年的时间里经常有,经常说。我觉得这个现象不能再继续下去了,一定要通过加强党的建设,党真正把党管起来。把党建设好了,不但是坚持四项基本原则的关键,而且也能使党经得起继续执政和改革开放的考验。这个事对党来说是个极大的问题,根本的问题。陈云同志说这是关系到执政党生死存亡的问题,不能小看党的建设。党的建设如果认真地抓

---

* 这是乔石同志在陕西省考察时讲话的一部分。

起来,我觉得是可以抓好的,应该有信心。当然,也应该认识到绝不是一个月、两个月,也不是一年、两年能够抓好的,而是要长期地、坚持不懈地抓下去。因为国家在发展,建设事业在发展,改革、开放在继续发展,在这种情况下,党要适应经济建设和各方面事业的需要,党必须加强党的建设和各方面的管理,无论如何不能允许在任何方面存在党不管党的现象,把这个问题解决了,很多问题就比较好解决了。党具体搞什么,党建研究班也谈过了,加强党的建设归根到底是党的思想建设、组织建设、干部制度和基层建设、各级领导班子的调整,这些都不能离开党的路线。这次党建研究班的认识都是一致的。从历史上来说,党也是按照每一个阶段、每一个时期的需要来加强党的建设的,当然,基本要求从来是一个,叫共产主义理想。每个阶段还有每个阶段的具体要求。

刚才有同志还说到领导班子适当稳定问题。应该肯定,从1982年机构改革以后,小平同志提出干部"四化"的原则以后,领导班子经过不断调整,确实有相当大的变化,这个变化主导的方面是很好的,是有利于改革开放,有利于干部队伍"四化"的,这是没有问题的。今后干部队伍建设当然还是要按照"四化"方向发展。干部队伍"四化"方针和德才兼备的原则不矛盾,是一致的,就是在这个时期把有些问题搞得突出一些。这对于现代化建设事业,实现党的十一届三中全会以来的路线都是很有利的。但是到现在这个时候,适当地注意相对稳定是需要的。相对稳定也不影响干部必要的交流,也不影响还要继续贯彻执行德才兼备原则和干部"四化"的方针。比如说,陕西的常委班子都在一个年龄线上,长一点时间说,过10年都不动,年龄都过了,这也总是个问题。这个问题是要放在日程上。但是这个问题如果搞得好一点,不一定像1982年至1985年调整得那么频繁了,相对的稳定,我是赞成的。我们党建研究班的同志也是这个意见。

办好党校是党的事业的需要[*]

（1989 年 4 月 1 日、11 日、14 日、18 日）

　　中央决定要我兼任中央党校校长。中央党校的历史很长,从延安时期起,为党培养了一大批中高级干部,贡献很大。同时,在长时间里逐渐充实了一支素质比较好的教学、研究力量。另一方面,也要看到,党校的潜力还不小,搞好了,还可以发挥更大的作用。从历史上看,不要说延安时期,就是新中国成立以后,在取得许多成绩的同时,党校与其他中央机关大同小异,也还有各种各样的问题。属于冤假错案的问题已经解决了,但是在思想上的不同认识,历史上形成的一些同志间的隔阂还没有完全消除。我的意见是对所有过去的问题都不再去议论了。要按照党的十一届三中全会的精神,团结一致向前看。我们大家有责任不辜负党中央的希望。

　　党校,顾名思义,教学是第一位的,党校的中心工作是搞好教学。要把马克思主义基本原理与党的十一届三中全会以来社会主义的实践密切结合起来,用党的十一届三中全会以来党的理论、路线、方针教育全党中高级干部,提高他们的马克思主义思想水平、理论水平,提高他们执行党的路线、方针、政策的自觉性。这对进过或没进过党校,经过或没经过系统的马克思主义理论学习的同志,都有必要。这

---

*　这是乔石同志分别与中央党校校委同志以及与老教师、中青年教师和离休老干部座谈时的谈话节录。

198

是新时期党校面临的重要任务,这个任务非常繁重、迫切。中国社会问题很多,关键还在于党,把党搞好了,问题就比较好解决。社会主义初级阶段对党的要求,比民主革命阶段不是降低了,而是更高了。要提高党员的素质,主要还是要靠教育。中央党校做好本身工作,再把全国各级党校都影响和带动起来,这个作用就非常大。我们党正处在一个历史性的大转变时期,对中高级干部、对全党干部,实际上有一个重新学习和重新教育的问题。1952年斯大林的《苏联社会主义经济问题》,承认商品经济的作用,但同时认为要逐渐消灭商品经济。发展社会主义商品经济毕竟是个新课题,到底怎么搞,要根据马克思主义基本原理,根据我国10年来丰富的经验,以及当前国际上的经验,深入进行探讨和研究。类似这样的问题,首先要在理论上、思想上弄清,在党内进行教育。否则党内思想不容易达到一致,就不能很好地发挥领导作用。

党校的任务很重,要搞好,关键是要解决好理论密切联系实际的问题。重温毛主席在延安整风运动中的一些重要讲话,很有必要,那些观点现在仍有教育意义。党校的同志要坐下来,重新学习毛主席这些论述。党校学习马克思主义基本原理,必须与当前实际密切结合,当然这是不容易的,但总得逐步解决。如果老解决不好,党校的课就会没有人爱听了。

我们正处在一个伟大的历史转折时期,我国的建设和改革任务很重,又面临新的情况和困难。中国的社会问题很多,最重要的是把党搞好。我们坚持四项基本原则,最重要的一条就是加强党的领导。加强党的领导就要改善党的领导,搞好党的建设,包括办好党校,用十一届三中全会以来的理论、路线、方针重新教育全党干部。党校是一个特殊的学校,它要培训党的中高级干部,要组织干部学习马克思主义。办好党校,一是要有个好的学风,中心是理论联系实际的问题。党校的理论联系实际,不可能解决实际工作中的许多具体问题,而要着重帮助学员解决理论、方向、路线方面的重大问题,使他们在指导思想上搞正确,提高运用马克思主义的立场、观点和方法去解决实际问题的能力。再一个,要把党风、作风搞好。我赞成从严治党,作风也要严格起来。党校的教员和工作人员要严格要求自己,既要言教,更要身教。大家讲要发扬延安精神,我很赞成。我们要把党的好传统,包括胡耀邦同志在党校期间的好作风继承下来,并结合新的情况加以发扬光大,把我们的校风搞好。

党校还有一个任务,就是要搞研究。搞研究,还是毛主席讲的,要"有的放矢"。要研究十一届三中全会以来党的路线、方针、政策,对党在新的历史时期的一系列理论,特别是社会主义初级阶段的理论、有计划商品经济的理论,要认真进行研究。小平同志对建设有中国特色的社会主义有许多深刻的论述,要深入地研究。党校同志要认真研究理论问题,给中央当好助手。钻研马克思主义经典著作本身也很有意义,钻研好了,弄通了,运用到当前的社会主义条件下,就能发展马克思主义,这是个大问题。但关在房子里钻研不行,要与实际相结合。根本的问题也是理论如何联系实际。

中央要求把《求是》杂志办好。《求是》杂志是党中央的机关刊物,委托中央党校办,责任很大。要办成有马克思主义水平,在思想理论上对全党全国有一定指导作用,有威望的,同时又是吸引人的,名副其实的党中央机关刊物。宣传党的路线、方针、政策,还要吸引人,关键也是要理论联系实际,按毛主席说的,在理论与实际的结合上说明一些问题,对大家有所帮助。将来还要与社会主义国家和其他国家党的刊物来往、交换,第一是《人民日报》,再就是《求是》。我们这样一个大党的刊物,拿出去如果没有相当的水平,那就不行。社论、评论不必多写,在一定的时候,有重大问题需要阐明时,在研究的基础上,一年有几篇就可以了。要办得有一定威望,又吸引人,刊物的基础就广泛了。据说稿源不少,发行 150 万份,大家比较欢迎。如果要求高些,还有更多工作要做。

党校工作的上述几个方面,就是教学、科研、办好《求是》杂志,还有其他的工作任务都很繁重,都要围绕理论联系实际这个问题来解决。

党校应当很有威望。威望靠工作。工作不能只靠校领导,要靠全体教师、全体工作人员,依靠大家共同努力把党校办好。只要我们把工作做好了,党校的威望自然就会不断提高。我相信党校是一定可以在现有基础上搞得更好的。

对党校的教学改革,包括组织机构的调整,要采取积极的态度,当然工作要一步一步来做,不能太急。方案的确定要取得多数人的同意,注意决策的民主化和科学化。要很好地吸取党校历史上特别是复校以来一些好的做法和经验,对过去不太适当的做法也要逐步改。要经过几年的努力,逐步寻找一条比较好的办学路子,使党校工作在一个时期内比较稳定地发展。在把关系理顺、有了一个好的基础之后,可以考虑制定《党校工作条例》。

要搞好教师队伍建设。党校的教师队伍也在发生变化,老同志逐步退下来,今后更重的担子要中青年同志来承担。青年人总是要接班的,我们的事业需要有个继承性,这是不以人们的意志为转移的。我们要培养造就一代新人,培养跨世纪的人才。大家都应有这个紧迫感和责任感。党校的教师队伍应当是坚持马克思主义的,党性强的,善于运用马克思主义解决现实问题,在社会上有一定地位和影响的队伍。要做到这一点,除了自己的努力之外,要靠组织的帮助,包括老同志的支持和帮助。希望在新老交替过程中,新老同志要互相学习,取长补短。特别是青年同志,更要严格要求自己,虚心学习老同志的长处,充实和提高自己。

希望离退休老同志继续关心党的事业,关心党校的教育事业。我们都是共产党员,共产党员没有退下来的问题。大家要对党校各方面的工作多加支持,对中青年多加帮助。老同志中年龄不太大、身体又好的,还可以做一些教学工作、理论研究,写些宣传马克思主义和党的路线的文章。学校应更好地关心照顾好老同志,如果有照顾不周到的地方,大家可以提出来。祝愿老同志心情舒畅,健康长寿。

历史问题不要再去议论,要搞好全校的团结,把精力放在完成当前的任务上。办好党校,教学是第一位的,但其他各方面的工作都很重要,都要搞好。比如后勤工作,"兵马未动,粮草先行",如果食堂办不好,恐怕也会成为全校的"热点"问题。希望全校各个部门之间,都要相互体谅、相互支持,把各方面的工作搞好。

办好党校是党的事业的需要。全党都很关心我们这所学校,当然也关心各级党校,但更重要的是希望中央党校搞好,带动和影响各级党校。我们全校同志要有这个责任感,也应有这个信心和决心,在现有基础上把党校工作进一步搞好。

必须采取切实的措施
来加强党的建设*

（1989 年 8 月 21 日）

这次会开得很好、很及时,对今后加强党的建设必将发挥很重要的作用。我简单讲几点。

第一,党的建设确实像小平同志所说的,该抓了,不抓不行了,到了必须认真引起重视、采取切实的措施来加强的时候了。当然,加强党的建设包括思想建设、组织建设、作风建设等方面,当前迫切的问题就是要搞好清查、清理工作。

第二,在任何时候,党的建设都要围绕思想路线和政治路线来进行,现在就要围绕党的十一届三中全会以来的党的路线,也就是小平同志讲的"一个中心、两个基本点"来进行。党的建设需要长期地、始终不懈地加强,使党组织真正成为坚强的、领导 11 亿中国人民的核心力量。会议中大家讨论了许多具体措施,这是需要的,在今后的实践中可以创造更多的办法和提出更好的措施。

第三,加强各级领导班子的建设。要加强对马列主义、毛泽东思想的学习,全党需要认真进行这方面的教育。

第四,要加强党的基层组织建设。这个问题早就提出来了。有的地方抓得好一些,但也有相当一部分地区对基层党组织的工作没

＊　这是乔石同志在全国组织部长会议上的讲话。

有认真抓起来。

有的基层党组织长期软弱涣散、不能很好地发挥战斗堡垒作用的状况,再也不能继续下去了。企业、学校、农村等党组织再也不能削弱了,必须大大加强。这个问题中央常委讨论过,有个大致的意见,在这次会上也讨论了。

党要管党，要重视党的建设*

（1989 年 10 月 13 日—18 日）

坚持四项基本原则，党的组织要严格起来，党员素质要提高，要加强经常性教育，通过党员评议，表扬好的，处理差的。现在不少同志有这样的意见，觉得我们党员的数量太多，素质不够高。党要管党，要重视党的建设，加强对基层党组织的指导，使党的组织逐渐搞得更坚强。同时也要看到，确实存在生产第一线党员老化、数量减少的情况。完全不发展也不行，当然条件要严一点。

同时，对一些问题，比如在学生中间、一部分知识分子中间、青少年中间，还要有一个较长期的教育，要长期坚持下去。不是说搞一段就过去了，因为在整个社会主义阶段，在整个社会主义初级阶段，坚持四项基本原则是不能改变的，所以从小孩子、青少年开始就要始终进行这种教育，要在几代人中把这种教育继续下去。坚持四项基本原则，最核心的还是坚持和加强党的领导。当然，党的领导问题、基层工作问题和组织建设问题，多年来一直存在问题。现在看来，不加强是无论如何不行的。各级党的组织都要加强党的领导和坚持党的领导，基层必须花相当长时间、相当大的精力坚持不懈地抓这件事情。这个问题不是加强一阵子就可以解决的。我们社会主义建设本身也是很长时期的，如果没有共产党的马列主义领导，这个社会主义

＊ 这是乔石同志在陕西省考察期间讲话的一部分。

建设就没有保证。加强人民民主专政,加强社会主义法制和民主建设,也要在党的领导之下。坚持共产党的领导,并不是说因为共产党搞了民主革命有了功劳,才非要执政不行,问题是不仅过去28年中,中国共产党领导中国人民取得了新民主主义革命的胜利,更重要的是新中国成立以来40年的经验证明,没有中国共产党的领导,中国就不可能建设社会主义,严格地讲,连维护中华民族的独立都成问题。如果在中国建设资本主义,那中国就会变成资本主义国家的附庸国,不可能是一个独立的发达的资本主义国家,建设速度也快不了。相反,按小平同志给我们定的这个方向走下去,只要我们主观上很谨慎,就可以比较快地发展起来。这个问题要给人民群众、全体党员讲清楚。这要花点功夫,为什么必须坚持中国共产党的领导?为什么必须坚持社会主义道路?为什么必须要用马列主义、毛泽东思想密切结合当前的实际搞中国特色的社会主义?为什么要这样做,而不用另外的办法?中国人民民主专政为什么必须坚持?党内为什么坚持民主集中制原则?中国这么大的一个国家,不搞民主集中制怎么行?这么大一个党,4800多万党员,不搞民主集中制,怎么能凝聚成为全国人民的领导核心力量?这些问题,还是要结合实际给全体党员和人民群众讲清楚,首先是对干部讲清楚。总之,党的建设要围绕党的基本路线来进行。我们现在党的基本路线是明确的,就是"一个中心、两个基本点",这是党的十三大通过的。

党的建设涉及好多方面,首先要把领导班子搞好,使领导班子既有继承性,又要发展;既稳定,又有开拓性。地、市、县领导要多深入基层,多调查研究,这是我们党多年来一直讲的。我觉得,过去这10年我们这方面抓得不够,做得不够好。基层发生这么大的变化,特别是农村,从人民公社的政社合一、一大二公,变成了乡政府、家庭联产承包责任制，这个变化非常大。这次治理整顿，又发生了新的变化。我们的工作从适应形势变化来讲，还是不够的，有些地方还相当薄弱，问题比较多。所以，作为地委、市委、县委的领导，除了把全面工作搞好，把重点工作抓紧以外，还是要有计划地多下基层，加强基层党组织的建设。党的基层组织是全党工作的基础。党如何联系群众？仅靠地委书记、市委书记，也是困难的。真正的经常联系群众，还是在基层。同时，需要加强党风建设。

我们这个党是有好的传统的，把中国历史上一些优秀传统继承下来变成我们党的传统，这有我们自己的特色。比如，毛主席过去讲的"三大作风"。这次江泽民同志的讲话也用了。我在去年中纪委的第二次全体会议上讲过党风问题。那次讲话是新常委老常委和一些老同志全都同意了的。党风建设要理直气壮地抓。用廉政代替党风建设，我个人认为，是代替不了的。廉政是应该的，在党风建设的某个时期着重抓廉政建设也是应该的，但代替作风建设是代替不了的。因为从"三大作风"来讲，有理论联系实际、批评与自我批评和密切联系群众等等，它们的含义不光是廉政，不能说和廉政完全是一回事。党风建设还有许多内容，比如自力更生、艰苦奋斗。不能因为新中国成立40年了，党执政了，经济发展了，生活水平提高了，就不要自力更生；也不能因为改革开放了，就不要自力更生。生活条件好了，也还得艰苦奋斗，还要保持勤俭持家、勤俭建国的精神。要长期确立这种思想，特别是我们作为党员和国家干部，作为工人阶级的先锋队的成员，要在人民群众中间、在建设社会主义事业中间，起模范带头作用。不打算这样做的人就不要做党员。如果就想利用已有的地位和权力谋私利、图享受，这样的人还做什么党员？这样的党员多了，我们党就不能带领中国人民在建设社会主义事业中奋斗下去，这个党就会变了。我们要的党员,就是能够在人民群众中起模范带头作用,使人民群众感觉到这个党是带领全国人民建设社会主义的。我们的终身奋斗目标是共产主义,如果连社会主义初级阶段都过不了,那我们还做什么共产党员呢?

加强党的纪律性*

（1989 年 11 月 12 日）

中央纪委第五次全体会议开了三天，今天就要结束了。我就各级纪律检查委员会如何认真学习和贯彻党的十三届五中全会精神，讲几点意见。

一、深入学习、认真贯彻五中全会精神

党的十三届五中全会，以及在此之前召开的中央工作会议，都开得很好、很成功。会议通过了《中共中央关于进一步治理整顿和深化改革的决定》，充分肯定了 10 年来的基本路线和基本方针政策，明确了进一步治理整顿和深化改革的指导思想和工作重点，如实地估计和分析了当前经济工作存在的严重问题和困难，提出了具体的对策，充分体现了我们政策的连续性和稳定性。这有利于使国民经济真正转入持续、稳定、协调发展的轨道。这次会议的精神和有些重要的指导思想，不仅对当前治理整顿和深化改革，而且对今后长期的经济建设，都有重要的意义。

全会通过了《关于同意邓小平同志辞去中共中央军事委员会主席职务的决定》。会议高度评价了小平同志在中国革命和建设各个历史时期所作出的杰出的贡献。特别是党的十一届三中全会以后，我们党和国家的命运，可以说是同小平同志的卓越领导紧密相连的。

---

* 这是乔石同志在第十三届中央纪律检查委员会第五次全体会议上的讲话。

我们国内国际的基本政策,都是小平同志带领我们制定的。现在小平同志向中央提出,要求在他身体还健康的时候实现全退的夙愿。虽然从我们大家的感情和需要来说,是很不愿意小平同志退的,但还是尊重了他自己的意见。他在1980年就提出废除干部领导职务终身制,并多次讲了他要带头建立退休制度。同时,我们也确实需要珍惜和保护小平同志的健康,希望他健康长寿,有更多的时间,用他自己的话来说,作为一个老党员和老公民,跟我们在一起,以他的智慧和经验,在更好地建设有中国特色的社会主义事业中继续发挥作用。应当说,小平同志能有更长时间生活在我们党和人民中间,就是一个巨大的稳定力量和鼓舞力量。

全会之后,全党、全国人民要认真学习、全面领会和贯彻会议精神。各级纪委要及时组织纪检干部学习,领导干部要带头学好。

二、在治理整顿和深化改革中特别要加强党的集中统一,加强党的纪律性

五中全会使全党在治理整顿、深化改革的主要问题上统一了思想,今后就要在这个基础上统一行动。全体党员、干部都必须按照会议的精神,结合实际,认真地加以贯彻落实。凡是党中央、国务院决定了的事,就必须不折不扣地做到,决不允许再搞"你有政策,我有对策",决不允许再发生"有令不行,有禁不止"的现象。对此,各级纪委要高度重视,要加强对党组织、党员领导干部执行中央决策的监督检查,坚持和维护党的纪律的严肃性。谁不执行或是变相抵制党中央的决定,谁就是破坏了党的集中统一,就是违犯了党的纪律。这是绝对不能允许的。

在治理整顿、深化改革中,要加强自觉遵守、维护党的纪律的教育,要求党员和党员干部认真坚持党的民主集中制原则,从党和人民的利益出发,正确处理国家、集体、个人三者利益的关系,维护大局,维护党的团结统一,维护安定团结的政治局面。要进行自力更生、艰苦奋斗、勤俭建国的教育,使党员干部能与群众同甘共苦,过紧日子,自觉抵制和反对奢侈浪费的不良风气。要进行模范遵守党和国家政策法令的教育,使全党做到令行禁止,步调一致,形成讲纪律、守纪律的环境和风气。

三、做好清理和考察干部的工作,提高干部队伍的政治素质

认真做好内部清理和干部考察工作,是需要党的纪律检查机关协同党的组织部门认真完成的一项重要任务。要使这项工作不走过场,关键在于各级领导,特别是主要领导同志态度要坚决,决心要大。现在各项工作任务都很重,各级党组织要加强领导,抓紧清理和考察干部工作,能解决的问题决不要拖,不能有丝毫的松懈。各级纪委要在党委统一领导下,按照中央的部署和要求,会同组织部门,集中力量,把这项工作认真抓紧、抓好、抓到底。

对搞好内部清理工作,中央以及中央纪委、中组部已发了有关文件,作了具体规定,指出"在这场斗争中,既要态度坚决,毫不手软,又要实事求是,防止扩大打击面"。各级纪委要坚决贯彻这些规定,必须搞清的重点人和事要抓紧搞清,对违纪的党组织和党员要严肃处理。对犯有一般性错误,并提高了认识的同志,要在普遍教育、分清是非的基础上,及时解脱。只有这样,才能真正实现江泽民同志讲话中所说的:"在清查清理中要严格执行政策,始终注意团结绝大多数。"

各级党委、纪委要对党员进行坚持四项基本原则的教育。这是提高广大党员的政治素质的重要措施,也是一项长期的工作。因为我们反对国际敌对势力搞渗透、颠覆和"和平演变"的斗争是长期的,在国内反对资产阶级自由化的斗争也是长期的。因此,各级党委、纪委要掌握了解国内外的政治动向,经常地深入实际,调查研究,

及时了解党员的思想状况,使教育有针对性,有说服力,并从理论与实践的结合上,澄清一些模糊认识,真正解决一些根本性的问题,增强各级党组织和全体共产党员坚持四项基本原则、抵制各种错误思潮的自觉性。这是加强党的建设和搞好纪检工作的重要思想基础。

四、坚定不移地搞好党风建设

治理整顿和深化改革的深入进行,为搞好社会风气和党风建设创造了良好的环境和条件。当前,全党上下都注重党的作风建设,中央作出的七条廉政规定已付诸实施,刹吃喝风也初见成效,一些群众意见比较大的问题正在逐步解决。我们必须坚持不懈地、扎扎实实地抓下去,决不能有丝毫的放松。

廉政建设是党风建设的一项很重要的内容。我们要在继续抓好廉政建设的同时,抓紧做好党风建设的各方面工作,包括继承发扬党的优良作风,纠正各种不正之风,使党永远保持工人阶级先锋队的性质和精神风貌。我们党在长期革命实践中形成的理论联系实际、密切联系群众、批评与自我批评以及自力更生、艰苦奋斗等独具特色的优良作风,反映了我们党的基本政治特征,是抵御剥削阶级思想作风侵蚀的重要保证。

当前,党风建设要围绕党的"一个中心、两个基本点"的基本路线去进行,要贯彻"一要坚决,二要持久"的方针,坚定不移,扎实稳妥,注重实效,持之以恒。

搞好党风建设,要坚持领导干部、领导机关以身作则,凡是要求下面做到的,领导干部、领导机关必须带头做到。同时,每个党员必须严格按照党章的要求,从自己做起,决不能以任何借口降低对自己的要求。我们要深刻认识,如果全党4800多万党员,上上下下,齐心协力,坚持不懈地保持和发扬党的优良作风,并推而广之,影响社会风气,就将对社会主义建设事业产生巨大的推动作用。

党的各级纪检机关要继续把协助党委搞好党风建设作为自己的一项主要任务。

五、认真查处违纪案件，重点抓好大案要案的查处工作

今年全国纪检工作会议以来，特别是党的十三届四中全会后，各级纪委坚决贯彻中央关于惩治腐败的精神，狠抓了违纪案件，尤其是大案要案的查处工作，取得了一定的成效，增强了党内外干部、群众从严治党的信心。目前的违纪案件仍然不少，有的还相当复杂。各级纪委要继续努力，把查处案件工作认真做好。

党的纪律检查委员会对查处任何党组织和党员包括党员领导干部的违纪案件，都负有不可推卸的责任，要积极主动地了解、掌握情况，有的可以直接立案查处。凡控告、申诉到纪委的案件，涉及党员的，纪委都有责任直接或会同有关部门查处，属于违犯政纪和法纪的，分别由监察部门和司法机关作出处理。在办案过程中，各执纪执法机关既要有原则的分工，又要搞好协调配合，经常通气，相互商量，相互支持，避免工作中的漏洞，不给违纪、违法分子以可乘之机。有些地方在惩治腐败、查处违法违纪案件中，为加强领导、搞好协调，在党委领导下，由纪委牵头，成立专门机构，提高了办案的质量和效率。

当前在查处案件上，确实存在一些困难。解决这个问题，关键还是纪检机关和纪检干部要有一个好的精神状态，坚持原则，恪尽职守，敢于碰硬，善于办案。各级纪委是党内专门的执纪和监督机关，担负党赋予的重要职责。我们要尽职尽责，大胆工作，包括支持下级纪委的工作，坚持正确意见。如果在重要问题上与党委意见不一致，要按规定向上级纪委反映，求得解决。党内外对从严治党、严肃执纪抱有殷切的期望，这就是对纪检工作的鞭策和支持。

六、抓好纪检干部的理论学习，提高纪检队伍的政治思想水平

在今年发生的"政治风波"中，各级纪检机关和广大纪检干部，总的说来是立场坚定、旗帜鲜明的。能坚决拥护和贯彻执行党中央的决策,为维护党的团结统一、稳定大局,为搞好清查、清理纯洁党的组织,做了许多工作。事实说明,纪检队伍在关键时刻还是经得住考验的。当前,我们要根据中央关于加强党的建设的指示精神,进一步搞好纪检队伍和纪检机关的建设。

要把提高干部的政治素质作为纪检队伍建设的首要任务。提高纪检干部的政治素质,根本的是提高他们的马列主义、毛泽东思想理论水平。各级纪委要组织全体纪检干部认真学习马列主义、毛泽东思想的基本原理,学习党的十一届三中全会以来的路线、方针、政策,学习邓小平同志和其他老一辈无产阶级革命家的著作。小平同志的著作是毛泽东思想的重要组成部分,是毛泽东思想在新的历史条件下的继承和发展,是中国共产党和中国人民的宝贵精神财富。提高干部的理论水平,使他们坚定共产主义信念,掌握科学世界观、方法论,就能增强政治敏锐性和识别大是大非的能力,正确分析和处理问题。

要加强纪检队伍的组织建设。各级纪委书记应是同级党委的常委,现在,绝大多数省、自治区、直辖市已经这样做了,没有解决的希望能创造条件尽快解决。为了保持纪委领导班子的稳定,有利于工作的开展,各级纪委常委的任免、调动,要征得上级纪委的同意。根据基层党的工作的需要,按照中央的有关规定,大中型企业要设立纪委。要按照党章的规定,继续做好向有关部门派驻纪检组的工作,派驻人员要精干。各级党委要继续关心、支持纪委的工作。

当前全党重视党的建设,做好纪检工作的有利条件很多。各级纪检机关和全体纪检干部要按照党的十三届四中全会和五中全会的要求,振奋精神,努力工作,为保证党的基本路线的贯彻执行,继续做出贡献。

党的建设理论研究
要跟上整个党的事业的发展*

(1989 年 12 月 29 日)

今天江泽民同志和其他常委同志都到中央党校来,参加党建理论研究班的座谈活动,充分说明江泽民同志、其他的常委同志,对党校的工作,对党的建设的研究工作,是非常重视的。

关于东欧的形势,包括苏联的一些情况,党中央、政治局常委内部的意见是一致的。罗马尼亚发生现在的结局,总的来说并不是意外的,因为它除了外部的原因外,国内经济搞得太糟了,老百姓生活太苦了,搞家族统治,内部关系非常紧张,这样能不怨声载道吗?当然,事件的爆发和具体的发展过程,是谁也难以事先预料的。

党建理论研究班有这么多老同志和第一线的领导同志,希望大家继续共同把这个班办好,以丰硕的成果迎接 1990 年,迎接 90 年代的到来。小平同志提出我国国民生产总值在 90 年代实现第二个翻番。我相信,只要按照小平同志指引的路子走下去,实现了这个目标,就可以更充分地证明社会主义制度的优越性。

我们中国共产党有自己的特色。遵义会议以后,在毛主席的思想路线、政治路线、军事路线指引下,我们党取得了伟大的胜利,解放了全中国。新中国成立以后,我们虽然走了曲折的道路,但成绩也是

---

* 这是乔石同志在党建理论研究班座谈会上的讲话节录。

辉煌的。在毛主席领导下我国革命和建设事业取得的成就是非常了不起的。当然,他晚年有失误,对这方面的问题,党的十一届三中全会以后,中央已作了系统的总结。最近 10 年来我们党在小平同志的带领下,又开创了一个新的局面。这个新的局面,既继承了毛主席时期的优良传统,又结合新的历史时期的特点,有新的创造和发展。

在这样的情况下,党的建设理论研究工作确实需要加强,需要跟上整个党的事业的发展。只有把我们党建设成为领导各族人民建设有中国特色的社会主义的坚强核心,才能真正保证中国沿着社会主义道路前进,改革开放和其他各项工作才能顺利和健康地向前发展。我们做实际工作的同志,需要在理论上研究得更透一些,需要在理论和实践的结合上搞得更深一些,这样对实际工作的指导就会更有力。我相信我们的理论研究工作一定会得到加强,一定会取得越来越大的成就。

防止文牍主义，深入调查研究*

（1990 年 1 月 10 日）

　　我同意江泽民同志的讲话，同意其他几位常委的讲话，家宝①同志在会议上的讲话我也同意。今天主要是泽民同志讲。

　　这次秘书长会开得很好，时间不长，议题集中，大家提了很多很好的意见。这些意见不仅中央办公厅，而且各级办公厅都可以参考。会上也介绍了一些经验。同志们有一个意见，这样的会五年开一次，好像少了一点。可以考虑，以后虽然不一定每年开，也可以两年、三年开一次。通气多一点，这样对工作有利。

　　秘书长、办公厅主任的工作非常重要，几位常委都讲了，我都同意，不重复这些意见。要自觉地当好党中央、各级党委领导核心的助手，积极主动，埋头苦干，把工作做好。党的十三届四中全会以后，我跟家宝同志谈了一下，我说中央办公厅要为中央政治局服务，为政治局常委服务，首先要为总书记服务。服务有多方面的含义，比如说，日常各种琐碎的事情，秘书长、办公厅主任要根据领导研究的精神，及时加以处理，不能统统弄到主要领导同志那里去，否则会把领导同志搞得精疲力尽，而且把精力放到一些琐碎的事情上去，对提高领导水平，集中精力考虑一些国内国际的大事，是极为不利的。办公厅既

---

* 　这是乔石同志出席省、自治区、直辖市党委秘书长座谈会时的讲话节录。

① 　家宝，即温家宝，时任中央书记处候补书记兼中央办公厅主任。

要很慎重,又要大胆承担责任。这是一方面。另一方面,一些重大的问题,要力求及时、准确、全面地向领导同志反映。当然,都那么全面也做不到。还有一个问题,党委的秘书长、办公厅主任是党委的助手,首先是党委主要领导同志的助手,应该帮助党委领导同志把工作做好。政府秘书长则要帮助政府领导同志把工作做好。秘书长、办公厅主任终究不是一个饭店掌勺的大师傅,你爱吃四川菜,我给你多放点辣椒,你爱吃甜的,我给你多放点糖,这不行。如果发现一些不是很合适的事,最低限度应该反映,这也是对党、对领导同志负责,是政治上负责的态度。你不提,什么都顺从,甚至"抬轿子"、捧场,这就不好了,不符合党的原则,也难以协助领导同志做好工作。领导同志之间,在一些具体问题上有时会有不同的意见,秘书长、办公厅主任要加以协调,使它向着比较圆满解决的方向发展。这个问题非常难。当然首先要领导同志自己去解决。秘书长、办公厅主任有时会碰到这样的情况,一个问题,这个领导同志这样说,那个领导同志那样说,你怎样使问题得到恰当的解决。这是很重要的。其他大量的日常工作我就不说了,刚才依林①同志说,不要泡在文件堆里,我也有同样的体会。要防止文牍主义,尽可能抽出时间深入群众,调查研究。中央现在特别强调深入群众,调查研究,搞好廉政建设,办公厅要做好这方面的工作。

春节快到了,我向大家拜年。

---

① 依林,即姚依林,时任中共中央政治局常委、国务院副总理。

党风问题必须引起
我们的高度重视[*]

（1990 年 2 月 10 日—16 日）

端正党风强调领导带头,我是完全赞成的。但话最好还是要说两句:一是要从各级领导做起,领导要求底下做到的首先自己要做到,否则就是说空话,不准备真正实行。二是在党内来讲,每一个党员都要从自身做起。不能以领导带头为借口,说领导还没带头,我就不能做到。你既然是共产党员,就要按照党规党纪办,应该做到的一定要做到,不能含糊。因为我们的各级领导班子中,即使是最好的班子中,也难免有个别人有违纪现象或有不能起模范作用的现象。领导干部中的违纪问题当然有一个要处理一个,但党员不能以领导班子中的问题为理由,说上边有我也可以如何如何。这不行。党有党章,有党规党纪,每个党员都要执行,都要从自身做起。

现在党内有一种"批评不得"的风气,对这个风非打破不行。但有一条,领导要搞准,要抓住主要的典型,批评的面不要过大,批评了就要算数。这样就能慢慢地打破这种风气。否则,不得了。党员不能批评,党风怎么能好转? 不能接受党的监督,不能接受批评帮助,这样的共产党员能行吗? 党内一定要树立正气。如果敢于开展批评的同志越来越多了,逐渐地就会蔚然成风,事情就好办了。否则很危

---

* 这是乔石同志在河北省考察期间讲话的部分内容。

险。批评不得，处理不得，犯错误不能说，回过来还是他有理，还到处告你，这样的风气在党内蔓延发展下去，党还能不腐败吗？

关于党风问题我讲四点看法：一、党风问题越来越重要，必须引起我们的高度重视。二、对党风需要冷静下来全面地考虑一下。对目前我们的党风状况，从全国范围来讲，一定要有实事求是的恰如其分的估价，既不把党好的方面、主流的方面说得大了，掩盖党风方面存在的问题特别是一些严重问题；又不能把这些问题说大了，似乎党已经很难办了。这个问题大家要进一步研究。三、对党风建设来说，各条战线、各级党委以至到基层单位都没有例外。总的要求是一致的，执行党章、党规党纪不能两样。如果说各个部门、各条战线都有自己的特点，那么在党风建设方面，在某一个时期要着重抓一些问题，当然要理论结合实际，一般与特殊相结合，一般号召与实际情况相结合，这是应该的。但例外是没有的。说某些部门、某些单位不存在党风问题，不需要抓党风，党风可以乱七八糟，这当然不行。这一点应该有很明确的观点。学校也好，工厂也好，机关也好，农村也好，任何地方都要认真抓好党风建设。四、对党风的概念还是要有一个大体的说法。前几年有个说法："党风是个筐，什么都往筐里装。"这样，有些同志说，我们执政了，社会上什么问题都说成是党风问题，这个不准确，需要区别一下。到现在为止，关于党风的概念，大家公认的概括得最好的还是毛主席的"三大作风"，即理论联系实际、密切联系群众、批评与自我批评。这是经过长期检验，证明这样概括是比较好的、比较全面的。近两年讲廉政是对的，也很重要，特别是我们党处在执政党的地位。但光讲廉政不能全面概括党风的内容。我觉得除了"三大作风"外，从执政党的地位出发、从中国的国情出发，我们党长期地坚持艰苦奋斗的作风是必需的。当然现在 90 年代了，艰苦奋斗的具体内容与 20 年代、30 年代有很大的不一样了。党风与社会风气,二者有密切关系。因为我们党处在执政党地位,党风搞不好,必然影响社会风气;反过来,社会风气不好,也往往给党风带来不好的影响。新中国虽然建立已40年了,但毕竟是从长期的封建社会和一百多年的半殖民地半封建社会脱胎出来的,各种各样不好的东西在社会上残存的还很多,这些东西也必然对我们的党风造成不好的影响。所以,党风与社会风气有密切的联系,同时也还是要区别开来。不能把社会上的所有问题比如服务部门的职业道德问题、服务态度问题都算成党风问题。一个旅馆的服务员服务态度不好也算党风问题?这样就真是变成一个筐,什么都往里装了。我们说党风,还是严格在党的含义上讲的,这是我们党的优良传统的一个重要方面。我们党与其他政党,不光是资产阶级政党,还跟其他共产党有一个重大的区别,就是我们从1942年整风起就讲党风、抓党风。丢掉党风或企图在主观上淡化党风是完全错误的,但是也不要把党风说成无所不包,把社会上的什么坏现象都说成是党风问题,这也不行。

依靠群众的事情搞不好,是我们联系群众不够呢,还是群众觉悟不高呢?我看首先要强调我们联系群众不够。你脱离了群众,却埋怨群众不给你反映情况,这不是颠倒了吗?解放战争、抗日战争,乃至红军时期,我们不去联系群众、发动群众,能怨群众对我们冷淡吗?我们要放下架子,不要有任何特殊化的观念。如果是这样,中国的人民群众是好联系的。中国有的地方群众文化程度还不高,旧习惯也很多,但是如果"衙门"里的人愿意去看他,关心他,他不会拒人于千里之外的。中国的老百姓是好的。要强调这一点,我们现在怕就怕脱离群众。要说腐化,官僚主义、脱离群众本身也是一种腐化的表现。共产党员和党的干部是人民的勤务员嘛,你把人民都丢掉了,只会做官当老爷,这就是思想上一个非常大的变化,带有本质性的变化。一定要加强这方面的教育,这是一个带有根本性的问题。只要我们依靠人民群众、时刻关心人民群众,我们这个党就不怕任何困难。东欧变化也好,苏联变化也好,国际风云怎么变化,我们都能经受住考验,但如果脱离了群众,那就危险了。因此,我们一定要密切联系群众,做人民的勤务员。特别是我们执政以后,尤其是领导干部容易产生一些特殊思想,这种思想一定要克服。

坚持理论联系实际的方针[*]

（1990 年 3 月 1 日）

今天，我们在这里举行中央党校 1990 年春季学期开学典礼，我对来中央党校学习的同志们表示热烈的欢迎。这一学期党校各学员部，特别是省部级干部进修班来的学员比往年要多，大家报名踊跃，学习热情高，这是非常可喜的现象。希望大家能适应新形势的要求，努力取得更好的学习成绩。

现在，我讲几点希望：

第一，从当前新的形势出发，进一步认识全党特别是党的高中级干部学习马克思主义基本理论的重要性和紧迫性。

大家都知道，现在我们党正处在一个关键的时期，面临的任务十分繁重艰巨。国际国内错综复杂的形势对我们党员干部提出了新的更高的要求。去年以来，东欧几个国家相继出现了社会和政局的动荡，苏联也出现了令人担忧的变化。可以说，社会主义和共产主义运动出现了历史性的曲折，形势是严峻的。这种情况促使我们不能不冷静地思考：为什么有些执政几十年的党，竟然会在短短的时间内发生这样巨大的变化。应当看到，这些变化对我国必然会产生一些消极影响，这一点不能低估。同时，这种情况也使我们头脑更加清醒，促使我们进一步加强党的建设，把我们党建设成更加坚强、更加团

＊　这是乔石同志在中央党校 1990 年春季学期开学典礼上的讲话。

结、更有战斗力的马克思主义的党,培育一大批能经得起任何风浪考验的坚定的马克思主义者。

从国内看,中央对当前工作向全党提出了三条总的要求:一是要继续保持安定团结的政治局面和社会的稳定;二是继续坚定不移地贯彻进一步治理整顿、深化改革的方针;三是大力加强党的建设。要实现上述要求,关键是要靠我们的各级党组织,靠广大党员特别是各级党的领导干部,带领群众,克服困难,艰苦奋斗,完成所肩负的历史使命。

在这种情况下,提高各级党的领导干部的马克思主义理论水平和运用马克思主义分析、解决实际问题的能力,成为十分现实和迫切的任务。这是我们沉着应付世界社会主义运动出现的严峻复杂形势的需要,是建设有中国特色的社会主义的需要。我们每个党的领导干部都要进一步提高学习马克思主义理论的自觉性。前几期,许多同志来党校学习之前担心时间长,影响工作,结业时大家感到时间太短,学然后而知不足。现在,同志们到党校来集中一段时间学习理论,希望大家珍惜这个机会,集中精力,勤奋学习,严格要求自己,力争读一点书,多思考一点问题,多总结一点经验,自觉地完成好学习任务。

第二,学习马克思主义理论,必须坚持理论联系实际的方针。

理论联系实际是我们党的"三大作风"之一。毛泽东同志毕生强调马克思主义普遍真理与中国革命和建设的实践相结合的原则,强调一切从实际出发、实事求是的原则。我们党校教育也一贯遵循这一方针。1942年毛泽东同志在延安整风中就提出:"对于在职干部的教育和干部学校的教育,应确立以研究中国革命实际问题为中心,以马克思列宁主义基本原则为指导的方针。"[1]1956年中央政治局又批准党校的教学方针为"学习理论,联系实际,提高认识,增强

---

[1] 《毛泽东选集》第三卷,人民出版社1991年版,第802页。

党性"。1985年,邓小平同志在党的全国代表会议上的讲话中提出,要"针对新的实际,掌握马克思主义基本理论"①。我们强调理论联系实际,关键是要在理论与实践结合中学会运用,在运用中求得发展。当前,主要是用马克思主义基本理论,特别是邓小平同志的建设有中国特色社会主义的思想,联系促进国家和社会的稳定,治理整顿、深化改革,加强党的建设的实际,把我们的工作和事业推向前进。

第三,理论联系实际是极不容易的一件事。既要牢牢掌握马克思主义的基本原理,又要深入实际、深入群众,进行艰苦的调查研究。

学习理论,读书是非常必需的,要提倡认真读书,刻苦钻研,真正掌握马克思主义的精神实质。同时,必须善于运用马克思主义的立场、观点、方法,来指导我们的实际工作。把马克思主义基本原理同亿万人民的社会实践密切结合起来,不断地在实践中探索事物发展的客观规律。要做到这一点需要有巨大的勇气和艰苦奋斗的精神。

近几年,有的党员和党员领导干部放松了对马克思主义理论的学习。应该看到我们在实际工作中发生的一些失误,往往是与一些领导干部马克思主义理论素养不够分不开的。特别是在复杂的斗争和严峻的考验面前,就会迷失方向。同志们在党校学习,要紧紧把握住以建设有中国特色的社会主义作为主要课题,学习马列主义、毛泽东思想的基本原理,学习邓小平同志的著作,学习党的基本路线和党内政治生活基本准则。当前,我们要根据形势和任务的需要,研究当代社会主义的若干问题,学习哲学,掌握思想武器,大力加强党建理论的学习和研究。进一步学会运用马克思主义来分析现实中的新情

① 《邓小平文选》第三卷,人民出版社1993年版,第147页。

况、新问题,更好地贯彻党的基本路线和方针政策;联系自己世界观的改造,自觉地加强党性锻炼,通过在党校的这一段的学习,为今后长时期在实际工作中继续学习打下一个良好的基础。

继承发扬党的优良传统和作风[*]

（1990 年 3 月 12 日）

党的十三届六中全会作出了《中共中央关于加强党同人民群众联系的决定》。这个决定对于恢复和发扬党的优良传统和作风,加强党和群众的血肉联系,保证我们党和国家政权机关永远不脱离群众,忠实地为人民服务,保证党在改革开放和社会主义现代化建设中充分发挥领导核心作用,具有重大的现实意义和深远的历史意义。今天我就贯彻六中全会精神,密切联系群众,加强党风建设讲些意见。

我们党是中国工人阶级的先锋队。党的历史任务,就在于领导工人阶级和人民群众为实现自己的彻底解放而奋斗。党的所有干部和党员,都是人民的公仆,都必须永远坚持全心全意为人民服务的宗旨。人民群众是创造历史的动力。群众路线是我们党的根本路线。我们要相信群众,依靠群众,一切工作都必须坚持"从群众中来,到群众中去"。如果离开人民群众,党的一切斗争和理想,不但都要落空,而且都会变得毫无意义。

密切联系群众,是党风建设中一个极重要的问题。用马列主义、毛泽东思想武装起来的中国共产党,经过长期的革命实践,逐渐形成了独具特色的理论联系实际、密切联系群众、批评与自我批评以及自

---

* 这是乔石同志在第十三届中央纪律检查委员会第六次全体会议上的讲话。

力更生、艰苦奋斗等优良传统和作风。正因为有了这些优良的传统和作风,我们党才能够制定正确的路线、方针、政策,形成强大的凝聚力和战斗力,赢得人民群众的拥护和信赖,克服种种困难,不断夺取中国革命和建设事业的巨大胜利。

在新的历史时期,党面临着执政和改革开放的严峻考验。党的十一届三中全会以来,党中央和邓小平等老一辈无产阶级革命家,多次强调党风建设的极端重要性,把党风建设提到关系党的生死存亡的高度。这些年来,我们党认真总结中国社会主义革命和建设的经验教训,制定了符合我国实际的路线、方针、政策,并采取了一系列深受广大群众拥护的重大措施,党的优良传统和作风进一步得到发扬光大。从总体上来说,我们的党继承了优良传统和作风。同时也必须看到,现在我们党内有些同志群众观念淡薄了,滋长了脱离群众、脱离实际的官僚主义作风。在少数党员干部中还出现了一些消极腐败现象。有的以权谋私,不择手段地为自己和亲属谋取好处,在住房、人事安排、子女就业等方面搞不正之风,甚至贪占国家和集体的财物,敲诈勒索,行贿受贿;有的在党内搞人情风、关系网,不讲原则,不顾大局;有的当官做老爷,不关心群众疾苦,对群众的呼声和建议充耳不闻,对工作极端不负责任,甚至弄虚作假,欺上瞒下,玩忽职守,给党和国家造成重大损失;有的违反规定搞特殊化,大吃大喝,讲排场,摆阔气,追求豪华奢侈,用公款装修高标准的私人住宅,肆意挥霍国家资财。这些问题尽管发生在少数人身上,却严重损害党的形象,影响党和人民群众的血肉联系,引起了党内外群众的忧虑和不满,其破坏作用决不能低估。如果不下决心彻底解决这些问题,搞好党风建设,就会影响党的路线、方针、政策的贯彻执行,甚至有导致丧失党的核心领导地位,毁掉我们为之奋斗几十年的事业的危险。

搞好党风建设是全党的任务,也是各级党委的一项重要职责。要建立健全党风责任制,各级党委要定期分析本地区、本部门的党风状况,经常研究党风建设工作。党的各级领导干部,要深入群众、深入实际,通过多种渠道听取群众的意见,了解党风建设中存在的问题,及时采取措施加以解决。党风建设要扎实持久地办实事,决不要搞形式主义。对群众反映强烈的问题和重大案件,党委领导要亲自抓。

搞好党风建设的关键在于党的各级领导干部,必须以身作则,严于律己,真正起到表率作用。广大党员和群众对于党风建设,最关心和注意的是领导同志的实际行动。每一个共产党员也都要按照党章和其他党规党纪的要求,从自己做起。

密切联系群众,搞好党风建设,必须切实搞好党政基层组织的建设。我们的基层组织直接活动在广大人民群众中间,他们同群众的联系最多。党和政府的一切工作,都要依靠他们、通过他们同群众一起去实现。群众每天直接接触和看到最多的是基层党员的表现。如果基层组织能紧密联系群众,全心全意为人民服务,把广大群众团结在自己周围,就可为整个党风建设打下一个坚实的基础。

搞好党风建设的一项根本措施,是提高党员素质。在一段时期内,由于我们对思想教育工作有所放松与忽视,有些党组织对党员降低了要求,有的党员放松了世界观的改造,有的受资本主义腐朽思想和封建主义思想残余的侵袭,违法乱纪。因此,无论是新党员,还是老党员;无论是党的领导干部,还是一般党员,都要加强党性锻炼,提高思想觉悟。要认真学习马列主义、毛泽东思想的基本理论,党的基本知识和党的十一届三中全会以来的路线、方针、政策,把学习和改造世界观结合起来,增强党性和组织纪律性。

要继续坚持从严治党的方针。首先对党的领导干部要严。领导干部要严格遵守党内各项规章制度和国家的法律法令。要严格坚持党员标准,每一个党员都必须按照党章规定的基本要求和党员义务去做。在党的纪律面前,所有党员都是平等的,决不允许有任何例外和特殊。

搞好党风建设要自觉接受党内外的监督。在执政条件下,党只有真心诚意地接受来自各个方面的监督,才能保证不滥用权力,不脱离群众。目前,党内的监督意识还比较淡薄,监督制度还不健全。这就要求,一方面,党员特别是党员领导干部要增强监督意识。领导职务越高,越应当自觉接受党内外的监督,要认真、广泛地听取各种意见。另一方面,各级党组织,特别是党的纪律检查机关,要切实担负起监督党员履行义务、遵守纪律的职责。接受党内外监督的一项重要内容,是发扬党的批评与自我批评的优良作风。有错误,就要真心实意地接受批评与进行自我批评。现在党内存在的那种"批评不得"的不良现象,必须坚决纠正。当然批评要注意政治,要有根据,要与人为善。

党的纪律检查委员会在党风建设中担负着重要的责任。纪检机关要带头继承和发扬党的优良传统和作风,努力做好各项工作。各级纪检机关,全体纪检干部要认真学习和贯彻党的十三届六中全会的精神,深刻认识搞好党风党纪建设对密切党群、干群关系的极端重要性,切实改进工作作风,从根本上提高纪检工作水平。各级纪委要继续抓紧大案要案的查处工作,深入开展反腐败斗争。要从本地区、本部门的实际出发,依靠群众,重点解决群众反映强烈的不正之风和腐败现象。通过惩治腐败,严格执纪,推动党风建设和廉政建设。

党风建设是一项长期而艰巨的任务。为了推动改革开放和社会主义现代化建设事业的不断发展,我们必须高度重视和加强党风建设。全党同志都要增强紧迫感和责任感,牢固树立坚决、持久地搞好党风建设的思想,通过扎实有效的工作,进一步恢复和发扬党的优良传统和作风,使党永远保持工人阶级先锋队的本色,继续把建设有中国特色的社会主义的伟大事业推向前进。

党风建设关系到党的生死存亡*

（1990 年 4 月 16 日—21 日）

我们干部队伍总体上还是好的,应该说还是廉洁的,不是腐败的。但是不同程度地跟群众疏远了,脱离群众、脱离实际的官僚主义,以及忘记了群众利益,只顾个人和小团体利益等现象确实存在。这样的状况不改变,发展下去就带有危险性。如果中国共产党脱离了中国人民,那危险就大了。一些真正从思想上和行为上腐败了的党员或者党员干部,这种人虽然数量不多,但危害大、影响坏,人民群众是很不满意的。这种人有多少就要查处多少,决不能心慈手软。只要我们长期坚持不懈地这样做下去,党风是可以搞好的。

党风建设,这是整个党的建设中非常重要的一环,关系到党的生死存亡。党风建设是我们中国共产党的特点,是具有中国特色的一个方面。党的"三大作风",是毛主席在中国党的建设过程中总结概括出来的,到现在为止,都还是非常好的。邓小平同志、陈云同志及其他老一代的领导同志,对党风建设也都非常重视,非常注意。应该说,十一届三中全会以来,我们党的党风总体上来讲是好的。这一点,我在中央纪委十三届二次全体会议上已讲过了。除了"三大作风"以外,小平同志讲党风的时候还讲到要自力更生、艰苦奋斗。从中国的实际情况来讲,自力更生、艰苦奋斗,也是我们党风中必须注

---

* 这是乔石同志在江西省考察期间讲话的一部分。

意保持的一个好传统,而且要长期坚持下去。因为中国这么大一个国家,无论哪一个方面要依靠外国都是不行的。从中央到地方,一直到基层,党员也好,党员干部也好,或者是非党员干部也好,没有自力更生、艰苦奋斗的精神,就不能带领群众搞好"四化"建设。

党风建设要准备走很长的路,不是发几个文件就能解决问题,要逐渐地使好传统、好作风蔚然成风。我们既要继承和保持党在几十年中间形成的好的传统、作风,同时又要在新的条件下加以发展,这是一个很艰巨的任务。现在是我们抓好党风建设很有利的时机。特别是去年党的十三届四中全会以后,我们全党都比较重视党风建设。因此要利用现在的有利时机,把党风建设搞得更好一些,而且要坚持不懈地抓下去,有一千个困难、一万个困难,都要想办法克服,把它长期坚持下去,逐步地形成制度,一代一代地传下去。

要加强马克思主义理论学习。这个问题,党的十二大、十三大以来好多老同志都一再强调过,它的重要性我就不重复了。加强马克思主义理论的学习,一方面,一部分做理论研究、宣传、教育工作的同志,应该进行更系统的、更深入的学习或探讨。比如说,党校在教授理论上应该钻研得更深一点,如果他是政治经济学的教授,就应该将马克思主义政治经济学跟当代经济建设的实际相结合,他们跟一般干部的学习要求是不一样的;另一方面,各条战线的干部要按照各条战线的需要,有的放矢地去进行学习。当然,党校应该帮助大家系统地进行学习,同时应该注意理论联系实际。干部除进党校学习外,在职学习也应该抓好。一个人从年轻时代到老年时期,进党校的时间终究还是少数,要提倡挤些时间读书的风气,养成学习的习惯。坚持不懈地学习,很有好处,我个人也有这个体会。要坚持不懈地、坚决地抽时间学习,每天能抽一个到两个小时,积累下来就很有好处。记得解放初期,我好不容易弄到一部"毛选",每天早上起来读它一个半小时左右,大概不到半年时间,把这本"毛选"从头到尾读完了。以后又学马克思、恩格斯和列宁的著作。现在在实际工作岗位的干部可能工作比较繁重,没那么多时间读书,但可以精选一些书来读。只要根据工作岗位的不同情况,下决心,既到党校参加一些比较有系统的学习,又在繁重的工作情况下,坚持抽时间读书学习,培养成习惯,一定会有成效。有一次我跟着小平同志到朝鲜去,刚到不久,我有事情要向他请示,看到他已经在那儿看书了,回答完我的问题后,他又接着看书。当然,长期革命实践、革命斗争的锻炼也是很重要的,但是理论学习也是不能少的。在学习的问题上,关键是要理论联系实际。当前,首先要把马克思主义的基本原理跟我们社会主义现代化建设的实践密切结合起来,跟建设具有中国特色的社会主义密切结合起来。现在,党风建设文件发得不少,讲得也不少,最主要的还是要逐步地落实,在落实中不断总结经验,不断前进。

廉政建设要从上面做起,从领导做起,从党政机关做起。我们国家现在还是个发展中国家,用公款大吃大喝,吃喝成风,这就会败坏风气,使社会风气也会越来越坏。所以吃喝风要坚决刹住,并且要长期坚持。不然,会发展得更严重。前几年,不是没有刹过。1986年就刹过。但是后来不但没有刹住反而发展了,不但上面机关,后来发展到下面去了,一直到基层。有的地方搞得相当厉害。所以,要能够长期坚持,必须从领导、从党政机关开头,带头严格坚持下去,执行下去。现在,有的地方抓得坚决,有的地方不坚决,这要想办法逐步解决,全国都应该一致。做生意方面的事情,恐怕还要具体研究一下,但如果依靠吃喝、送礼来招揽生意,这当然是错误的。总的原则应该是经济要搞活、要发展,同时风气要搞正。在实际工作中,要逐渐搞一点可以操作的规定。就是从一般号召变成比较能够具体执行的,哪怕在一个省、一个区、一个市的范围里先能够做得到,行得通。对各种不同的情况,也可以稍加区别。比如说,经济活动方面,到底怎么搞比较合适,对外怎么搞比较合适,可以结合具体情况研究一下。刚才说的"七所、八所"①问题,广而言之,实际上是基层办事单位的问题,这个提法的着眼点比较着重于基层。从中央来讲,首先要强调的还要从上面做起,你光讲"七所、八所",底下就有意见。我主张总的来讲,还是提加强基层建设,廉政方面从上面做起。当然,基层的廉政也非常重要,原来提出的"两公开一监督",还是有一定的道理,因为群众可以监督。有些办事制度能公开就公开嘛,比如说转户口,你就公开嘛,我今年就是这几个指标嘛,看谁最合理的就给谁嘛,然后办事的结果也公开嘛,再发动群众依靠群众监督,这样改进作风这个问题就好办了。查处干部违纪建私房的问题,一些地方反映困难比较大,如果发动群众,我看也是可以解决的。他建房到底材料哪来的? 劳动力哪来的? 钱从哪来的? 在一个小的范围内,发动干部、党员和群众,都还是可以查清的,就这么大一个地方,一个乡、一个镇、一个村子嘛。这种人你让他占便宜总不行! 当然建房的问题,也得有一点可以操作的界限。如果宅基地是符合国家政策、法律规定的,批准是有手续的,查了以后,可能宅基地稍稍超过一点,用料多一点,而没有很严重问题,类似农民盖私房。如果符合这个情况的,就要承认;不符合的,坚决查处,特别是严重违法乱纪的。如果严重违法乱纪的不处理,群众看在眼里,就会有意见,甚至对党不满意。当然各地还有一个平衡的问题。如果标准不一致,可以交流交流,应大体上一致。

基层是联系群众的最主要的渠道。我们这些省、地(市)、县的

---

① "七所、八所",也称"七站八所"。所谓"七站八所",是指县市区及上级部门在乡村的派出机构,"七"和"八"都是泛指,并非确切数字。

领导干部,到基层终究时间有限,但是基层干部天天在同群众打交道,所以基层组织不加强,党的组织基础就不牢固。基层党的建设和基层政权建设又是连在一起的,基层党组织建设加强了,基层政权建设也好办些。市县这一层的领导,一定要经常下基层,要蹲点搞调查,真正深入下去,为群众办好一些实实在在的事情,决不可浮光掠影。

党校是培养和教育
干部的重要阵地[*]

(1990 年 6 月 9 日)

全国省、自治区、直辖市党校校长会议今天开幕了！出席今天会议的除会议代表外，还有中央、国务院一些部门的负责同志。在此向全体与会同志表示热烈的欢迎！对党中央、国务院各单位前来参加今天的会议、对会议的支持表示感谢！

我们这次会议，是为了贯彻中央关于加强党的建设和加强干部教育工作的精神而召开的。会议的主要议题是，如何在新的形势下，加强党校工作，进一步推动全党干部的马克思主义理论学习。

小平同志说过："我们现在要建设有中国特色的社会主义，时代和任务不同了，要学习的新知识确实很多，这就更要求我们努力针对新的实际，掌握马克思主义基本理论。"因此，学习、掌握马克思主义基本理论，紧密结合中国社会主义现代化建设的实际，不断研究、解决在实践中出现的新情况、新问题，对我们坚持党在十一届三中全会以来制定的方针、政策和"一个中心、两个基本点"的党的基本路线，坚持走建设有中国特色的社会主义道路，具有极为重要的意义，也是一项非常迫切的任务。

---

* 这是乔石同志在全国省、自治区、直辖市党校校长会议开幕会上讲话的一部分。

在过去的 10 年中,我们党恢复和发展实事求是的思想路线,坚持实践是检验真理的唯一标准,重新确立和执行了马克思主义的基本路线,在社会主义建设中取得了举世瞩目的成就。但是,在前进的道路上并不是一帆风顺的。去年春夏之交发生的"政治风波"以及东欧一些国家出现的动荡,对我们党必然会产生一些影响;治理整顿和深化改革的任务还很繁重,面临的问题和困难也很多。我们能不能经得起前进道路上各种严峻考验,继续坚定不移地沿着党的十一届三中全会开辟的道路前进,从根本上来说,取决于我们党的各级领导干部的马克思主义觉悟和水平。

我们党能在以邓小平同志为代表的老一辈革命家的支持下,赢得平息"政治风波"的胜利,并保持了国家、社会的稳定,说明了我们党是坚强的、成熟的马克思主义的党,我们党的绝大多数干部是坚定的、经得起考验的。但是,近几年,由于放松了思想教育工作,一度出现马克思主义理论荒疏的现象。客观形势要求我们必须在全党范围内,在广大干部中,普遍地、深入持久地进行马克思主义教育,教育我们的同志学会运用马克思主义的立场、观点、方法去研究新情况,解决新问题,能够在复杂的情况下明辨是非,正确处理好各种矛盾;用马克思主义的基本理论去指导我们社会主义现代化建设的伟大实践,同时又在这个前无古人的实践中不断丰富和发展马列主义、毛泽东思想。否则,我们的事业就可能受到挫折,政治局势、经济发展也难以保持稳定。

目前,正是加强党校工作,推动全党学习马克思主义理论的好时机。以江泽民同志为核心的党中央对学习马克思主义理论很重视,提出要培养和造就成千上万真正的马克思主义者,确保党和国家各级领导权牢牢掌握在真正忠诚于马克思主义的人手中,这是关系到党和国家前途命运的大事。广大党员干部也从国际国内斗争的现实中更加感到,只有用马克思主义武装自己的头脑,才能自觉地坚持党的基本路线,从而增强了学习马克思主义的自觉性和紧迫感。同时,现在各地、各条战线、各个部门的任务都很繁重,大家越来越认识到:如果我们只顾忙于日常事务,放松马克思主义理论学习,就会迷失方向,甚至会犯错误。

党校是加强党的建设和用马克思主义理论培养教育干部的一个十分重要的阵地。我们要努力把党校办成轮训党的领导骨干、培养理论骨干和组织理论队伍、加强对马克思主义学习研究的重要阵地,办成增强党性锻炼的熔炉,这个任务是很重的。这次会议,就是要集中大家的经验和智慧,研究如何在新形势下更好地发挥党校的作用,担负起用马克思主义理论教育和武装各级领导干部这一极其重要的任务。这次会议时间不长,要抓住党校面临的一些主要的、目前急需而又能够解决的问题,认真进行讨论,总结交流经验,最后要形成一个加强党校工作的文件,报中央审核批发。希望同志们集中精力,集思广益,共同把会议开好。

理论联系实际是进一步
办好党校的关键[*]

（1990 年 6 月 15 日）

坚持马克思主义普遍真理同中国具体实际相结合,理论联系实际,实事求是,这是毛主席一贯提倡的,是我们中国共产党的一个很重要的特点,也是我们党从长期革命斗争实践中总结出来的一条基本历史经验。没有这一条,就不可能有以农村包围城市、武装夺取政权为特色的中国革命道路,就不可能战胜帝国主义和国民党反动派,建立新中国。在社会主义现代化建设的新的历史条件下,以邓小平同志为代表的中国共产党人,总结历史经验,开辟了一条建设具有中国特色的社会主义的道路,这是马克思主义与中国社会主义建设实际相结合的又一次成功飞跃。我们学习马克思主义必须坚持理论联系实际的正确方针,并把它贯彻到各个方面。就党校的历史和现状来说,解决好理论联系实际问题,也是进一步办好党校的关键。

第一,要针对新的实际,学习马克思主义基本理论。对我们大多数人来说,主要是学基本原理。要求全面系统地学习、精通马克思主义,应当是我们所希望和追求的目标,但真正做到却非常不容易。《马克思恩格斯全集》有 50 卷,《列宁全集》新版本也是五六十卷,还

---

* 这是乔石同志在全国省、自治区、直辖市党校校长会议闭幕会上讲话的第二部分。

有《毛泽东选集》,加在一起几千万字,这么多内容,对大多数人来说,不可能完全通读。因此,为了掌握马克思主义理论,我们提倡学习一些精选的马列著作和毛主席著作,学习邓小平同志的著作。精选原著应该注意两个问题:一是要避免以偏概全、断章取义。要把那些最能反映和体现马列主义、毛泽东思想基本理论的著作汇集起来,搞成重要文献汇编,不要搞成语录式的,实践证明搞语录的办法是不成功的。要通过学习精选的原著掌握马克思主义的基本原理。二是还要注意选指导当前我国社会主义建设的著作,如邓小平同志的著作和其他老一辈革命家的著作,这些著作与建设有中国特色的社会主义的实践的联系更紧密,更具有直接的指导作用。我们强调学原著,是因为马列主义的基本原理准确地反映在原著的阐述里。恩格斯曾经针对那些把马克思主义理论绝对化、自称为马克思主义者的人说:"关于这种马克思主义,马克思曾经说过:'我只知道我自己不是马克思主义者。'"这是非常发人深省的。所以,我们强调学原著,不是为了背诵词句,以引经据典来装点门面,而是从中学会运用马克思主义的立场、观点、方法,分析、解决中国社会主义建设遇到的各种各样的问题。当然,强调学原著并不排斥必要的辅导和帮助。

第二,理论联系实际,必须加强调查研究,面向实际,不断分析研究社会主义建设和改革开放中的新情况新问题,认真总结广大干部群众在实践中的新经验。生机勃勃的社会主义事业是亿万人民群众创造的,认真总结人民群众的丰富实践经验,并把它上升为理论,探索现代化建设的规律,推动各方面的工作,这样才能使我们的理论永远像有源头的活水,富有生机和活力。现在国际国内许多问题需要我们回答,经典著作并没有提供现成的答案,照抄照搬外国人的主张也行不通,只有以马克思主义为指南,面向群众,面向实际,研究新问题,总结新经验,才能找到问题的正确答案。比如说价格体制的改革,不改是不行的,问题是时机和做法。我赞成稳妥一些,先做认真细致的调查研究,把问题搞清楚,方案研究得比较成熟了,再有步骤地实行。比如说有计划的商品经济,既要有计划,又要搞商品经济;既要搞计划指导,又要有市场调节。从大的原则来说,大家都是没有异议的。但怎样做得更好,问题确实很复杂,应该估计到有时可能会出现失误。因为,即使我们的决策做到了民主化、科学化,由于国家大,情况千变万化,千差万别,一点失误没有也不可能。拿党的建设来说,完全按过去战争年代的做法也不行,因为我们现在是在执政和改革开放的条件下加强党的建设,我们党和每一个党员都需要在新的更为复杂的国际国内条件下,经受各种考验,加强党性锻炼,使党能适应新的环境新的条件,更加坚强,更有战斗力。这就不仅需要我们继承发扬历史上的一切优良传统作风,同时也要注意认真解决在新形势下面临的新问题。在新的历史条件下,特别要重视加强党群关系,一定要注意克服与群众疏远、脱离群众甚至严重违反群众利益、挫伤群众积极性的任何做法和行为。搞好党群关系,应该从每一个党员和党的干部做起,扎扎实实,真心实意地为群众办实事。要千方百计地注意加强基层工作。

第三,坚持理论联系实际,还要同增强党性相结合,这是我们党的优良传统。这次会议强调把党校办成对党员进行党性锻炼的熔炉,把党性锻炼贯穿于党校的学习中,坚定共产主义信念,牢记全心全意为人民服务的宗旨,这是我们党在延安时期就开创的好传统。我们共产党人必须言行一致,说到做到。领导干部讲廉洁,讲艰苦奋斗,首先自己要做到,要身体力行,带头做出好样子。这也是理论联系实际。从根本上说,坚持党性就是坚持马克思主义和中国实际相结合。毛泽东同志说过:"没有马克思主义的理论和实践统一的态度,就叫做没有党性,或叫做党性不完全。"我们应从这个高度来增强干部的党性锻炼。我们的任何一级党组织,必须在所有工作中,都能把党中央的指示精神同本地区的实际密切结合,加以贯彻执行。这样才能真正做到理论与实践相统一。

第四,理论联系实际,还要解决好坚持和发展的关系问题。对马克思主义基本原理,首先必须坚持,同时,又必须在实践中努力发展。不坚持就谈不上发展,而如果只强调坚持不讲发展,实际上也就做不到真正的坚持。坚持和发展归根到底统一于实践。

现在有人说马克思主义过时了,这是完全错误的。对这种论调,我们要理直气壮地、有说服力地加以批判。尽管从 1848 年《共产党宣言》发表以来,世界发生了巨大的变化,但是马克思主义的基本原理没有过时,马克思主义奠基人所阐明的社会发展的基本规律、资本主义社会的基本矛盾,至今都还是正确的,没有过时。马克思主义作为一种科学的世界观和方法论,是永远不会过时的。中国革命的实践证明,马克思主义是适合中国国情的。毛泽东同志说:"马克思列宁主义的普遍真理一经和中国革命的具体实践相结合,就使中国革命的面目为之一新。"什么时候把马克思主义同中国的实际很好地结合了,我们的事业就发展,就前进;反之,我们就受挫折,就产生失误甚至失败。没有马克思主义作指导,就没有中国革命的成功。新中国成立以来,我们的社会主义建设事业在马克思主义的指导下取得了巨大的成就,我们的国家在 40 年内发生了翻天覆地的变化。特别是近 10 年来,邓小平同志进一步明确指出实事求是、理论联系实际是党的思想路线的重要内容,充分发挥了马克思主义对建设有中国特色的社会主义的指导作用,取得了更加显著的成就。事实表明,马克思主义不仅没有过时,而且越来越显示出它的伟大的生命力。

坚持马克思主义,必须发展马克思主义。马克思主义并没有穷尽真理,它还必须在历史和科学的前进中不断丰富和发展。恩格斯曾指出,我们的理论是发展的理论,马克思主义的整个世界观不是教义,而是进一步研究的出发点和供这种研究使用的方法。列宁也在《我们的纲领》一文中说过:"我们决不把马克思的理论看做某种一成不变的和神圣不可侵犯的东西;恰恰相反,我们深信:它只是给一种科学奠定了基础,社会党人如果不愿落后于实际生活,就应当在各方面把这门科学推向前进。"我们强调结合新的实际坚持马克思主义的基本原理,并不是说要固守马列的每句话、每一个具体结论。我们不应拘泥于某些具体结论,要敢于在实践中探索,以求得新的发展,获得新的结论。根据实践经验正确地总结和概括出来的新结论不会背离马克思主义基本原理,而是为基本原理加进了新的内容。历史经验证明,从本国实际出发,以实践作为检验真理的唯一标准,勇于突破那些已被实践证明是不正确的或不适合变化了的情况的判断和结论,不仅可以解决不断出现的新情况、新问题,同时也可以使马克思主义在实践中进一步向前发展。毛泽东同志把马列主义基本原理同中国革命的实践紧密相结合,不仅领导我们党取得了中国革命的胜利,同时也丰富和发展了马列主义。党的十一届三中全会以来,邓小平同志强调解放思想,冲破"两个凡是"的束缚,带领我们不断探索建设具有中国特色的社会主义的规律,对马列主义、毛泽东思想的发展,作出了新的贡献。因此,离开实践的观点、发展的观点、创造的观点,就谈不上坚持马克思主义。僵化的、固定不变的观念本身就是不符合马克思主义的,或非马克思主义的。正如马克思、恩格斯在《共产党宣言》1872年德文版序言里所说的那样,马克思主义基本原理的实际运用"随时随地都要以当时的历史条件为转移"。

马克思主义的发展,不能只靠关在屋子里写文章。深入钻研和探讨是必要的,但更重要的是依靠千百万群众的社会实践。如果我们不注意探讨新问题,寻找新结论,坚持马克思主义本身就要成问题,这是不以哪个人的主观意志为转移的。但是要真正对马克思主义有所发展,决不是轻而易举的,而是十分艰苦的事情。只有不畏艰险,深入调查研究,在社会实践和理论探讨中勇于探索,善于用马克思主义的立场、观点、方法总结广大干部群众在社会主义建设和改革开放中的新鲜经验,才能够在人民的集体努力中,把马克思主义推向前进。

搞好党风党纪，建设廉洁政治*

（1990 年 7 月 15 日）

这次中央、国家机关纪检工作座谈会开了 4 天，今天就要结束了。从今天的座谈会和我看到的会议材料，我觉得会议开得不错。陈作霖同志的讲话是根据中央纪委常委会讨论的意见讲的，我也是同意的。会上 6 个部门介绍了经验，还印发了一些书面材料，这些对进一步搞好中央、国家机关的纪检工作，都有参考和借鉴作用。

一、要充分认识和利用当前的有利时机，切实搞好党风党纪和廉政建设

1. 全党提高了对搞好党风党纪和廉政建设重要性和紧迫性的认识

党的十一届三中全会以后，党中央和老一辈无产阶级革命家十分重视搞好党风党纪和廉政建设。小平同志 10 年来一贯强调要"两手抓"；陈云同志在 1980 年就指出："执政党的党风问题是有关党的生死存亡的问题。"党的十三届四中全会以来，全党对搞好党风党纪和廉政建设的重要性有了进一步的认识。这是因为：一是党的建设一度出现的某些失误，比如忽视思想政治工作的现象，在物质文明和精神文明的建设中，出现了"一手硬，一手软"的倾向，使党的事业受到一定的影响；二是去年发生的"政治风波"，使大家更加清楚

---

* 这是乔石同志在中央、国家机关纪检工作座谈会上的讲话。

地看到加强党的建设,搞好党风党纪和廉政建设,事关党的生死存亡,事关国家的前途命运;三是苏联东欧国家发生的剧变,从另一个方面证明加强党的建设、搞好党风党纪和廉政建设的极端重要性。

2. 全党抓党风党纪和廉政建设的大气候初步形成

其表现是:

——党风党纪和廉政建设在全党上下得到比较普遍的重视,提到了重要的议事日程,实际工作上也有了加强;

——领导机关、领导干部带头办实事,群众迫切要求解决的一些问题已经或正在逐步得到解决;

——查处了一批违纪违法案件,包括一些大案要案;

——党的优良传统和作风进一步发扬光大,大批干部深入实际,深入基层,群众路线的观点和公仆意识有明显的增强,党群关系有了一定程度的改善。

总之,党风党纪和廉政建设的形势是好的,当然也不能估计过高,不能有松劲情绪。会上6个部门介绍的经验和印发的一些材料说明,只要抓住这个有利时机,在党委(党组)的领导和有关部门的配合下,充分发挥纪检机关的作用,扎扎实实地做好工作,就能取得党风党纪和廉政建设的好成绩。各级党委(党组)和纪委(纪检组)一定要认清形势,把握住有利时机,进一步推进党风党纪和廉政建设。

3. 把抓好党风党纪和廉政建设坚持不懈地搞下去

党风党纪和廉政建设贯穿于执政党建设的全过程。中国共产党的执政地位是历史形成的,同时也是中国社会主义建设长期发展的需要和人民群众根本利益之所在。党的执政地位不仅要求我们有正确的路线、方针和政策,还必须搞好党风党纪,建设廉洁政治。

党风党纪和廉政建设贯穿于改革开放的全过程。小平同志讲过,端正党风这件事还要抓,而且要贯穿在我们整个改革过程中。开放、搞活,必然带来一些不好的东西,不对付它,开放、搞活就会走到邪路上去。所以,这是一项长期的工作。开放、搞活政策延续多久,端正党风的工作就得干多久,纠正不正之风、打击犯罪就得干多久。这样才能保证我们开放、搞活政策的正确执行。

我们同国内外敌对势力之间腐蚀与反腐蚀、渗透与反渗透、“和平演变”与反“和平演变”的斗争也是长期的。

以上这一切都决定,搞好党风党纪和廉政建设不是在短时期内抓几次就能解决的,必须坚持“一要坚决、二要持久”的方针。

二、各级纪委(纪检组)要搞好工作,必须靠党委(党组)的领导和支持,同时也要靠自己的主观努力

各级党委(党组)要重视和支持纪委(纪检组)的工作。党风建设是党的建设的重要组成部分,只有全党动手抓,才能取得真正的实效。目前总的说来,我们的党委(党组)是重视和支持纪委(纪检组)工作的,这一点应当肯定。各级党委(党组)为搞好纪检工作从精神上、物质上都给予了鼓励和支持,把党风党纪和廉政建设摆到了重要的议事日程。

各级纪委(纪检组)一方面要主动依靠党委(党组)领导,及时、准确、全面地向党委(党组)汇报党风党纪的状况,争取党委(党组)支持;另一方面纪检机关本身要提高对纪检工作和党风建设重要性的认识,增强责任感和使命感,振奋精神,克服困难,坚持原则,严肃执纪,加强党风党纪教育,积极主动做好工作,协助党委管好党风,集中力量管好党纪。会上介绍的经验证明,积极不积极,主动不主动,是大不一样的。

纪检工作有时会遇到一些比较敏感和复杂的问题,党内会有不同的认识,这是正常现象。纪检机关要按照党规党纪,坚持原则,善于工作，这也是对纪检干部特别是领导干部加强党性锻炼的一个重要方面。

中央和国家机关的纪检组长有的已经是党组（党委）成员，实际情况说明，这样做对工作很有帮助。还没有参加党组（党委）的，还是参加为好，以有利于纪检工作的开展。对即将派驻的纪检组和原有的纪检组，有关党组（党委）要从各方面给予支持，尽快地建立、健全起来，明确编制，配备和充实人员，以便更快更好地开展工作。

三、在党委（党组）的统一领导下，纪检、行政监察、审计和公、检、法机关都要密切配合，相互支持，抓好案件的查处工作

从当前查处的违纪违法案件来看，不少重大案件案情复杂，查处难度较大，党纪、政纪、法纪交织在一起，仅靠一个部门查处难以完成，这对有关部门之间加强联系和协作提出了客观要求。

在执纪办案中，纪检机关、行政监察、审计机关和司法机关各有各的优势，各有各的困难。只要这些部门主动加强联系，互相配合，紧密协作，就可以优势互补，形成合力，办案难的问题就比较容易解决。

在各级党委（党组）的领导下，纪检机关要在执纪办案中，充分发挥积极主动精神，切实搞好协调配合。

四、中央和国家机关在搞好党风党纪、廉政建设和纠正行业不正之风中要起带头作用和表率作用

在搞好党风党纪、廉政建设和纠正行业不正之风中，中央和国家机关起着极为重要的作用。中央和国家机关在党中央、国务院直接领导下，起着枢纽的作用。中央和国家机关的领导干部和工作人员的作风，对地方和基层的同志影响极大，他们的一举一动，直接关系到党的形象和政府的声誉。因此，领导机关、领导干部做表率、做榜样，本身就是无声的号召，以上带下，上行下效，就能形成好的风气。

　　行业不正之风直接侵害国家、集体和群众利益,最为群众所痛恨。业务系统和地方的党委都有责任抓好纠正行业不正之风的工作,但业务系统应该担负更主要的责任。中央和国家机关各部门党组(党委)今年下半年要把纠正行业不正之风作为一项重要任务,下大力量抓紧抓好。

　　各级纪委(纪检组)要协助党委(党组)抓好纠正行业不正之风的工作。不能把行业不正之风都看成是党风问题,但又不能说行业不正之风同党风没有关系。二者既有联系,又有区别。

　　纠正行业不正之风,要从本部门、本系统的实际出发,统一部署,依靠群众,集中整顿,综合治理。要制定一些切实有效的措施,使行业不正之风不仅能坚决刹住,而且能在此基础上形成制度,长期坚持下去。

五、要充分利用当前经济发展的历史机遇,就必须维护和巩固稳定的局面

　　现在我们国内的政治局势是稳定的,经济正朝着稳定增长的方向发展。国际形势虽然比较复杂,但总的趋势还是缓和,和平与发展仍是当代世界的两大主题。小平同志最近谈到,现在是中国历史上一个难得的机遇,是炎黄子孙几百年难遇的机会,这是建立在大陆有一个较稳定的环境,经济和各方面有一个较快的发展这个基础上的。并说,中国是很有希望的。90年代这10年非常重要,这是一个机会,不要丧失这个机会。

　　要利用这个机遇,就必须保持我们国家的政治稳定、经济稳定、社会稳定。稳定压倒一切。小平同志前不久谈到,关键问题是中国要稳定,乱不得。中国乱起来,不仅是中国的问题,也不仅是亚洲、太平洋地区的问题,而是世界性的问题。他还说,放弃了社会主义,中国就乱,就丧失一切。他指出,只有共产党才能领导一个稳定的社会主义中国。我们一定要遵照小平同志的指示,抓住这个机遇,坚持"一个中心、两个基本点",千方百计把国民经济搞上去,实现本世纪末的战略目标。为此一定要维护和巩固稳定的局面。只有稳定,才能巩固 11 年来改革开放和建设的成果;只有稳定,才能继续求得发展。要在稳定中发展经济,深化改革,加快社会主义的民主和法制建设。没有全国的稳定,什么事情也办不成。

要保持稳定,需要做许多方面的努力,搞好党风党纪和廉政建设,就是一个很重要的方面。要努力纠正、消除党内不正之风和腐败现象,恢复和发扬党同人民群众的血肉联系,保持党和整个社会的稳定。反腐败本身就是很大的政治,直接关系到党和国家的盛衰兴亡。小平同志在去年 6 月要求新的中央领导班子"首先抓这个问题","一手抓改革开放,一手抓惩治腐败"。不惩治腐败,就会从根本上动摇政治稳定的基础,从而就会阻碍经济建设的顺利进行,使中华民族丧失这个难得的机遇。我们纪检机关在这方面所担负的任务是繁重而光荣的。

基层党的建设是
我们党一切工作的基础[*]

(1990 年 7 月 28 日)

关于党的领导问题,我很赞成铁木尔^①同志在全委(扩大)会议上讲的,中国共产党的领导地位是在长期的革命斗争实践中逐步形成的。简单地讲,是历史形成的。因为除了中国共产党没有哪一个党能领导全中国各族人民去推翻三座大山。只有中国共产党的领导,才解决了这个问题。现在,要领导中国人民建设有中国特色的社会主义,搞现代化建设,我看离了中国共产党谁也搞不了。坚持党的领导是社会主义事业的客观需要,中国社会主义建设事业需要这么一个强有力的政治领导力量、核心力量。没有这样一个强有力的政治力量、核心力量,11 亿人民怎么团结,怎么沿着社会主义的航向前进? 当然,中国共产党要坚持自己的领导地位,必须加强领导、改善领导,包括加强同人民群众的联系。

建设社会主义是我们的目标。只有在中国共产党领导下,只有实行社会主义制度,才符合中国人民的根本利益。只有社会主义才能解决我们的经济建设、科学文化建设,以及其他各方面建设中面临

---

* 这是乔石同志在接见新疆维吾尔自治区党政军和生产建设兵团领导同志时讲话的一部分。

① 铁木尔,即铁木尔·达瓦买提,时任中共新疆维吾尔自治区党委副书记、自治区人民政府主席。

252

的问题。离开社会主义,就什么都谈不上。当然,我们的社会主义建设在实践的过程中间不是没有缺点的,包括中国共产党的领导也不是没有缺点的。中国共产党从建党以来,犯过大大小小的错误,但都是自己纠正了。像"文化大革命"这么大的问题,对毛主席晚年评价这么大的问题,我们在小平同志和其他老一辈革命家的领导下,自己纠正过来了。即使在刚过去的 10 年中,小平同志说了,我们没有大的失误,但小的失误也是不断的。这些都是由我们自己解决、自己总结的。在这方面,小平同志和其他老同志起了非常重要的作用。我们的社会主义制度,现在也不是很完善,也有这样那样的缺点。这方面,我们也在不断总结经验,不断完善。比如说,过去 40 年或者过去 10 年中,在经济建设上,急于求成可以说是反复出现的,有时甚至很严重。去年召开的党的十三届四中全会,通过经验总结,我们感到,中国这么大一个国家的建设,不能急于求成。只能在稳定中求发展,只能稳定地、持续地、协调地发展,不能追求很高的速度。如果急于求成,就会脱离中国实际,脱离中国现有的基础。

党的建设,很重要的就是党的各级领导班子的建设。加强这方面建设,加强各级领导班子的团结,这是党的建设的重要环节。团结有一个中心,有一个共同的理想,就是建设社会主义,取得中华民族彻底的翻身,最后是解放全人类。党的十一届三中全会以来,加强领导班子的团结,是有牢固的基础的,同时也是非常迫切需要的。各级领导班子的团结,是全党团结的关键,也是搞好党的各个方面工作的关键。对此,我们要有高度的自觉。加强党的建设也非常需要加强党的基层建设。过去多年来,我们基层党的组织建设抓得不够紧,某种程度上有所放松。有些基层组织软弱、涣散,甚至不起作用,这个状况在各省、区、市不同程度上都存在着,这个问题比较大。还有一个问题是加强基层政权的建设。基层政权建设跟党的建设是不能截然分开的。比如说,乡一级的党的组织如果是涣散的,乡一级的政权建设就难以搞好。基层的治安保卫工作,综合治理工作,离开了基层党政建设的加强,是搞不起来的。基层的治安工作最主要的依托,还是基层党组织、基层政权组织,没有它们,光依靠公安、政法系统解决不了这个问题。基层党的建设是我们党的一切工作的基础。说联系群众,归根到底,首先还是靠基层组织联系群众。如果我们绝大多数基层组织搞好了,再下决心有计划地把少数存在的基层问题解决好,党的工作就有了扎实的基础。我在路上跟宋汉良①同志、铁木尔同志讲过,我说,做州委书记、县委书记、市委书记的同志,现在是既好做也不好做。说好做,现在的同志比较年轻一点,精力充沛一点,文化稍微高一点,讲讲话,送往迎来,他都能很快熟练起来。说难做,是指真正深入基层,扎扎实实地联系群众,为人民群众办实事,每年都能说得出来替人民群众办了多少实事,做到这一点,也很不容易。当然,中央一级、省区市一级都有这个责任,都应该这样做,但特别是地、州一层,县市一层的干部,更要面向基层,经常在基层生活,把基层工作做好,密切联系人民群众。如果全党、全国都这样做,我们工作就有了很好的基础。我们解放军也有这个经验,支部建在连上,连就是基层,这是毛主席总结过的。离开这个,解放军的战斗力就不容易很好地发挥了。解放军几十年来的经验,包括党的建设、基层建设、思想政治工作,这方面的经验很值得我们做地方工作的同志注意。

---

① 宋汉良,时任中共新疆维吾尔自治区党委书记兼新疆军区第一政委和新疆生产建设兵团党委第一书记、第一政委。

保持密切联系群众、
自力更生和艰苦奋斗的作风*

（1990 年 8 月 28 日）

加强党的建设，密切党同人民群众的联系，搞好党风建设和廉政建设。鉴于东欧的经验教训，鉴于建党以来的历史经验，去年召开的党的十三届六中全会专门提出了这个问题。我们必须特别注意密切联系群众，任何时候也不能脱离群众，更不能违背群众利益。现在看，这方面的问题不少，有些问题是触目惊心的。有些贪污案件达几十万元。辽宁发生一起诈骗案，犯罪分子诈骗了两亿多港元，才不过是个 20 多岁的青年人。人们这么容易受骗上当，天真得无法想象。从这一点来说，不改革开放也不行。像这类问题，我们在执政以后比执政前遇到的要多一些。执政以后，客观情况有相当大的变化，条件好多了，这方面的问题也就增多了，所以，陈云同志提醒我们要经得起执政的考验。同时，我们现在实行对外开放的政策，也要经得起开放的考验。只要全党在今后几十年内经得起这些方面的考验，建设中国特色的社会主义是有希望的。在国外，即使别的党垮了，我们也不怕。有些人想孤立中国，在经济上制裁中国，也不可怕，想孤立是孤立不了的。经济制裁，吃亏的不光是中国。对制裁，我们可以坚决顶住，到一定时候逐渐利用各种国际矛盾，可以把国际环境搞得好一

---

*　这是乔石同志在河南省考察时讲话的一部分。

255

点。我想强调的是两点:一点是密切联系群众必须长期坚持,决不要看作是搞一段就行了的事情。不但我们这一代要坚持,下一代也要坚持。再一点就是不要搞形式主义、一阵风,而要扎扎实实地、真心实意地密切联系群众。联系群众需要各级领导带头,中央、省市的领导同志要带头,同时要教育地、市、县的领导同志,在工作中要把主要精力放在深入基层、调查研究、联系群众上,我认为这是一个最主要的基本功。现在,各种面上的事情比较好办,关键是真正踏踏实实地为群众办些实事,而且办出成绩,这是很不容易的。前一段我到青海去,就对省委的同志说,你们青海有过一个省委书记叫王昭,是青海人民最怀念的书记之一。我不认识王昭,只是看过有关材料,看了之后很受感动。你们河南出了个焦裕禄,前两天我刚到他的陵园去看过,建设有中国特色的社会主义,仍然需要发扬焦裕禄精神。我们提倡学习他,就是为了使我们广大党员、干部在新的历史条件下密切联系群众,保持全心全意为人民服务、自力更生、艰苦奋斗的作风。

加强党风和廉政建设,还需要把基层搞好。你们的基层组织建设有些地方搞得不错。看来关键是基层党组织的领导核心作用要发挥得好,这样就能带领全体党员和群众走社会主义道路,勤劳致富。要想办法,把基层党组织建设好,把领导班子配好,才能把各方面的工作抓起来。这个问题我在 1985 年到广东顺德县考察的时候就说过。如果党政基层组织不健全,没有这个依托,社会治安综合治理是不容易搞好的。当然,这个问题恐怕也不是短时间内可以解决的,要不断地总结推广先进经验,改变那些比较后进的基层组织的面貌,逐步加以解决。农村的基层组织搞好了,农民就可以带动起来,农村建设就可以搞好,工厂也应该这样做,也有一个加强基层建设的问题。

最后讲讲领导班子问题。领导班子团结是实现整个安定团结政治局面的关键,也是社会稳定的关键。各级领导班子都要注意加强团结,领导班子的成员都要有团结奋斗的自觉性。刚才宗宾①同志讲到"团结奋进、振兴河南"的问题,首先还是要加强团结。我们干部工作的基本政策还是德才兼备、干部队伍"四化"。我要说一句,干部队伍"四化"实践证明是正确的。至于在实行过程中,在具体工作方面有这样那样的缺点,那是另外一回事,注意改进就是了。把"四化"作为干部工作方针来讲是正确的,也是全面的,应该坚持。除了这个以外,干部还是要搞五湖四海,做干部工作的还是要公道正派。这样做才能真正把领导班子拧成一股绳,为建设有中国特色的社会主义,为振兴河南而奋斗。

---

① 宗宾,即侯宗宾,时任中共河南省委书记。

用马克思主义理论武装全党是非常重要的战略任务[*]

（1990 年 9 月 1 日）

今天，中央党校举行新学期的开学典礼，我们对参加本期学习的各班次的同志们表示热烈的欢迎。大家能够放下繁忙的工作，来党校集中一段时间学习马克思主义理论，是一个难得的机会。希望大家珍惜和充分利用这个机会，在学习中取得好成绩。下面，我简单讲几点意见。

一、深刻认识在新的历史条件下用马克思主义武装全党的战略意义，进一步提高学习马克思主义理论的自觉性

这一期新入学的同志，是今年 6 月开过全国党校校长会议后的第一批学员。在全国党校校长会议上，江泽民同志和其他中央领导同志都作了重要讲话，对在新的历史条件下用马克思主义理论武装全党干部的战略意义，以及党政领导干部应具备的基本素质等问题，作了深刻的阐述。中央最近还要发一个加强党校工作的文件。希望大家认真学习领会这些讲话和文件的精神，用以指导我们的学习。

用马克思主义理论武装全党，是一项非常重要、非常紧迫的战略任务。邓小平同志早就提出要针对新的实际掌握马克思主义基本理论的任务。去年，他指出，过去 10 年最大的失误是教育，这主要指思

---

* 这是乔石同志在中央党校 1990 年秋季学期开学典礼上的讲话。

想政治教育。我们在实际工作中没有能一贯地抓好这项工作。前几年,一定程度上放松了思想政治教育,放松了对干部的马克思主义教育,以致在一些党员和干部中出现了马克思主义理论荒疏的现象。去年我国发生的"政治风波"以及东欧一些国家发生的剧变,给了我们一个深刻的教训。我们必须冷静地思考过去,思考未来。我们党是一个马克思主义的政党,正在从事建设具有中国特色的社会主义的伟大事业。党的性质和任务要求全体党员,尤其是党的干部学好用好、坚持和发展好马克思主义。只有培养、锻炼和造就出一大批既通晓马克思主义理论,又熟悉我国国情,而且符合干部队伍建设"四化"要求的中青年干部,我们才能经受住各种风浪,才能领导全国人民通过艰苦努力,在21世纪中叶实现邓小平同志代表党中央提出的我国国民经济和社会发展的战略目标,把我国建设成为一个繁荣富强、高度民主、高度文明的现代化的社会主义国家。为此,我们必须大力加强党的领导和党的建设,认真加强马克思主义基本理论教育,不断提高干部的素质,从而确保党和国家的各级领导权牢牢掌握在忠诚于马克思主义的人手里,掌握在忠实于人民利益的人手里。这是关系到我国现代化建设的成败,关系到党和国家盛衰兴亡,关系到社会主义在中国的命运的大问题。现在,各级党委都提高了对这个问题的认识,党员、领导干部学习理论的空气逐渐浓厚起来。进党校学习的同志,肩负着十分光荣的任务,更要从新的高度来理解干部学习马克思主义理论的重要意义,进一步提高学习的自觉性。

二、学习马克思主义,要解决好理论联系实际的问题

学习马克思主义,最根本的是要理论联系实际。"实践第一"是马克思主义的一个基本观点,"实事求是"是毛泽东思想的精髓,理论联系实际是毛泽东同志倡导的党的"三大作风"之一。我们在最近十多年的改革开放和现代化建设中取得了很大的成绩,从根本上说,就是因为重新确立了党的实事求是、理论联系实际、一切从实际出发的思想路线。学习马克思主义,首要的就是要确立这样一条思想路线;坚持马克思主义,首要的也是要坚持这样一条思想路线。在我们党校,马克思主义理论的"教"和"学"都要以这条思想路线为指导,防止任何理论脱离实际的倾向。

对于马克思主义的基本理论,一定要刻苦钻研。马克思主义,从1848年发表《共产党宣言》以来,在实践的基础上不断传播和发展,已经走过了一个半世纪的历程。我们一定要把马克思主义作为一个处在不断发展中的科学体系去学习,认真领会其精神实质,切不可断章取义,以偏概全,把某些字句当教条。党校各有关方面要认真帮助学员学好马克思主义的重要文献。教学计划要有一定的系统性,又要突出重点。既要学习一些精选的马列著作和毛泽东著作,也要学习邓小平同志和其他老一辈无产阶级革命家的重要著作。这样,通过认真读书,弄懂马克思主义的基本原理,了解马克思主义在中国革命和建设中的发展,掌握马克思主义的立场、观点和方法。

理论联系实际,从根本上来讲,是要用马克思主义基本原理作指导,来解决革命和建设中面临的实际问题。而在党校的学习中,主要是要通过理论联系实际的方法,来加深对马克思主义基本原理的理解,提高自己的马克思主义理论素养,为在今后长期的实际工作中运用马克思主义打下基础。在当前,特别要通过学习掌握马克思主义的基本原理和中国的实际情况与历史经验,弄清楚为什么说党的十一届三中全会以来的路线是一条马克思主义的路线,为什么说建设有中国特色的社会主义是马克思主义与当代中国实际相结合的产物,是适合中国情况和符合中国社会发展规律的,从而增强贯彻执行党的基本路线的自觉性。

现在,我们党的思想路线和政治路线是好的,还需要在实践中进一步探索发展。我们在党校学习,是要掌握好马克思主义的基本原理,为今后的继续研究和探索打好基础,真正从各个领域走好建设有中国特色的社会主义道路。党校的学员来自各个具体工作部门,对实践中提出的一些问题也有较多的接触。党校的教员有较丰富的理论知识,或者对某一方面理论有较深入的钻研,我们要发挥教员和学员各自的优势,在教学中做到教学相长。教员和学员可以结合起来,围绕建设具有中国特色的社会主义这个中心,共同研讨一些实践中已经出现的重大问题。我们面临的问题很多,比如:如何更好地坚持"一个中心、两个基本点",把坚持四项基本原则和坚持改革开放在具体实践中很好地结合起来;怎样正确认识和执行计划指导和市场调节相结合的原则;怎样更好地在集中力量加强物质文明建设的同时大力加强精神文明建设;怎样更好地加强社会主义民主与法制建设等,这些问题,都需要我们下功夫去研究。我希望我们中央党校通过努力,能够探索出一套新形势下在教学中贯彻理论联系实际方针的办法来。这些办法要适合党校的特点,科学合理,切实可行。

三、把马克思主义理论学习同提高干部的党性修养紧密结合起来

6月召开的全国党校校长会议强调一个重要问题,就是要把党性教育作为党校的必修课,使党校成为干部增强党性锻炼的熔炉。加强党性,就是要求每个党员都必须按照无产阶级政党的党性原则来改造自己,增强实现党的奋斗目标的信心和决心,提高贯彻党的根本宗旨、执行党的基本路线的自觉性,发扬党的理论联系实际、密切联系群众和批评与自我批评等传统作风;就是要通过学习,掌握科学的世界观和方法论,不断改造自己的思想。当前,党性教育的重点是,认真贯彻十三届六中全会决定,使党员干部牢固树立全心全意为人民服务的思想,坚持走群众路线,自觉加强同群众的联系,发扬艰苦奋斗的精神,勤政廉洁,自觉同各种腐败现象和不良倾向作斗争。

同志们,当前我们国家的政治局势是稳定的,党内是团结的。人心思定,稳定压倒一切是全党全国人民的共同要求。在经济上,我们贯彻治理整顿、深化改革的方针,取得了比较明显的效果,国民经济从二季度开始逐步回升,沿海地区的对外开放也取得了新的进展,整个形势正在朝着好的方向发展。当然,在我们前进的道路上还有不少困难,政治上还有不稳定的因素,一些深层次的思想问题还没有完全解决;在经济上困难还比较多,根本解决这些问题需要作长期艰苦的努力。党中央、国务院准备在最近专门研究经济问题,并在适当的时间开会讨论有关第八个五年计划和今后十年发展规划的设想。我们的工作中有许许多多的具体问题亟待解决。希望大家在本期学习中,思想上理论上能有新的提高,分析问题、解决问题的能力也有进一步的增强,在结业后回到工作岗位能够取得新的更大的成绩。

发扬优良传统,引导人民群众把社会主义事业建设好[*]

（1990 年 11 月 3 日）

我听傅杰①同志说,研讨班办得不错,大家情绪饱满,很有收获。我祝贺大家学习取得好成绩。

中纪委办这样的班是第一次。既然是研讨班,有些理论性问题,经过研讨,认识加深了,比较明确了,也可能有些问题一下子还得不出明确一致的意见,还需要在今后的工作实践中继续探讨,这也没关系。有些比较重要的理论问题,本来就需要不断探讨。

今天我主要是来看看大家,借此机会,讲几点想法,和同志们一起探讨。

第一个问题,目前国内国际的形势,迫切需要我们加强马克思主义基本原理的学习。当然,这种学习应该是终身的。我在中央党校讲了,大多数同志主要是在工作岗位上,结合工作来学习,学一些最基本的马克思主义著作,联系工作实际需要,不断探讨。集中一段时间,到学习班、研讨班来,也很需要,好处是这样可以使大家摆脱日常工作,专心致志地读几本书。同时,各地来的同志在一起读书,用理论联系实际的办法,互相交流学习体会,加深对马克思主义基本原理

＊　这是乔石同志同中央纪委主办的纪检理论研讨班学员座谈时的讲话。

①　傅杰,时任中央纪委常委。

的理解,比一个人埋头看书收获会更大一些。我们希望通过这样集中的学习,使大家进一步认识到学习的重要性,培养读书的习惯,以后在工作岗位上坚持学习,这对自己是终身受用的。

目前的国际形势,总的来讲是很好的。我们在邓小平同志等老一辈革命家的率领下,从党的十一届三中全会开始开创了我国社会主义建设的新局面,11 年来取得了举世瞩目的成就,这是很不容易的。在有 11 亿 6 千万人口而只有 18 亿亩耕地这么一个大国里面,解决温饱问题是件非常了不起的事情。过去 11 年里,相当一部分城市,包括沿海城市、内地城市,经济建设发展较快,科技发展也是比较快的,整个国家的面貌发生了巨大的变化。这些大家都知道,我不多说了。

现在,90 年代已经到来了。90 年代是中国社会主义建设十分关键的 10 年。在这 10 年中,我们能否像老一辈革命家带领我们开创新局面那样,既坚持四项基本原则,又搞好改革开放,把经济建设搞上去,达到我们第二步战略目标,这是摆在我们面前的艰巨任务。形势和任务客观上要求我们党要更加坚强有力。我记得 1980 年在北京,听小平同志讲 80 年代的三大任务,最后归结起来就是,我们必须加强党的领导,为了加强党的领导必须改善党的领导。这些话给我的印象很深。如果没有党的领导,90 年代我们第二个战略目标怎么达到?经过十一届三中全会以来 11 年的实践,我们在坚持四项基本原则、搞好改革开放这两方面,都取得了很多经验,有正面的经验,也有反面的经验,当然主要是正面的。这些经验对我们今后加强和改善党的领导都是有重要意义的。问题在于全党要对过去的经验有全面正确的认识,这样才能在 80 年代取得的成就的基础上,团结全国人民把中国的社会主义事业建设得更好。目前经济建设中还存在一些问题,但有一条非常清楚,就是要继续搞好治理整顿,把改革深化下去，坚持到底，不管有一千个困难，一万个困难，也要把改革坚持到底，否则是没有出路的。这一点大家是越看越清楚了，看看我们自己的经验和其他社会主义国家的情况就更清楚了。

90年代我们面临的形势、环境，对我们的经济建设，对实现第二个战略目标，总的讲是有利的。小平同志讲，我们应该抓住这个有利的机遇，这个机遇在大陆来讲是几百年来所没有的。中国的建设，中华民族的振兴，主体是大陆。抓住目前这个有利的机遇把国家建设起来，靠谁呢？还要靠中国共产党，靠党的各级领导干部、各级党委和全体党员，团结全国人民来实现。从国际形势来看，创造一个有利于中国进行经济建设的和平国际环境，是有可能的，这主要是指避免世界大战，使中国的建设不致中断。我们的政治路线是把"四化"建设作为重点，坚持发展生产力，始终紧紧抓住这个根本环节不放松，即使发生战争，只要不打到我们头上，我们就一心一意搞建设。除非遇到大规模的外敌入侵，打完了仗还要集中力量搞建设。这个认识是十分重要的。我国独立自主的和平外交政策就是根据这些思路定下来的。

国际形势现在出现了各种各样的问题，这些问题讲起来很长，而且你们已经请外交部的同志讲过了。我只讲一个问题，就是苏联东欧的形势以及国际上的热点问题，我们总的方针是严格遵循独立自主的和平外交政策，按照这个路子去处理国际问题，这对我们国家建设有利。

东欧一些国家为什么变得那么快，毫无疑问，资本主义国家对它们进行"和平演变"，起了相当大的作用。但如果这些国家执政党本身没问题，怎么能一下就变了呢？毛主席在《矛盾论》里讲得很清楚，外因是条件，内因是根据。所以，要全面地看问题。西方国家对我们从来没有放弃过搞"和平演变"，我们有时候说得少一些是因为要同他们进行交往的需要。但资本家来投资、经商,你说人家来搞"和平演变",人家干吗?这能合作吗?我们自己心里有数就是了。所以说东欧国家的剧变有内部原因,虽然这些原因一下子不完全清楚,但有两方面是比较明显的。有的国家是搞改革没搞好,经济改革没搞好,政治改革搞的是多元化、多党制,西方势力趁机渗透进去了,现在经济很困难,政治也很困难;有的国家是不但不搞改革,还反对改革,坚持非常僵化的模式,还认为这是最好的模式。

苏联的情况和东欧不同。苏联有两个问题我印象很深,一个是斯大林时期领导权长期过分集中,积累的问题相当多,如经济工作上,强调以重工业为基础,忽视轻工业和农业,卫星上天了,航天站也有,花了好多钱,但日用消费品很紧张,农业本来自然气候条件就不好,方针政策又长期没有搞对头。再一个是民族问题,斯大林长期没有处理好,它少数民族比例大,搞的是联邦制,问题积累很多。近几年搞改革,又缺乏良好的引导,加上外国从中捣乱,变得十分棘手。这些问题如果有个强有力的党,有正确路线的指导,还是可以逐步解决的,改革也是可以搞好的。因此苏联会怎么变,现在还难说。我们不希望它往坏处变,但这终究不以我们的意志为转移。

苏联东欧的变化,对中国必然会有一定的影响。最大的影响是,第一个社会主义国家都这样了,中国搞社会主义还行不行?有的已经提出,社会主义的旗帜到底能打多久?好像1927年大革命失败后,提出红旗到底能打多久一样。应该承认,资本主义在取代封建主义之后,对人类历史发展的贡献是相当大的,马克思对资本主义社会的发展有很高的评价,那时他看到的是资本主义的前期,还不是现在的资本主义,从那时到现在已经150来年了,情况有了很大变化。从根本上来讲,马克思当年对资本主义社会基本矛盾的分析仍然有效,这些矛盾,到现在一个也没解决,相反扩大了。虽然垄断资产阶级采取了一些调整的办法，但根本问题没有解决，如生产的社会化和生产资料的私人占有之间的矛盾，并没有也不可能得到解决。

总之，要从理论上、实践上回答这些问题，我们党面临着繁重的任务。从国际形势讲，也迫切需要提高全党的马克思主义理论水平，特别是密切联系当代中国的实际，这样才能增强信心，看到自己的光明前途，才能腰杆子硬，在任何风浪面前不动摇。

国际国内形势，需要我们加强学习。学习马克思主义的基本理论，目的完全在于应用。我们共产党党员学习马列主义、毛泽东思想，学习邓小平同志的著作，目的全在于把中国当前的经济建设搞好，把我们的社会主义祖国建设起来。

第二个问题，研讨党的建设，有关党风党纪的理论，要紧密结合党的思想路线、政治路线。历史上每个时期，党的建设的着重点，具体工作方针都不完全一样，当然一切好的传统都应当继承。在新的历史条件下，不管是一般的理论研究，还是党的建设、党风党纪理论研究，都要紧密联系党在新时期的思想路线、政治路线来进行。十一届三中全会以来党的各项方针、政策，都是在党的思想路线、政治路线的指导下制定的。离开党的思想路线、政治路线，离开当前党的实际，就不可能深入探讨加强党的建设问题。

在党的十一届三中全会上，小平同志对党的思想路线有个表述，就是"解放思想、实事求是，团结一致向前看"。当时要解决"两个凡是"和对毛主席晚年的评价问题，提出实践是检验真理的唯一标准，这是很不简单的。实践证明这个思想路线是正确的，不但过去起了重要作用，而且现在和将来仍然具有极端重要的指导意义。在这点上不能含糊。实践是检验真理的唯一标准，是我们党在《矛盾论》、《实践论》的基础上，对马列主义理论宝库的一个重要贡献。

关于政治路线，邓小平同志在党的十二大开幕时讲，"我们的现代化建设,必须从中国的实际出发。无论是革命还是建设,都要注意学习和借鉴外国经验。但是,照抄照搬别国经验、别国模式,从来不能得到成功。"要"把马克思主义的普遍真理同我国的具体实际结合起来,走自己的道路,建设有中国特色的社会主义"。后来在实践中逐渐发展为党的十三大正式肯定的"一个中心、两个基本点",成为党在社会主义初级阶段的基本路线。关于党建理论,党风党纪问题的研究,都要同党的基本路线密切联系起来,避免孤立地研究。

第三个问题,在有计划的商品经济条件下从严治党,加强党的建设。社会主义有计划的商品经济发展的规律,和资本主义的经济规律是不一样的。我们是社会主义制度,以公有制为主体。个体经济、外资企业,在性质上不是社会主义的,但现阶段对中国的经济发展有好处,还不可少,但它不占主导地位。

社会主义有计划的商品经济,实行计划经济和市场调节相结合。这里商品经济不是凌驾一切之上的,是受制约的,因为我们有宏观调控。如对个体经济,要照章纳税,钱挣多了要缴所得税。外资合资企业也要遵守中国的法律。

同时要看到,中国的商品经济现在还是很不发达的,从全国范围看,商品经济刚开始搞。我最近到大别山区去,看到商品经济总算有了一点,再往深山老林里,商品经济有多少就很难说了。

现阶段发展商品经济是必要的,党员应带领群众致富。我看,基层党的干部自己劳动致富,并把全村带动起来,向共同富裕的目标前进,他个人富一些也应该。至于农村还有雇工现象,这种问题要研究。党员如果在新的条件下,违法乱纪,腐化堕落,党纪该怎么处理就怎么处理。我们党从建党以来,每个历史时期都有一些党员掉队,有一些脱离革命队伍甚至于叛变革命的人,现在我们在建设有中国特色的社会主义的新长征路上,出现一些掉队的人也不奇怪。过去比较长的时期我们是比较封闭的,对资本主义没有多少认识。那些盲目吹捧资本主义的人严格说起来,都是对资本主义很不了解的人。有的人只看到一些表面现象,就认为资本主义好得不得了,而根本不了解它的实质。"文化大革命"搞"以阶级斗争为纲","左"的思想发展到极端。在否定这些错误以后,我们较快地转到十一届三中全会的路线上来,实行改革开放,这是一个极重要的转变,当然也有一些人缺乏准备,有些人犯了这样那样的错误,这是难以完全避免的。总的来讲,不要认为有这些现象党就没有希望了,在从封闭到开放的大转变中,难免发生许多问题。关键是要严肃对待,认真处理,毫不含糊,这叫做从严治党。决不能因此责怪改革开放搞坏了,你要重新封闭起来是做不到的,没有这个可能性。总之,我们要在大力发展社会主义有计划的商品经济的条件下加强党的建设,加强党风党纪建设,这样,建设有中国特色的社会主义才有保障。

第四个问题,讲讲党风问题。大家在讨论中提到了加强党风建设问题,意见都是好的,原则上我都赞成。我主张把党风的面看得宽一些,我觉得毛主席关于党风的看法还是比较符合实际的。在党的建设上强调党风建设,强调反对主观主义,反对教条主义,反对宗派主义,这是中国共产党所特有的,别的社会主义国家的党都没有。毛主席对党风的看法最基本的有三句话,就是理论联系实际,密切联系群众,批评与自我批评这"三大作风"。理论联系实际,总的是要把马克思主义的基本原理和中国的具体实际密切结合,在革命和建设的各个时期都要紧密联系当时的实际。同时各条战线、各个地区还必须密切结合本身的实际。每一个党的组织、党的干部和党员,都要从自己所面临的实际情况出发,来实现这种结合。对于各级领导干部来讲,理论联系实际还有一条也很重要,就是要求下级做到的,自己一定要首先做到,否则你就不是称职的领导,决不能理论一大套,行动不对号,口头上说得非常漂亮,实际做的又是另外一样,这可不好,这可不是共产党人应有的作风。从某种意义上来说,行动比言论更重要,因为群众最注意的是你的行动。密切联系群众的领域也非常广,党的十三届六中全会专门通过了一个决议。批评与自我批评现在开展起来很不容易,有的人一受到批评就跟你记仇,耿耿于怀,没完没了。为什么共产党员就不能批评一下,不是说要像洗脸一样吗? 有点批评有什么不好呢? 即使批评不那么完全、不百分之一百的正确,也是允许的嘛! 这不都是上了经典的东西吗? 现在有些同志好像批评不得,这个风气不好。所以党的"三大作风"都有很丰富的内容,要深入进行研究,认真继承和发扬。

当然,除了这"三大作风"以外,还有一些党的好传统需要继承并在新的条件下予以发展,像自力更生,艰苦奋斗。中国的基本国情,决定我们只有自力更生,艰苦奋斗,才能把具有中国特色的社会主义建设好。这个精神也是我们过去在长期革命战争年代孕育发展起来的。我们希望争取外国的援助,只要不附带政治条件,有利于我们加快社会主义建设的,我们都要积极争取。但是中国这么大一个国家,不管哪一方面,如果没有自力更生的精神是根本不行的。一个地区也是这样,你光伸手向中央要钱,要其他地区援助,恐怕也不是个办法,还得自力更生,艰苦奋斗。艰苦奋斗在各个历史时期具体表现形式不完全一样。我们现在的条件,同战争年代无法比拟,就是比70年代也好得多。但艰苦奋斗精神还得有。为什么呢? 因为我们国家大,人口多,人民群众的生活水平不高,有的甚至还没有解决温饱问题。我们当干部、党员的,无论如何不能忘记这一点,不能跟人民群众的生活差距太大。我们搞纪律检查工作的同志都知道,有人利用职权盖私房,盖得那么高级,老百姓天天看到,一天走过几次骂几次,你说这给党造成多坏的影响。他盖房的材料、劳动力都不是真正依靠自己工资所得的,那老百姓还不骂?所以,保持艰苦奋斗的作风是关系到党和人民群众的血肉联系能否加强的大事。

党风还包括很多方面。总的来说,我们党有很优良的传统,有"三大作风",还有其他一些全党共知的好的作风。我们党是一个执政党,把我们的优良传统发扬起来,把党的作风建设好,对整个中国社会都会有很好的影响,可以引导人民群众把社会主义事业建设好。党风是不是还有其他的内容,大家可以讨论。我觉得,那些最基本的党的作风,无论如何全党要坚持。如果说有所丢掉的话,就要给它恢复起来,还要在新的条件下发展它,这就需要作艰苦的努力。有的同志说,现在90年代了,还提倡三四十年代的东西干什么。这样说是不对的,好的就该继承嘛!如果说90年代不能用三四十年代一些好的东西,那么150年以前马克思说的就更不能用了,这很荒谬。既然是共产党人,就应该保持我们共产党人的政治本色。

党纪问题我赞成大家的意见,应该从严治党,严肃执纪。首先要加强思想教育,提高全党的思想觉悟,自觉遵守党的纪律,不违背党的纪律。如果违背了党的纪律就要按照具体情况进行处理。比如说初犯的,犯得比较轻,那还是要教育,或者给予比较轻的处分。毛主席过去说过,要与人为善,为了挽救帮助,惩前毖后,治病救人。现在党员老化的情况非常值得我们注意,特别是在工、农业生产第一线,在科研、教育、文化工作第一线起骨干作用的党员越来越少。因此,要注意在第一线发展党员。发展党员还是要注重质量,条件成熟一个吸收一个。

总的来讲,在11亿6千万人口的大国建设具有中国特色的社会主义,这是一个极其宏伟的事业,也是长期的、复杂的、艰巨的,发展也会有不平衡。在民主革命时期,毛主席曾经总结中国革命有几个特点,即长期性、复杂性、艰巨性、发展的不平衡性。这些特点,在社会主义建设时期一定程度上依然存在。现在回想起来,民主革命胜利后我们有些同志,包括我自己在内,曾经有过不切实际的想法,觉得推翻了三座大山,掌握了国家政权,什么都好办了。后来的事实告诉我们,无论哪一方面都不是那么简单。比如经济建设,曾经多次出现急于求成的失误,给我们留下了深刻的教训。实践证明,在中国这样一个人口众多、贫穷落后的国家实现社会主义的现代化,必然是长期、复杂、艰巨的,其发展过程必然是不平衡的,这是由我们的基本国情所决定的。经济建设不能急于求成,改革开放也不能急于求成。我们一定要有长期作战、百折不挠的思想准备。我们的事业要一代一代地传下去,这就需要不断地学习马克思主义基本原理,同时要在实践中不断地吸收新鲜事物,总结新鲜经验,有所发现,有所发明,有所创造,有所前进,不断加深对于社会主义现代化建设规律的认识,逐步从必然王国走向自由王国。这样,我们党才能真正成为中国人民的领导核心,才能继续团结全中国人民夺取我国社会主义建设的新成就。我觉得,只要按照我们现在的路子,按照现在的路线,坚持不懈地搞下去,我们中国的社会主义事业就大有希望。对于世界上的事情,我们也不是悲观的,世界充满着矛盾,但是只要我们善于对待和处理这些矛盾,就能有利于我国社会主义建设事业的发展。

我们党除了广大人民的利益以外，没有自己的私利[*]

（1990 年 11 月 14 日—21 日）

　　中国共产党是为人民利益而工作的党。中国共产党之所以能够成为核心领导力量，能经受住考验，就是因为党不是为自己执政。党除了工人阶级和广大人民的利益以外，没有自己的私利。试想，如果我们的近 5000 万共产党员不是全心全意为人民服务，而是像极少数人那样，为个人谋私利，那我们党岂不要腐败下去，怎么能继续成为全国人民的领导核心？你利用职权建私房、用公款送子女读书，"走后门"参加工作，群众还能没有意见？我们党从成立以来，也有过不少失误，但终究是靠我们自己的努力走过来的，我们总结了成功的经验，失误也是由我们自己纠正的。所以，只要我们在执政和改革开放的新条件下，继续坚持党的优良传统作风，不脱离群众，为群众办事，为中华民族的振兴努力奋斗，我们就不会被任何敌人所战胜。反对"和平演变"的斗争，我们一定要长期坚决进行下去，同时，只要我们自己能保持党的优良传统作风，永远同人民群众在一起，我们就有了抵制力，就可以始终立于不败之地。理论联系实际也好，密切联系群众也好，批评和自我批评也好，艰苦奋斗的作风也好，这都不只是涉及近 5000 万中国共产党党员的问题，而是涉及整个中华民族的利益。

---

[*]　这是乔石同志在重庆市考察期间讲话的一部分。

新中国成立后,我们在社会主义建设上取得了巨大成就,但也有很多经验教训。最重要的是党的方针政策不能发生重大失误,否则造成的损失就大了。党的十一届三中全会以来,邓小平同志带领我们走改革开放之路并制定了一系列正确的方针政策。只要我们继续保持党的好的传统,沿着党的十一届三中全会以来的路线,沿着有中国特色的社会主义道路,坚定不移地走下去,就一定能把我们的国家建设得更加繁荣昌盛。我们已经走了 11 年,第二步要再走 10 年。到本世纪末,实现第二个战略目标后,还要继续走下去。只要我们有愚公移山的精神,一代一代地坚持走下去,终归是能够实现我们的第三步目标,进入世界强国之林的。中国这么大,有 11 亿 6 千万人口,如果共产党不能领导人民在经济上打一个翻身仗,真正把具有中国特色的社会主义建设起来,那还要共产党干什么? 我们怎么对得起全国人民? 我们一定要在以江泽民同志为核心的党中央的领导下,依靠全党的团结,依靠全体人民群众的艰苦奋斗,把 90 年代的工作做得比 80 年代更好。

要做好 90 年代的工作,关键是要把党自身建设好,真正使党成为中国人民的领导核心。如果将近 5000 万共产党员能团结奋斗,并把人民群众带动起来,就会有极大的凝聚力,这就要求每个共产党员必须发挥先锋模范作用,要求各级党组织必须增强战斗力。当前,要特别重视搞好党的基层建设。党的各项工作都要靠基层去落实,基层建设搞不好,党的任务也实现不了。我们现在一些党组织的吸引力、动员组织群众的能力是不够强的。各级党委的领导同志,特别是市、地、州、县级的领导同志,要经常深入群众,深入基层,多抓些典型,多了解些情况,让党的政策与群众见面,听取群众的意见,如果有不合适的地方,要及时修订。基层建设中存在的问题还是相当突出的,比如党员老化,生产第一线党员减少。应该按照党章的要求,注重在生产第一线发展积极分子入党。农村青年 20 岁左右就开始劳动了，在这些人中间，现在党员的比例是很小的。土改时期的干部年纪都大了。我们要看得远一点，逐渐把青年人培养起来。基层组织建设，关键是要把党支部建设好。军队是始终注意把支部建在连上的。基层党支部的建设与基层政权建设是分不开的。县和县以上的党组织要高度重视基层组织建设、政权建设，这是我们工作的基础，没有这个基础不行。如果党的基层组织是坚强的，事情就好办得多，带领群众也就会更有力些。对基层干部，我们既要提出要求，又要体谅他们的困难，帮助他们解决困难，充分发挥他们的聪明才智。有困难，他们向上反映是合理的，但归根结底，还要靠自力更生去解决。

纪检工作总的还是保证党的路线、方针、政策的贯彻执行。十一届三中全会以来，我们党提出了正确的思想路线、政治路线、组织路线，取得了巨大的成就，得到了群众的拥护。纪检工作也是紧紧围绕党的基本路线来开展的。在改革开放的新形势下，党风党纪面临着许多新的问题，特别需要我们坚持党的好作风、好传统。其中最主要的是毛主席概括的党的"三大作风"以及自力更生、艰苦奋斗的优良传统等。当然，我们在新形势下继承和发扬这些优良传统作风，不是说都按过去那样去要求。在革命战争时期，不仅要吃苦受累，还要流血牺牲，党的优良传统就是在这种情况下形成的。现在条件变化了，我们国家发生了翻天覆地的变化，十一届三中全会后实行改革开放，走上了建设有中国特色的社会主义道路，但好的传统作风仍然必须继承发扬下去。中国人口多，底子薄，要繁荣富强起来，不靠自己努力，靠谁？只能靠自力更生。

当然有少数党员变质，历史上几乎每个时期都有，但只要我们认真对待，严肃处理，就不可怕。其实纪委查处违纪案件也是一种教育，表明我们党是个最讲认真的党，党员违反了党纪就要受到处分。

如果有的人被开除了党籍,大家也就知道在什么情况下不能当党员了。当然,查处案件,纪委工作的难度还是大的。纪委要做好工作,需要党委支持。但作为纪委来说,主要还是要靠坚持原则和正确执纪来争取各方面的支持。根据党规党纪和实际情况,该严则严,该宽则宽,该澄清的要澄清。不仅查处了案子是成绩,为党员澄清了是非也是成绩。从根本上讲,为了维护党的先进性和纯洁性,纪委的工作是很重要的,只能加强,不能削弱。现在纪委不像刚恢复纪检机关时那样,管的面比较宽,而且各个部门都有了分工,但在维护党纪国法方面,纪委仍然是党内的主要机关。对法院、检察、监察等部门该支持的,纪委要坚决支持。在办案和纪委的工作中,该坚持的原则要坚持,不能因为有人说情就退让。纪检干部做好工作,主要不是靠年龄和资格,而是靠党性,靠坚持原则,靠公道正派,靠积极主动地工作。

牢牢依靠人民群众和全党团结，长期把社会主义道路走下去[*]

(1990 年 11 月 19 日)

  今天上午听取了万县地区^①的情况介绍，也包括巫山县的情况。希望同志们给巫山县党组织、全体共产党员、巫山县的干部群众，转达我对他们的问候。我原来也看到一些万县地区的灾情材料，虽然有印象，但不够深，这次自己来实地看一看，印象更深了。你们这里灾害多，主要的是伏旱。贫困山区困难总是多一点，这当然不是一个好现象，但从另一个方面看，也锻炼了党组织，锻炼了党员，考验了党员和干部。归根到底，我们中国要共产党干什么？就是在艰苦面前，要争取人民的解放、民族的解放，我们叫推翻三座大山。现在有些年轻同志没有经历过这些，只能在教科书上看到一些。中国共产党的使命就是为了中国工人阶级和全体劳动人民的解放。中国共产党成立以后，马上就投入到中国革命工人运动，然后又搞农民运动，一直到现在为止，中国仍然是以农民为主体的国家，农民占了 8 亿多。所以，不依靠农民，不发动农民，中国人民的解放事业就不可能取得胜利。因此就轰轰烈烈地开展了土地革命运动，推翻三座大山，反对国民党反动派的统治，然后在日本帝国主义威胁到中华民族的生存的

---

* 这是乔石同志在听取重庆市巫山县汇报后的讲话节录。

① 现为重庆市万州区。

时候,我们又领导全国人民,进行反对日本帝国主义的斗争。

明年是我们党成立70周年。70年来,有28年我们是从非常残酷、非常艰苦、非常困难的斗争中走过来的。但是说起来,我们还是很幸运的,因为中国共产党是最好的政党。中国共产党的领导,特别是在遵义会议后以毛主席为首的党中央的领导,是很好的。终于我们走出了一条有中国特色的革命道路,就是由农村包围城市,武装夺取政权,推翻三座大山,建立社会主义的中华人民共和国。共和国建立起来了还要党干什么?我看最主要的就是小平同志说的,是领导全国人民把社会主义的中国建设起来,就是要搞现代化建设。这个问题,在1956年党的八大报告中,主要就是讲这点,可是后来却很快就把它丢掉了。所以我们就走了不少弯路。最主要的一点,就是我们主观思想脱离了中国的实际,想在一个很短的时间内把中国的面貌完全改变。我们在座的很多同志都是从那时过来的,至少50岁以上的是从那时过来的。我也算是一个过来人。搞"三面红旗",结果造成很严重的后果。出发点是什么呢?就是想在中国早一点建成共产主义嘛,这是不是脱离中国实际?后来的实践证明了,党的十一届六中全会决议已经阐明了这一点。"文化大革命"时期,我们是想在意识形态以至整个上层建筑领域进行革命,以图很快把中华民族的繁荣富强问题解决了。当然这样解决不了,事实已经证明了。总的来讲,出发点是好的,我们叫做急于求成,结果效果适得其反。所以,有时候小平同志说,幸亏有一个"文化大革命"。这个倒不是说"文化大革命"好,因为算来算去"文化大革命"确实是一无是处。当然"文化大革命"也考验了我们党,考验了我们绝大多数干部,证明我们党,我们党员的绝大多数,干部的绝大多数是好的。另外也使我们得到了一个反面的教训,就是无论如何不能脱离中国实际,无论如何不能急于求成,无论如何要扎扎实实地走具有中国特色的、完全根据中国的实际情况出发的社会主义道路。这就是小平同志在党的十二大开幕词中讲到的：具有中国特色的社会主义道路。

从党的十一届三中全会到党的十二大、党的十三大，我们整个11年，应该说发展是巨大的，成绩是巨大的，是举世瞩目的。今天世界上有些社会主义国家已经变了，现在政权已经不在共产党手里了。刚才我已经说过了，困难能够锻炼党、考验党。东欧这些国家发生的问题，有他们自己党历史上的问题，第二次世界大战中这些国家不是完全依靠他们自己自力更生解放的，是依靠苏联红军解放的。1945年以后，多数东欧国家党的领导工作脱离了本国的实际，脱离了人民群众。他们在经济建设中间不能说一点成绩都没有，但是归根到底是没搞好，或者搞得非常僵化，或者是不搞改革，或者是改革搞错了方向，把经济反而搞乱了，搞成了今天这么一种局面。所以，革命胜利了，中华人民共和国成立了，搞社会主义，还要共产党干什么？就是领导人民把国家建设起来。这40多年我们有过很多经验教训。新中国成立前28年中有很多流血牺牲、英勇斗争的事迹，有很多血的教训。新中国成立后这40多年也不是没有教训啊，你们四川也有啊。有的是天灾，有的是人祸，就是我们党的工作没做好，使老百姓遭了灾。天灾总是有的，世界上没有不受灾的国家，特别是农业，美国也有灾，自然条件对农业的制约是相当大的。但是，如果党在方针政策上发生了重大失误，这个问题就大了，这个牺牲是很大的，不是很小的。这么多正面的和反面的经验教训。我刚才说过，我们建设的成就是伟大的，在世界上建立了这么一个人口众多、初步繁荣强盛的社会主义国家，这是很不容易的。但是，我们的国家真正要岿然不动，长期把社会主义道路走下去，就必须要严格从中国的实际出发，牢牢地依靠人民群众，依靠全党的团结，全党同志的艰苦奋斗、自力更生，保持我们战争年代以及整个社会主义建设时期那许多好的光荣传统,沿着十一届三中全会以来的路线继续走下去。要走多少年呢?我们已经走过了 11 年,现在呢,第二步至少要走它 10 年,到本世纪末实现第二个战略目标,达到小平同志提出的第二个翻番。在这之后还要继续走下去,走很长的时间。要几代人?我现在还回答不出来,反正我这一代是看不到的,要有愚公移山的精神,终归可以解决中华民族繁荣富强的问题。但是党的路线、方针、政策一定要正确,党一定要自力更生、艰苦奋斗,一定要紧紧地依靠人民群众。

希望你们很好地总结你们那些好的经验,回过来教育全县的人民群众,大家用愚公移山的精神,脱贫致富。你们按照中央经济开发、脱贫致富的政策,在过去几年中取得了不小的成就。但是工作还很多,还要继续努力。我今年夏天碰到陆定一①同志,我们交谈中,他给我说了一句话:"如果我们丰收了,就可能又要亡党亡国了。"他 80 多岁了,但这个话不是糊涂话。什么意思呢?就是胜利会冲昏头脑,丰收了就忘了贫困,忘了我们是如何取得现在这些成就的。虽然成绩应该称赞,但是终究底子还是薄弱的,经不起风吹雨打。怎么办呢?唯一的办法还是依靠人民群众和全党的努力,继续发展山区的经济,把农业搞上去,把种植业、养殖业搞上去,把有需要的山区有可能的乡镇企业搞上去,千方百计来改变山区的面貌。所以上午我给你们地委书记讲,归根到底,还是要眼光向下,而不是眼光向上。当然你们地区、你们县里希望上级领导支持,帮助解决一些问题,有很多是合理的,也是应该的。比如旱到这样一个情况,你们请中央派飞机来搞人工降雨,这个当然是可以的。痢疾流行,省里很关心,中央、卫生部也非常关心,千方百计来帮助你们解决治病问题,这是合理

---

① 陆定一(1906—1996),曾任中宣部部长、国务院副总理、中共中央政治局候补委员、中共中央书记处书记、全国政协副主席、中共中央顾问委员会常委。

的。今后你们还可以向上反映需要帮助的这样那样的问题和要求。但是更主要的,是立足于自力更生。中国这么大,这次人口普查是11亿6千万人,如果11亿6千万人民不能在共产党的领导下,在经济上打一个翻身仗,真正把具有中国特色的社会主义建设起来,我们共产党还存在干什么?怎么对得起中国人民?至于要多少年、多少代,说不准。我们初级阶段要到21世纪中叶,那么现在50多岁以上的人,按照目前的自然规律到那时都不存在了,也许现在的年轻人还在。我相信,只要我们继续坚持搞下去,在经济发展过程中,已经取得的初步脱贫的成就是可以得到巩固的,致富也是可以做到的,就是不要忘记自力更生、艰苦奋斗。

紧紧围绕党的基本路线
做好纪检工作[*]

（1990 年 11 月 30 日）

　　全国先进纪检组织和优秀纪检干部表彰大会今天开幕了。这是纪检系统第一次召开全国范围的表彰会。我代表党中央向受到表彰的先进纪检组织和优秀纪检干部表示热烈的祝贺！向全国广大纪检干部致以亲切的问候！

　　自党的十一届三中全会决定恢复中央纪律检查委员会以来，全国各级纪检组织和广大纪检干部认真贯彻执行党的路线、方针、政策，坚决同违纪现象进行斗争，努力纠正党内存在的各种不正之风，为加强和改善党的领导、密切党和群众的联系、维护安定团结的政治局面、促进经济建设和改革开放做了大量工作，取得了显著的成绩，涌现出一大批先进纪检组织和优秀纪检干部。这次表彰的 55 个先进纪检组织和 296 名优秀纪检干部就是他们中间的典型代表。通过这次会议，一方面要使这些组织和同志表现出来的坚持原则、认真负责、无私无畏、清正廉洁、乐于奉献、实事求是、联系群众、刻苦学习、勇于实践的可贵精神和优良作风得以发扬光大；另一方面也想请大家一起研究在新形势下，如何紧紧围绕党的基本路线把纪检工作做得更好。

＊　　这是乔石同志在全国先进纪检组织和优秀纪检干部表彰大会上的讲话。

党的十一届三中全会以来,我们党恢复了实事求是、一切从实际出发的思想路线,作出了把全党的工作重点转到经济建设上来、实行改革开放的战略决策,并制定出党在社会主义初级阶段的基本路线,走上了建设有中国特色的社会主义道路。短短的 11 年,我们取得了举世瞩目的伟大成就。家庭联产承包责任制的实行,使农村经济落后的面貌迅速得到了改观;改革和对外开放使工业生产和其他各项工作进一步充满生机和活力。从 1979 年至 1989 年,我国的国民生产总值以平均每年递增 9.5% 的速度不断增长,提前实现了国民生产总值翻一番的目标。随着经济的发展,国家的实力迅速增强,祖国的面貌发生了巨大变化,城乡人民的生活得到了较大改善。尽管在前进的道路上也曾出现过一些失误,但毫无疑问,这 11 年是新中国成立以来经济发展最快的时期,也是人民群众得到实际利益最多的时期。事实雄辩地说明了我们党的基本路线是正确的,它是马克思主义与中国实际相结合的产物。

党的基本路线的主要内容是"一个中心、两个基本点",它概括了十一届三中全会以来进行拨乱反正、全面改革的主要经验,集中反映了现阶段建设有中国特色的社会主义的本质和规律。以经济建设为中心,是由社会主义初级阶段的主要矛盾和我国的国情决定的。坚持四项基本原则、实行改革开放这两个基本点,是促进和保证经济发展、建设有中国特色的社会主义的两个基本方面,是为实现社会主义四个现代化建设这个中心服务的。大力发展生产力是马克思主义的重要原则,是社会主义的根本任务。邓小平同志说:"社会主义的任务很多,但根本一条就是发展生产力,在发展生产力的基础上体现出优于资本主义,为实现共产主义创造物质基础。"中国共产党自成立的那天起,就把建立一个社会主义的繁荣富强的新中国作为自己的基本任务。新中国成立前的 28 年,我们党领导新民主主义革命推翻了压在中国人民头上的三座大山,赢得了民族的独立、人民的解放。新中国成立以后,由于打碎了束缚中国社会生产力发展的旧的社会制度,建立了社会主义制度,使生产力迅速发展,中国发生了翻天覆地的变化。后来由于指导思想上的失误,搞了"以阶级斗争为纲",最后导致了"文化大革命"的十年动乱,使我国经济到了崩溃的边缘。

新中国成立以来的历史经验和十一届三中全会以来多方面丰富的实践,使我们全党和全国人民更加深刻地认识到"一个中心、两个基本点"这条马克思主义路线的正确性,对坚持走中国特色的社会主义道路更加坚定不移。

现在,我们已进入 90 年代。90 年代是我们建设有中国特色的社会主义非常关键的 10 年。同时,我们还面临着中华民族难得的机遇。从国际上看,尽管风云变幻,和平与发展仍是当前世界面临的两大主题。邓小平同志说过:"我们的政治路线,是把四个现代化建设作为重点,坚持发展生产力,始终扭住这个根本环节不放松,除非打起世界战争。即使打世界战争,打完了还搞建设。"他还说,这个方针要在广大干部首先是高级干部中明确起来。我们要紧紧抓住当前这个有利的机遇,专心致志、一心一意地搞好经济建设。我们争取一个相当时期的和平国际环境是有可能的。我国的国际经济联系也已有所拓展,只要工作得当,可以争取进一步向有利于我国建设的方向发展。我们国内经过去年这场"政治风波"以后,人心思定,依靠各方面的努力,社会稳定的局面也是可以很好地保持下去的。人民群众衷心拥护十一届三中全会以来的路线、方针、政策,这是我国社会、政治稳定的根本保证。经济上经过前一段的治理整顿,取得了明显的成效,虽然还存在不少困难,也是前进中的问题,通过进一步治理整顿和深化改革,是可以克服的,因此经济形势也是稳定的。当然我们应当清醒地看到,要在 90 年代使国民经济持续、稳定、协调地发展,实现我们的第二步战略目标,任务是十分艰巨而繁重的。江泽民同志最近在庆祝深圳特区建立 10 周年的会上说:"为了达到这一目的,我们必须继续坚定不移地贯彻执行党的基本路线,继续坚定不移地贯彻党的十一届三中全会、十二大、十三大以来确定的各项重大方针政策。"这是非常重要的。我们党的一切工作,包括党风党纪工作在内,都必须紧密围绕党的基本路线去进行。

10 多年来,各级纪检机关和广大纪检干部为贯彻执行党的基本路线做了大量的工作。这次表彰的先进单位和个人,归根到底是他们为建设有中国特色的社会主义、为社会主义两个文明建设做出了突出的贡献。他们的经验对我们的纪检工作更好地为社会主义现代化建设服务、更好地坚持党的基本路线,提供了良好的范例。我们要认真学习、大力表彰他们的事迹,普遍推广他们的经验。

学习他们的先进经验,首先要像他们那样认真学好马克思主义基本理论,牢牢掌握马克思主义的立场、观点、方法,不断提高思想理论水平和工作水平。这是当前广大纪检干部面临的一个十分迫切的任务。只有具备马克思主义的理论功底,我们才能在任何复杂的情况下始终保持清醒的头脑,全面正确地坚持和贯彻党的基本路线。因此,我们要密切联系建设具有中国特色的社会主义的实际,认真学习马列主义、毛泽东思想,掌握马克思主义的基本原理,认真学习邓小平同志的著作和党的十一届三中全会以来的路线、方针、政策,全面了解 40 多年来我国社会主义建设的主要历史经验,认真研究新情况、新问题,从而加深对党的基本路线的理解,进一步提高坚持和贯彻党的基本路线的自觉性。学习理论要和研究工作紧密结合起来,切实提高大家分析和解决具体问题的能力,使纪检工作更好地为坚持四项基本原则、为经济建设和改革开放服务。对于绝大多数同志来说,主要是在工作岗位上结合实际问题进行学习,当然也可以办短期学习班和有计划地抽调一些同志进党校深造。学习要有相应的制度,养成习惯,形成风气,领导干部要带头,做出榜样。

学习他们的先进经验,要像他们那样深入实际,在社会主义现代化建设中拓宽视野,认真地调查研究在贯彻执行党的基本路线中出现的问题,特别是反映在党风党纪中的问题,充分发挥纪检机关的职能和作用,及时予以解决。纪检机关要更好地协助党委抓好中心工作,促进经济建设,把坚持四项基本原则和促进改革开放更好地结合起来,在实行社会主义有计划的商品经济的条件下从严治党,搞好党风建设。这就要求我们要密切结合工作实践,坚持实事求是,一切从实际出发,以党的基本路线和党规党纪为准绳来正确执纪。按照实际情况,该教育的要加强教育,该保护的要予以保护,该处理的应严肃处理。这次表彰的先进典型中,有的以极大的政治热情支持和保护改革开放中涌现出来的先进人物,为他们澄清事实,排除非议;有的对在开拓和探索中发生这样那样的缺点而不构成违纪的同志,进行必要的帮助教育,并鼓励他们努力做好工作;有的大力查处乘改革之机以权谋私、损害国家利益的案件,为国家和集体挽回了重大的经济损失,在保证经济工作和改革开放的健康发展上做了大量的工作。这些经验都值得我们认真总结推广。

学习他们的先进经验,还要像他们那样认真搞好自身队伍的建设,树立起党的纪检干部应有的优良作风。10 年来的实践证明,纪检队伍的作风在整体上说是好的。但是,一些消极和不良的风气,一些腐败现象对我们这支队伍中的一些人也不是没有影响的。对于作风建设,我们丝毫不能放松。加强队伍建设,培养过硬的作风,关键是要在新的条件下,结合纪检工作的特点,继承和发扬党的优良传统。根据这次表彰的先进集体和个人的特点,我感到纪检干部要在五个方面当好模范。一是以身作则的模范。纪检工作的性质要求我们必须率先垂范,要严于律己,自觉地贯彻党的路线、方针、政策,自觉地遵守党的纪律。这一点不仅是纪检干部的素质问题,而且直接关系到纪检工作的权威。如果要别人遵守纪律,自己却不带头实行,那么怎能做好纪检工作、当一名党的纪律的忠诚卫士呢? 二是廉洁奉公的模范。在开放、搞活和发展商品经济的条件下,纪检干部尤其要自觉抵御各种不良影响,维护纪检队伍自身的纯洁性,并同一切不正之风和腐败现象进行坚决的斗争。这次表彰的先进个人中,有的拒绝为子女"走后门"安排工作,有的送子女到最艰苦的地方去工作,这些行动体现了一个纪检干部应有的无私精神。三是实事求是的模范。纪检干部一定要坚持实事求是的思想方法和工作方法,尊重事实,坚持原则,勇敢地同各种违纪现象进行斗争。10 多年来,在工作中涌现出不少只认事实、不畏权势的先进事迹,我们要大力宣传和提倡。四是自我批评的模范。"金无足赤,人无完人。"我们在工作中难免犯错误,难免有缺点,要勇于作自我批评,自觉修正错误,有错必纠,绝不文过饰非,否则不仅对自己不利,也必然有损于工作的开展。五是联系群众的模范。为人民服务是我们的根本宗旨,人民群众是我们智慧和力量的源泉。几年来,多数违纪现象是群众发现和举报的,查证工作也离不开干部和群众的支持。我们要有很强的群众观念,要经常深入群众,深入基层,认真倾听群众的呼声,及时解决、处理那些群众反映强烈的不正之风和违纪案件。要在贯彻党的十三届六中全会精神方面继续努力,做出成绩。

各级纪检机关要更加自觉地根据党的基本路线的要求来加强队伍建设和干部培养工作,要有切实可行的规划,有得力的措施。领导干部尤其要加强调查研究,注意发现问题、总结经验、树立典型,力求使纪检组织的战斗力和纪检干部的素质有一个比较大的提高。已经涌现出来的先进集体和个人在这方面积累了一些成功的经验,希望各级纪检组织和全体纪检干部认真向他们学习。希望先进纪检组织和优秀纪检干部谦虚谨慎,再接再厉,继续创造新的更大的成绩。

纪检工作是党的建设的一个十分重要的方面,是一项极光荣的任务。我们一定要从更好地坚持和贯彻党的基本路线这个高度出发,认真履行党章赋予的各项职能和职责,扎实努力,艰苦奋斗。我们应该有信心把90年代的工作做得比80年代更好。我们党完全有能力把全国各族人民紧紧地团结在一起,全力以赴地去实现党所确定的90年代的第二个战略目标,迎接21世纪的到来。

学习理论的根本办法
就是联系实际*

（1991 年 3 月 2 日）

今天，中央党校新的学期开始了。我代表党中央，也代表中央党校，对到党校来学习的新学员表示热烈的欢迎，并祝全体学员在新学期取得好成绩。

用马克思主义理论培训党的领导干部，提高干部的政治素质和理论修养，这是党中央交给中央党校的一项基本任务。每到一个历史发展的关键时期，党中央总是特别重视干部教育工作，用马列主义、毛泽东思想武装干部的头脑，统一全党思想，使广大干部能适应新的形势，开拓新的局面。这是我们党的建设的一条重要历史经验。

90 年代是建设有中国特色的社会主义历史进程中非常关键的 10 年。我们面临的新形势，既有严峻的挑战，又有良好的机遇。目前的国际形势风云变幻，第二次世界大战以后形成的世界格局正在改变。动荡和纷争不断发生，强权政治和霸权主义有新的发展，经济、科技等方面的竞争非常激烈，各种矛盾错综复杂，世界上许多地方很不平静，海湾战争虽然已经结束，但还有很多问题尚待解决。近两年东欧一些国家发生了剧变，苏联也出现了动荡，这些对我国都有一定的影响。但从总体来看，和平与发展仍然是当今世界的两大主

---

* 这是乔石同志在中央党校 1991 年春季学期开学典礼上的讲话。

题,是世界各国人民的共同愿望,是世界历史的一个大趋势,世界大战一时打不起来。国际形势总的来说对我们还是有利的。只要我们国内政治上稳定,经济上继续坚持正确的方针和政策,搞好治理整顿,进一步深化改革,同时继续坚持奉行独立自主的和平外交政策,积极开展工作,我国的国际地位就会进一步提高,我们同世界人民和友好国家的团结就会进一步得到巩固,对外开放也会进一步扩大。我们有可能争取到一个有利于我国建设的较长时期的和平国际环境。我们要像小平同志所说的那样,绝不能错过这样一个难得的机遇。不管世界上发生什么变化,只要不发生世界大战,只要战争不打到我们头上,我们就要专心致志、一心一意地搞现代化建设。即使战争打到我们头上,打完了战争,我们还是要搞建设。只要我们把自己的事情办好了,国际反动势力对我国的"和平演变"战略就不可能得逞,国内外敌对势力的破坏阴谋都将被粉碎。

党的十一届三中全会以来,在以邓小平同志为核心的党中央领导下,全党在贯彻党的基本路线、建设有中国特色的社会主义的伟大事业中,已经取得了举世瞩目的成就,实现了第一步战略目标,并为今后 10 年顺利实现第二步战略目标打下了坚实的基础。党的十三届七中全会在充分肯定 10 多年的成就,科学总结经验,正确分析形势的基础上,通过了《中共中央关于制定国民经济和社会发展十年规划和"八五"计划的建议》,提出了实现第二步战略目标的行动纲领,它标志着我国社会主义现代化建设进入了一个新的发展阶段。我们要在本世纪末实现第二步战略目标,最根本的一条就是要坚定不移地贯彻执行党的基本路线,坚持十一届三中全会以来已被实践证明是正确的和行之有效的方针、政策,全党上下团结一致,团结一切可以团结的力量,调动一切积极因素,把经济建设搞上去。将生产力的发展看作社会进步的基本决定因素,是马克思主义历史观的一个根本特点。大力发展生产力是社会主义的根本任务。邓小平同志说:"社会主义的任务很多,但根本一条就是发展生产力,在发展生产力的基础上体现出优于资本主义,为实现共产主义创造物质基础。"这是从马克思主义的原则出发,深刻总结社会主义历史经验而得出的科学结论。只有坚持"一个中心、两个基本点"的基本路线,保持社会稳定,专心致志地发展社会生产力,全力以赴地完成十年规划提出的各项任务,社会主义的优越性才能更好地体现出来,社会主义制度才能巩固和发展,才能为下个世纪全面实现第三步战略目标打好基础。认真贯彻十三届七中全会精神的重要意义也在这里。

政治路线确定以后,干部就是决定的因素。我们能不能抓住机遇,克服困难,开拓局面,实现第二步战略目标,一个非常重要的条件,就是有没有一大批忠诚于马克思主义、自觉贯彻党的基本路线、勇于开拓有中国特色的社会主义新局面的党的干部。我们党校的全体教师、学员都应该为实现这个光荣的重大的历史使命而努力。

党校的教育内容和各项工作都是围绕党的基本路线进行、为党的基本路线服务的。要正确地自觉地贯彻执行党的基本路线,必须在实践中不断总结正反两方面的经验,这就要求我们必须十分重视马克思主义基本理论的学习和运用,特别是党的高中级干部,在这方面应该有更高、更严格的要求。在抗日战争时期,毛泽东同志说过:"在担负主要领导责任的观点上说,如果我们党有一百个至二百个系统地而不是零碎地、实际地而不是空洞地学会了马克思列宁主义的同志,就会大大提高我们党的战斗力量,并加速我们战胜日本帝国主义的工作。"①今天,我们建设有中国特色的社会主义,需要更多这样的同志。马克思主义是指导我们思想的理论基础,党的基本路线

---

① 《毛泽东选集》第二卷,人民出版社 1991 年版,第 533 页。

是马克思主义的基本原理同中国现代化建设的具体实际相结合的产物。不掌握马克思主义的科学的世界观和方法论,就不能全面地正确地理解党的路线的精神实质,也很难正确地加以贯彻执行。因此,在去年全国党校校长会议上党中央提出,提高干部的马克思主义理论素养是提高干部整体素质的基础和关键。

党的十三届七中全会,围绕建设有中国特色的社会主义的基本理论和基本实践提出了十二条基本原则。这些原则是我们党在社会主义建设时期特别是最近 10 多年来丰富经验的概括。我们要用这些原则指导实际工作,并在实践中继续探索,不断地加以丰富和发展。毛泽东同志在 1941 年就指出,中国共产党的 20 年,就是马克思列宁主义的普遍真理和中国革命的具体实践日益结合的 20 年。他还强调,学习马克思主义理论的目的全在于应用。现在我们在建设有中国特色的社会主义过程中,也需要有这样的精神。我们每一个党的干部,都应深刻认识和领会毛泽东同志的这个思想,用这个思想来引导我们更加自觉地学习马克思主义理论,掌握马克思主义的思想武器。同志们到党校来学习,首先要下功夫学习马列著作,学习毛泽东以及邓小平等老一辈革命家的著作,力争多学习一些马克思主义基本原理。当然,在党校学习只有几个月,长的也只有一两年,只能打个基础,主要还得靠在今后的实际工作中长期坚持学习,靠在实践中学习。但有这个基础和没有这个基础很不一样。

学习马克思主义理论的根本办法就是联系实际。就一个党来说,能不能把马克思主义原理同本国实际相结合,关系到能否坚持和发展马克思主义,能否领导好本国的革命和社会主义建设事业,归根到底关系到我们事业的成败。我们只有把马克思主义同我国实际相结合,才能做好建设有中国特色的社会主义这篇大文章。就一个地区、一个部门来说,是否能把马克思主义、党的路线和政策同本地区本部门的实际情况相结合，也是搞好本地区、本部门工作的关键。我们要培养一大批善于把马克思主义的普遍真理同中国的具体实际相结合的干部。请同志们来党校学习，是为大家提供一个学习理论，联系实际，研究问题的良好条件。当前，理论联系实际的重点是认真领会十三届七中全会通过的《建议》的精神，全面掌握其中提出的原则和政策，努力加深对社会主义现代化建设客观规律的认识。坚持理论联系实际，就要一切从实际出发。恩格斯说过，马克思主义"提供的不是现成的教条，而是进一步研究的出发点和供这种研究使用的方法"。我们全党干部，特别是党的高中级干部，要学会运用马克思主义的理论分析、研究现实中出现的新情况和新问题，特别是要注意研究在改革开放中遇到的重大现实问题，探索解决新问题的途径。在探讨现实问题的过程中，要解放思想，实事求是，贯彻"双百"方针。只要大的方向对头，有些不同的意见，应该允许充分展开讨论。有比较才能鉴别，才能深入研究问题。真理总是愈辩愈明。在理论研究上切忌简单、武断，随意上纲。实践是检验真理的唯一标准，最终还是靠实践来检验我们的认识正确与否。

今年是我们党建党 70 周年。古人说："七十而从心所欲，不逾矩"，借用这个话的大意，我们可以说一个人到了 70 岁，经验丰富，基本上掌握了事物的发展规律，因而可以比较自觉地按照规律办事了，行动就比较自由了。我们党也是这样，经过 70 年历程的磨炼，已经更加成熟了。特别是党的十一届三中全会以来，我们逐步摸索出一条建设有中国特色的社会主义道路。这条道路，是符合中国实际情况的，是得到全党和全国人民衷心拥护和热烈支持的。当然，在前进的道路上还会有不少的困难，也可能会发生某些失误，但正如列宁所说的那样，坚冰已经打破，航道已经开通，只要我们坚持党的基本路线，并结合新的实际不断开拓前进，我们就能在建设有中国特色的社会主义道路上获得更多的自由,使我们的事业取得更大的成就。

我们党经历的 70 年,是坚持马列主义基本原理同中国革命与建设实际相结合,克服前进道路上一个个艰难险阻,取得一个又一个胜利的 70 年。全党同志要认真学习和研究党的光辉历史,继承和发扬党的优良传统和作风,坚定不移地贯彻执行党的基本路线。全党同志,特别是各级领导干部,要努力转变作风,力戒空谈,扎实工作,在以江泽民同志为核心的党中央领导下,同心同德,团结一致,沿着邓小平等老一辈领导同志开创的建设有中国特色的社会主义道路,努力开创新局面,以新的成绩来庆祝党的 70 岁生日。

从严治党关键是要严、要落实[*]

（1991 年 4 月 19 日）

这次全国纪律检查工作会议已经开了 4 天，大家听取了陈作霖同志和李正亭①同志的报告，进行了认真的讨论，提出了不少好的意见和建议。姜春云②同志向会议介绍了山东省全面抓两个文明建设的情况，有 12 个地区和部门的同志在会上介绍了经验。同志们反映，会议开得不错，进一步认清了形势，明确了任务，坚定了搞好党风和廉政建设的信心。大家认识比较一致。这对于贯彻落实党的基本路线，保证十年规划和"八五"计划的实施，将起到重要作用。

一、关于形势和总的任务

党的十三届七中全会提出的《中共中央关于制定国民经济和社会发展十年规划和"八五"计划的建议》，经过七届全国人大四次会议的批准，成为全国人民的行动纲领。它标志着我国社会主义现代化建设进入一个新的发展阶段。这个发展阶段的主要任务，就是实现社会主义现代化建设的第二步战略目标。今后 10 年，要在 80 年代已经取得巨大成就的基础上，国民生产总值再翻一番，人民生活达到小康水平，社会主义精神文明建设达到新的高度，社会主义民主和法制进一步健全。特别是要通过深化改革，初步建立计划经济与市

---

① 李正亭，时任中央纪委常委、副书记。

② 姜春云，时任中共山东省委书记。

场调节相结合的经济体制和运行机制,把国民经济整体素质提高到一个新的水平,使各项事业都有较大的发展,综合国力再有一个大的提高,为下一个世纪的发展打好基础。可以说,第二步战略目标令人鼓舞,意义重大,影响深远,任务也相当艰巨。

当前,国际形势风云变幻。第二次世界大战以后形成的世界格局正在改变,动荡和纷争不断发生,强权政治和霸权主义仍在影响世界和平进程,经济、科技等方面的竞争非常激烈,各种矛盾错综复杂。目前东欧国家的日子很不好过,但东欧的共产党人和工人运动也不见得就此完了,他们总会在艰难的条件下重新寻找自己的道路。正如唐代刘禹锡的诗所说:"沉舟侧畔千帆过,病树前头万木春。"东欧的剧变和苏联的动荡,对我国有一定影响。国际敌对势力将乘机加紧对我进行"和平演变"和渗透。对此,我们要保持高度警惕,绝不可掉以轻心。应当看到,和平与发展仍然是当今世界的两大主题,是各国人民的共同愿望。世界大战一时打不起来。国际形势总的来说,对我国是有利的。1989年以来西方国家对我国进行的"制裁"已经有了相当的突破。只要我们继续坚持独立自主的和平外交政策,我们在对外关系上就还有较大的回旋余地,就有可能争取到一个有利于我国建设的较长时期的和平的国际环境。

我国国内的形势也是好的。党的十一届三中全会以来,我国的社会主义现代化建设取得了举世瞩目的成就,提前完成了经济总量第一个翻番的任务,综合国力有了很大增强,人民生活水平显著提高。这为我们实现第二步战略目标奠定了良好的基础。当前,全国社会稳定,政治稳定,经济领域的治理整顿已取得明显成效,改革开放正在深化,经济形势在朝着好的方向发展。党的十三届七中全会和七届全国人大四次会议为全党全国人民指明了前进的方向和提出了实施的步骤,各行各业都在为实施"八五"计划和十年规划而努力奋斗。当然,在前进的道路上还存在一些困难。经济领域中一些深层次的问题还没有根本解决,经济结构不合理,市场销售疲软,企业经济效益不高,国家财政困难较大,建设资金短缺,农业基础还比较薄弱;经济、科技、教育乃至政治体制改革的任务相当艰巨,社会各方面还存在许多不安定的因素,资产阶级自由化的影响仍然不能低估。对于存在的问题,我们决不能忽视,一定要认真研究,努力加以解决。我们坚信,只要全党上下团结一致,充分调动全国人民的积极性,就一定能够克服困难,在80年代取得的成就的基础上,把90年代的工作做得更好。

要做好90年代的工作,实现第二步战略目标,最根本的、具有决定性意义的条件是什么呢?这就是要坚持党的基本路线。邓小平同志指出,有一条坚定不移的、贯彻始终的政治路线,是实现四个现代化必须具备的一个前提。党的十一届三中全会以来,在邓小平同志等老一辈无产阶级革命家的带领下,我们党恢复和坚持了实事求是、一切从实际出发、理论联系实际的思想路线,把马克思主义的普遍真理同中国当前的实际相结合,科学地总结了社会主义建设的历史经验,实现了把工作重点放在经济建设上这样一个根本性的转变。我们坚持以经济建设为中心,在坚持四项基本原则的同时坚持改革开放,形成了"一个中心、两个基本点"的党的基本路线。在这条基本路线的指引下,我们在农村经济体制改革取得巨大成功的基础上,又对城市经济体制进行了改革,对科技、教育等方面的体制进行了改革,扩大了对外开放,大大调动了人民群众的积极性,实现了社会稳定,取得了农业连年丰收、工业持续大幅度增长的巨大成绩。实践证明,党的基本路线是一条符合中国国情的正确路线,是得到全国人民衷心拥护的路线。10年来,我们在具体工作中曾经出现过一些失误,究其根源,都是由于这样那样地背离了党的基本路线而造成的。

为了完成 90 年代的任务,我们必须进一步提高执行党的基本路线的自觉性,坚持和发展经过实践证明是正确的一整套方针、政策,坚定不移地走建设有中国特色的社会主义道路。只要我们这样做了,只要我们紧紧依靠人民群众,把自己的事情办好了,把物质文明和精神文明建设搞上去了,无论世界风云如何变幻,无论国内出现什么样的情况,我们都能经受得住各种冲击和影响,立于不败之地。

二、纪检机关如何落实七中全会精神和十年基本任务

这次会议的中心议题是贯彻党的十三届七中全会精神,保证十年规划和"八五"计划纲要的落实。下面,我主要就在党风党纪方面怎样保证十三届七中全会精神的贯彻,保证全党和全国人民总的行动纲领的落实,谈几点意见。

第一,加强学习,全面深刻地认识 90 年代任务的重要意义及完成这一任务的紧迫性,认清我们肩负的历史使命。90 年代是实现我国社会主义现代化建设分三步走的战略目标中非常关键的 10 年。我们在 80 年代所取得的成就能不能巩固,已被实践检验证明是正确的路线、方针、政策能不能坚持和发展,我国下个世纪的发展能不能有一个好的基础和起点,都取决于 90 年代的工作做得怎样。我们说党的十一届三中全会后总结了历史经验,拨乱反正,制定了正确的思想路线、政治路线。80 年代我们沿着十一届三中全会确定的方向,在实践中逐步解决了建设有中国特色的社会主义的一系列基本方针政策,形成了"一个中心、两个基本点"的党的基本路线。那么 90 年代我们就要在这个基础上,继续沿着这条道路前进,并从各方面加以充实、丰富和发展。围绕着建立社会主义有计划商品经济的新体制和计划经济与市场调节相结合的运行机制的总要求,有许许多多实际问题需要解决,诸如价格、财税、金融、工资、住房、劳动就业等体制的改革,社会主义精神文明建设和社会主义民主与法制的建设,等等。只有本着坚持改革、深化改革的精神,不断在实践中探索前进,切实解决好这些问题,建设有中国特色的社会主义的内容才能更丰富、更完善,更显示出它的优越性,才能为下个世纪的发展打下良好的基础。

国际国内形势对我们完成 90 年代的任务,既有严峻的一面,也有有利的一面;既是机遇,也是挑战。我们要抓住中华民族百年不遇的机遇,一心一意把"四化"建设搞上去。搞"四化"建设,搞改革开放,也如逆水行舟,不进则退,不仅倒退没有出路,停滞也是不行的。如果我们不能在今后 10 年里切实加强农业,使农业上一个新的台阶,国民经济将缺乏坚实的基础,也无法满足新增人口的需要;如果我们不大力发展科学技术,我们工业的技术改造搞不上去,经济不能提高到一个新的水平,国防建设不能适当地得到改进和发展,我们与发达国家的差距就还要拉大;如果我们的思想政治工作、文化教育工作不能得到切实的加强,人口素质不能有个较大的提高,不能培养出千千万万合格的接班人,我们的社会主义现代化建设就会发生后继无人的危险;如果我们不能通过深化改革,在 90 年代搞出一个有中国特色的社会主义的大体框架,到 21 世纪各方面的矛盾就会愈来愈突出。正是从这个意义上讲,90 年代工作的好坏,可以说关系到整个中华民族的振兴和我国社会主义事业的兴衰成败。全党都必须对此有足够的认识。

我们做纪检工作的同志也只有深刻认识这种形势逼人的大局,深刻认识我们面临的任务的艰巨性和紧迫性,才能紧紧围绕党的基本路线,围绕 90 年代的基本任务,加强党风党纪建设,在"四化"建设和改革开放中全面履行党章规定的三项主要任务,充分发挥纪检机关"保护、惩处、监督、教育"的职能作用。

我们强调党员要遵守党的政治纪律,最根本的就是要求党员在政治上同党中央保持一致,坚持以经济建设为中心,坚持四项基本原则和改革开放,从思想上到行动上坚决贯彻执行党的基本路线,坚定不移地走建设有中国特色的社会主义道路。

第二,从严治党,严肃执纪,搞好党风建设。这是全党和全国人民普遍的强烈要求。这几年,以江泽民同志为核心的党中央,在反对腐败、加强廉政建设方面采取了一系列重要措施,形成了全党抓党风的好形势。纪检机关在党中央和各级党委的领导下,依靠人民群众,在严肃执纪、查处违纪案件方面做了大量的工作。陈作霖同志和李正亭同志的报告中已经讲了这方面的主要情况,我同意他们的基本估计。我们必须看到这方面所取得的明显成效,巩固和发展已有的成果,继续坚持不懈地抓下去。看不到党风和廉政建设以及执纪查处工作的成绩是不对的,因为这不符合实际,也会挫伤干部和群众的积极性。但对此也不能估计过高,还要看到在党风党纪方面存在的问题还很多,离人民群众的要求和执政党建设的要求还很远,在这方面我们还面临着非常繁重和艰巨的任务。我们一定要紧紧围绕党的基本路线,结合经济建设和改革开放的实际,结合社会主义精神文明建设的实际,大力加强党风和廉政建设,从严治党。在这方面我想强调几点:

(1)结合当前实际,加强对党员的教育。我们党是一个有近5000万党员的大党,对党员的教育和管理是一项非常重要和迫切的工作,尤其是对年轻党员、新党员和党员干部一定要抓好经常性的党风党纪教育,增强他们的党性和纪律观念,抓好为人民服务的宗旨教育,增强他们的公仆意识。关于这个问题我们已经讲得不少了,我想着重指出一点,我们必须从正在进行的建设有中国特色的社会主义的具体实践出发,运用今天广大党员,包括新一代的年轻党员能够理解的语言,去进行马克思主义的教育、党的基本知识和党的优良传统的教育,以提高党员的整体素质。马克思主义的基本原则一定要坚持,党的优良传统一定要发扬,但要力求用结合当前实际的、针对广大党员具体思想的、新鲜活泼的语言来讲,努力避免一成不变的、千篇一律的语言,以求收到较好的实效。

(2)要紧紧围绕"一个中心、两个基本点"的党的基本路线,围绕集中力量把经济建设搞上去这个中心任务,来严肃执纪,加强党风建设。对一切在建设有中国特色的社会主义的实践中,善于把中央的方针政策结合本地区、本部门的实际,创造性地贯彻落实的,要热情地予以支持、鼓励和帮助。对一切不符合党的基本路线,不符合中央方针政策的,要批评、反对。对一切违背党和人民的利益、违反四项基本原则、损害以至破坏经济建设和改革开放的,要坚决查处。对违纪违法行为,对严重的行业不正之风,对损害人民利益、破坏经济建设和改革开放及以权谋私、徇私枉法等人民群众深恶痛绝的行为,如不坚决查处,就是容忍,就是纵容,客观上也就是鼓励,纪检机关就没有尽到自己的责任,有关的党组织也没有尽到从严治党、搞好党风党纪建设的责任。腐败现象尽管在我们党内是极少数,但它像瘟疫一样,如不坚决刹住,就会逐渐蔓延。各级党委和纪检机关务必在这方面切实负起责任。

我们还要正确认识严肃执纪和搞活经济、促进经济发展的关系,不要把两者对立起来。我们严肃执纪,查处案件,纠正违法乱纪行为,正是为了保证经济建设和改革开放更好更健康地发展,而不是相反。有问题的,查清了,处理了,真正吸取了教训就可以改正。经过查证没有问题的,及时予以澄清,也有利于轻装前进。查清没有问题,予以结案解脱,这也是纪检工作的成绩,并不是非要查出问题才算有成绩。关于这点,我们已经说过多次了。

(3)从严治党,关键是要严。在加强教育的同时,治党一定要从严。当然我们所说的严,是以党纪国法为准绳,有明确范围和界限的。执纪要严肃,查处要坚决。在查处中必然会遇到干扰,要坚决顶住。对说情风、关系网,都要坚决顶住。执法执纪不能怕得罪人,要有这样的精神。搞纪检工作难免会得罪人,但我们得罪的是违法违纪的少数人。公正地查处了案件,得到的是广大人民群众和党内绝大多数同志的支持和拥护。小平同志在1986年就说过,抓社会主义精神文明建设,必须狠狠地、一天不放松地抓。对违纪违法犯罪问题要坚决查办,"不管牵涉到谁,都要按照党纪、国法查处。要真正抓紧实干,不能手软"。这次会议中间,很多同志谈到,对从严治党和党风党纪问题的重要性已经讲得很多了,现在关键是要落实。这也就是小平同志所说的"要真正抓紧实干"。我们必须坚持不懈地狠抓下去,把目前党风方面存在的不好现象坚决地扭转过来。不严没有出路,不严就是放纵,放纵就必然会助长不正之风和各种违法乱纪现象。尤其对那种严重的腐败现象,决不能拖延不办,姑息养奸。从严,才有利于党和社会主义事业,有利于人民利益,才符合人民的愿望。建党70年的经验证明,我们党的底子和基础是好的。这是我们党的历史的主流。同时,在我们党的各个历史时期,也都有一些掉队的、消沉的、腐败堕落的,甚至背叛革命的人。现在我们党处在执政地位,又在从事前无古人的建设有中国特色的社会主义的伟大事业,出现一些掉队的,出现一些腐败分子甚至叛党叛国的人也不奇怪,关键是要对他们及时进行处理,严肃对待,绝不含糊,真正做到从严治党。只要全党都有这样的态度,全党都来抓党风和廉政建设,就能进一步抓出成效,搞好党风建设就很有希望。

从严治党,严肃执纪,首先要从各级领导班子做起。领导干部要以身作则,严于律己,才能搞好党风建设。

第三,密切联系人民群众,加强同群众的血肉联系,依靠群众来搞好党风党纪建设。党的十三届六中全会通过的《中共中央关于加强党同人民群众联系的决定》，强调能否保持和发展同群众的联系，直接关系到党和国家的兴衰存亡。我们党的根本宗旨是全心全意为人民服务。党除了人民群众的整体利益以外，没有自己的特殊利益。在革命战争年代，我们党之所以能够领导人民推翻三座大山，建立社会主义的新中国，原因就在于党的纲领代表了人民的和民族的根本利益；在于党根据马克思主义的辩证唯物主义和历史唯物主义的基本原理，采取了从群众中来到群众中去的群众路线的工作方法，制定了一整套正确的路线、方针、政策，并使之转化为人民群众的自觉行动。人民群众的支持，是我们克敌制胜的力量源泉。新中国成立以后也是这样，凡是我们党制定的正确路线和政策，都是集中了群众的智慧和实践经验，符合人民利益和历史前进方向的，因而得到人民的拥护并取得成功。反之，我们工作中出现的失误，也是由于脱离实际，脱离群众，没有很好实行从群众中集中起来到群众中坚持下去的原则。党的十一届三中全会以来我们之所以能够取得举世瞩目的巨大成就，根本上也在于党的路线、方针、政策反映了人民群众的根本利益和要求，极大地调动了人民群众的积极性。今天我们要实现90年代的战略目标和各项任务，也必须把亿万人民群众的积极性充分调动起来，依靠全体人民的团结奋斗来达到目的。

群众路线是我们党的根本路线。我们党的"三大作风"中，密切联系群众这一条同另外两条都有直接的关系。我们讲理论联系实际，就离不开亿万人民群众的集体实践和集体创造；我们讲批评和自我批评，如果不依靠人民群众实践的检验，就没有区分路线是非和工作好坏的正确标准。在建设有中国特色的社会主义的新的历史时期，我们必须进一步深化对党的群众路线的认识和实践。

当前，人民群众对于我们党风方面存在的问题，意见是很多的，甚至还相当强烈。这对我们加强党风党纪建设,既是压力,也是动力。人民群众对我们党风党纪的状况很关心,寄予殷切的期望,这是一个有利条件。近几年,我们查处的违法违纪案件,有很大一部分是群众举报的。我们在查处、执纪工作中,也要深入实际,依靠群众。只要我们踏踏实实、雷厉风行,特别是抓住人民群众反映最强烈的重大案件,一个一个地查证落实,一个一个地严肃处理,就能得到人民群众的信任和支持,就能使人民群众和全党增强搞好党风建设的信心,不断提高党的威望。

我们在党风建设中提倡什么和反对什么,也要以是否符合人民的根本利益为前提。我们提倡艰苦奋斗、勤俭建国,这是从我国是一个有 11 亿 6 千万人口的大国,经济文化还不发达,人民生活还不富裕这样的基本国情出发的。因此,我们要坚决反对讲排场、摆阔气,反对铺张浪费和追求奢侈生活。只有真正与人民同呼吸、共命运,我们才能赢得人民真心实意的拥护和支持。人民要我们共产党干什么?过去是为了带领人民群众夺取革命的胜利,求得翻身解放,今天是为了团结各族人民建设有中国特色的社会主义,实现分三步走的战略目标,使全国人民逐渐过上共同富裕的美好生活。人民需要的是真正为人民服务的勤务员,不需要高高在上做官当老爷的人,更不允许任何人骑在人民头上作威作福。

同志们在讨论中提到监督的问题,这是纪检机关四项职能中的一项,很有必要加强。我们党的各级干部应该经常不断地接受来自人民群众和党员同志的监督。监督有多种形式,人民代表大会是一种形式,党派之间的互相监督也是一种形式,纪检工作是一种监督,人民群众的来信来访也是一种监督。对这些监督都要欢迎、支持,正确对待,这样会有利于加强和改善党的领导。特别是各级党组织的主要领导同志,应当自觉地接受监督,认真听取来自各方面的意见,包括来自下面、来自群众的意见,善于吸取其合理的部分,不断改进自己的工作,这样才能收到监督的效果。来自下面和群众的意见,难免有不全面和不完全正确的地方,方式方法也不一定都很妥善,但对于这些意见,领导同志多听听没有坏处,至少可以清醒头脑,做到有则改之,无则加勉。

"八五"期间和整个 90 年代,不仅我们的改革开放和建设事业任务非常繁重,而且党的建设包括党风党纪建设也同样面临着十分艰巨的任务。各级党委要切实认真地抓好党风党纪建设,高度重视纪检工作。党委对纪检机关要严格要求,对纪检工作要加强领导和指导,解决他们在工作中遇到的困难。主要领导同志要抽时间过问纪检工作,了解重要情况。对重大违纪案件和党风方面的带倾向性问题,党委要讨论研究,对纪检机关给予必要的领导和支持。这对严肃执纪是非常重要的。有的地方党委常委会在一年里多次讨论纪检工作,这是很好的。各级党委和纪检机关要根据形势和任务的要求,不断加强纪检队伍的建设,一方面要充实和加强力量,另一方面要大力提高纪检干部的政治素质和业务素质。

党中央对纪检工作非常重视,对广大纪检干部寄予殷切的期望,新的形势对纪检工作提出了更高的要求,大家肩上的担子很重。我们希望并相信,这次会议之后,通过各级纪检组织和广大纪检干部的共同努力,我们的纪检工作一定会更上一层楼,取得更大的成绩。

加强共产党员的党性锻炼[*]

（1991 年 6 月 28 日）

一、新的历史时期增强党性锻炼的极端重要性

我们党历来重视党的建设，重视加强党员的党性锻炼，这是我们党的一个好传统。60 多年前，针对当时红四军党内存在的各种非无产阶级思想，毛泽东同志写了《关于纠正党内的错误思想》一文，虽未直接说"党性"二字，但中心是加强无产阶级思想教育，克服非无产阶级思想。这是最早提出加强党内思想意识修养的问题。1941年 7 月 1 日党中央专门作出《关于增强党性的决定》，以克服党内存在的违反党性的错误倾向，使全党统一意志，统一纪律，统一行动。1942 年为了纠正党内存在的教条主义，党开展了反对主观主义、宗派主义、党八股等不良倾向的延安整风运动，统一了全党的思想，提高了全党的马克思主义理论水平，为夺取抗日战争的最后胜利和取得新民主主义革命的全面胜利奠定了基础。党的十一届三中全会以来，邓小平同志也多次强调，"所有共产党员都要增强党性，遵守党的章程和纪律"。他在党的十二届二中全会上谈整党问题时说："对大多数党员来说，是通过思想教育增强党性，要使全党在思想上、政治上和精神状态上有显著的进步，党员为人民服务而不谋私利的觉

---

[*]　这是乔石同志在中共中央直属机关党员领导干部上党课时的讲话，《求是》杂志于 1991 年第 18 期发表，刊载时略有删节。

悟有显著的提高,党和群众的关系有显著的改善。"

党性是一个政党固有的根本属性或本质特点。刘少奇同志曾经指出:"共产党员的党性,就是无产者阶级性最高而集中的表现,就是无产者本质的最高表现,就是无产阶级利益最高而集中的表现。"就是说,共产党的党性是以无产阶级阶级性为基础的。中国共产党是在中国工人运动和中国人民争取解放和民族独立的斗争中建立起来的,它是中国工人阶级和各族人民利益的忠实代表,中国共产党的党性同人民性是完全一致的。共产党员的党性是党的先进性的体现,也是中国人民优良品质和民族美德的体现。

党性原则包含着广泛的内容:坚持马列主义、毛泽东思想,坚持实事求是、理论联系实际;全心全意为人民服务,为实现社会主义和共产主义奋斗终身;自觉遵守和维护党的纪律,在一切工作中坚持群众路线,严肃、认真地开展批评和自我批评等,都是党性的重要表现。毛泽东同志一贯强调,共产党员不但要在组织上入党,而且要在思想上入党,强调把马克思主义的世界观和方法论,把马克思主义的理论和实践统一的科学态度,作为党性的重要原则。

新中国成立42年来,我们党处于执政地位。总的来说,党经受住了执政的考验。党在领导人民建设社会主义的过程中,取得了伟大的成就,同时也犯过错误。但党都依靠自己的力量,在人民群众的支持下,纠正了自己的错误。今后,党还将继续经受执政的考验。

就党员来说,我们的绝大多数党员,保持了工人阶级先锋战士的本色,主流是好的。据统计,国务院授予全国劳动模范和先进工作者称号的、全总授予"五一"劳动奖章的、国家科委授予有突出贡献的中青年专家等荣誉称号的人员中,党员所占的比例都很高,有的在90%以上。在全国各地许多自然灾害和严重事故面前,冲在最前面,为了群众利益不惜牺牲自己生命的,绝大多数也是共产党员。同时,我们也应当看到,确实有一部分党员经不起执政的考验。有些党员干部以权谋私,当官做老爷,搞特殊化。有些行业和部门弄权勒索,吃拿卡要,巧立名目,乱收费、乱罚款、乱摊派,等等。这些问题,虽在不断处理和纠正,但仍不同程度地存在,仍然是人民群众反映强烈的问题。据有关部门统计,1989 年、1990 年共受理各种违纪案件 39 万多件,处分党员 328000 多人,其中开除出党的 72000 多人,在受处分的党员干部中,县团级 8087 人,地师级 578 人,省军级 40 人。这些虽然是局部现象,但也必须引起我们的严重警惕。而且,这还远未包括有各种缺点和错误,尚不构成违纪、犯法的人,加上去这个面就更大些。

改革开放的新形势对党的建设和党员的党性锻炼又是一种新的考验。对外开放,引进外国的资金、设备、先进科学技术、管理方法等,对于加快我国的经济发展,起了很大的作用,是非常必要的。与此同时,西方资本主义的腐朽思想和生活方式也随之渗透进来,资产阶级自由化思想、金钱至上思想的影响等等,都会使党内一些政治不坚定的人和意志薄弱者受到腐蚀,甚至堕落为腐败分子。从近些年党员受处分的情况看,有这样一些趋势:一是党员违纪受处分的人数增多了,特别是党员领导干部受处分人数增多。1990 年全国处分县团级以上党员领导干部比 1989 年上升 40.8%,其中有地师级干部 325 人,省军级干部 24 人。二是因经济问题受处分的党员人数明显增多。1990 年全国因经济问题受处分的党员占受处分党员总数的 28.1%,比 1989 年上升 33.6%,其中尤以贪污、受贿最为突出,占因经济问题受处分党员总数的 67.6%。值得注意的是,因贪污、受贿受处分的县团级干部上升 73.3%,地师级干部上升 89.5%,还有省部级的高级干部,有的还是老党员。有的事例令人触目惊心。这些情况说明,腐蚀与反腐蚀的斗争确实是很严重的。党的十三届六中全会通过的《中共中央关于加强党同人民群众联系的决定》中指出："在改革开放、发展商品经济的条件下,共产党员更加需要自觉保持清正廉洁,坚决反对腐败行为。如果听任腐败现象蔓延,党就有走向自我毁灭的危险。"这绝不是危言耸听。

同时,我们还应当看到,国际反动势力从来没有放弃对社会主义国家进行"和平演变"的图谋。早在解放战争胜利之前和新中国成立初期,毛泽东同志就多次强调指出了这一点。在目前的国际国内形势下,国外敌对势力加紧了对我们进行渗透颠覆、"和平演变"活动,这个问题更为突出。当前国际共产主义运动受到的巨大挫折,也给我们提供了深刻的教训。今后,只要有资本主义和社会主义制度的对立,"和平演变"与反"和平演变"的斗争就不可避免。我们要有长期斗争的思想准备。

在新的历史条件下,我们必须增强搞好党的自身建设的责任感、紧迫感,加强共产党员的党性锻炼,坚持实事求是,密切联系人民群众,纠正各种不正之风和腐败现象,始终坚持全心全意为人民服务的根本宗旨,永远保持工人阶级先锋队的本质,使我们党真正成为领导有中国特色社会主义事业的坚强核心。

二、加强党性锻炼的基本要求

党性修养归根到底就是要围绕党的路线的贯彻执行,为完成党在不同历史阶段的中心任务和各项具体工作,发挥共产党员的先锋模范作用。当前就是要在建设有中国特色的社会主义的实践中来加强共产党员的党性锻炼。

(一)坚定共产主义的理想和信念,始终不渝地坚持党的领导。共产主义理想是我们的精神支柱,是我们事业前进的动力。坚定共产主义信念是对共产党员最基本的要求,没有这个信念,就不能成为一个真正的共产党人。前几年由于放松了思想政治教育,党内有些同志共产主义理想、信念动摇了,觉得共产主义遥遥无期,很渺茫。由于国际共产主义运动发生曲折,处于低潮,也使有些同志像井冈山时期党内有人怀疑红旗能打多久那样,怀疑社会主义事业能不能坚持下去。我们应该看到,虽然在国际上社会主义事业发生了严重曲折,但是,现代资本主义的固有矛盾一个也没有解决,人们探索更先进的社会制度,追求人类彻底解放的道路,纵然有艰难险阻,会发生曲折,仍然是当代社会的基本趋势。人类社会发展由低级到高级最终走向共产主义社会,这是历史发展的必然。我们中国有 11 亿 6 千万人,我们始终依靠人民群众,在中国的大地上把社会主义事业踏踏实实地坚持下去,不断取得新胜利,这不仅对中国人民,对全人类都有重大意义。

坚定共产主义的理想和信念,同坚持共产党的领导是相联系的。因为共产主义理想要通过共产党领导人民去实现。既要革命,就要有一个革命的党。国内一小撮顽固坚持资产阶级自由化立场的人,其要害就是否定党的领导,否定社会主义制度。

中国共产党的领导地位是在长期斗争中历史地形成的。苦难深重的中华民族争取解放的全部历史,艰难曲折的中国人民革命的全部历史充分说明,没有中国共产党这样一个无产阶级先锋队,就不可能团结带领全国各族人民,推翻帝国主义、封建主义和官僚资本主义三座大山,建立起新中国。没有共产党人为了民族的、人民的利益,忠贞不渝,艰苦卓绝,团结人民群众,前仆后继,奋斗牺牲,付出了 2000 万人鲜血和生命的代价,就不可能取得中国革命震撼世界的伟大胜利。革命战争胜利以后,也只有共产党,才能领导几亿人口的大国,走上社会主义道路,取得社会主义改造和社会主义建设的一个又一个的胜利。虽然在领导革命和建设中,党也犯过这样那样的错误,但都自己纠正了。新中国成立以后,党领导全国各族人民所取得的巨大成就,是每一个有良知的中国人都不会否认的。

今天,我们面临着振兴中华、建设"四化"这样艰巨繁重的任务,面临着这样复杂多变的国际形势,除了中国共产党,试想有哪一个政治组织和社会团体能够担当起这 11 亿 6 千万人口大国的领导重任。谁能团结带领全国人民,越过险滩,绕过暗礁,处理好无数纷繁复杂的国际国内问题,争取经济建设和各项事业的新胜利,在建设有中国特色的社会主义道路上不断前进。

所以说,领导中国革命和社会主义事业的重任,是历史地落在中国共产党身上的,是民族和人民的托付,是责无旁贷的。今天,领导全国人民建设一个繁荣昌盛的社会主义现代化强国,是人民赋予我们党的不可推卸的责任,没有任何力量可以替代的。我们要有这样的责任感和使命感,从这样的觉悟出发来坚持和加强党的领导。四项基本原则的核心是坚持党的领导。只有坚持党的领导,才能坚持现代化建设事业的社会主义方向,才能组织和动员亿万人民群众为实现四个现代化而奋斗,才能保证安定团结的政治局面。在中国,离开中国共产党的领导,不仅不可能建设社会主义现代化,还会使国家陷于分裂和倒退,而中国的不稳定,只会危害和平、给世界带来灾难。

当然,我们决不能以为党的领导已经十全十美了。我们要坚持党的领导,决不能忘记要改善党的领导。而不断提高全党同志的党性觉悟,也是改善党的领导的一个重要方面。

(二)自觉地学习和掌握马克思主义、毛泽东思想的基本理论,坚持实事求是,理论联系实际,一切从实际出发。党性修养离不开理论修养。马列主义、毛泽东思想是无产阶级解放的理论,是我们党的指导思想的理论基础,是我们观察、处理一切问题的思想武器。每一个共产党员特别是党的干部,都必须不断加强马克思主义基本理论的学习。我们常说要做一个真正的马克思主义者,就要像毛泽东同志一贯强调的那样,认真学习和领会马克思主义的基本理论,掌握马克思主义的精神实质,运用马克思主义的立场、观点、方法来解决中国革命和建设的实际问题。

实事求是,把马克思主义的普遍原理同中国的具体实际结合起来,走具有中国特色的革命和建设的道路,这是我们党的一条最重要的历史经验。历史反复证明,什么时候我们把马克思主义的普遍原理同我国的具体实际结合得好,我们的党就生机勃勃,我们的队伍就坚强有力,我们的实践就获得成功,马克思主义理论在我国就得到发展;什么时候我们在理论与实际的结合上出了问题,我们的事业就停滞不前,或遭受挫折,理论本身也不可能得到发展。我国新民主主义革命时期,以毛泽东同志为代表的老一辈无产阶级革命家,坚持把马克思主义的普遍真理同中国的具体实践相结合,坚持实事求是、一切从实际出发,创造性地找到了一条适合我国国情的革命道路,这就是农村包围城市、武装夺取政权。新民主主义时期,通过遵义会议和延安整风,从根本上纠正了脱离中国实际的教条主义、主观主义,使全党端正了思想路线,从而领导中国革命取得了全国胜利。新中国成立后,我们党努力探索在中国建设社会主义的具体道路,取得了巨大的成就,中国的面貌发生了翻天覆地的变化。但是,由于在中国这样一个落后的大国建设社会主义是一个全新的课题,我们还缺乏经验,也由于党的领导对形势的分析和对国情的认识有主观主义的偏差,马克思主义普遍原理同我国具体实际相结合的问题有一段时间解决得不怎么好,使得我们未能取得本来应该取得的更大成就。"文化大革命"更是严重背离了我们党一贯坚持的正确的思想路线,给党的事业带来很大的危害,使国家遭到很大的灾难。"文化大革命"结束后,邓小平同志等老一辈无产阶级革命家带领我们拨乱反正,正本清源,首先抓了端正思想路线,恢复实事求是的优良作风。邓小平同志严肃批评了"两个凡是",指出必须完整地准确地理解和掌握毛泽东思想的科学体系,他积极推动并高度评价"实践是检验真理的唯一标准"的讨论,一再强调毛泽东思想的精髓就是实事求是,指出"实事求是,一切从实际出发,理论联系实际,坚持实践是检验真理的标准,这就是我们党的思想路线"。正是因为恢复了这样一条思想路线,十一届三中全会实现了把工作重心放在社会主义现代化建设上这样一个根本转变,制定了正确的政治路线,开辟了一个新的历史时期,逐步形成了一整套行之有效的方针政策,走上了建设有中国特色的社会主义道路。我国的经济建设和各项事业都取得了前所未有的巨大成就。我们党在历史关键时刻所实现的这两次重大的转折,具有无可估量的深远意义。两次历史性转折时期,党的领袖人物对党和革命事业建立了特殊的功勋,他们所遵循的就是坚持把马克思主义的基本原理同中国革命和建设的实际密切结合,也就是实事求是的原则。

今天,我们要完成党在20世纪最后10年的根本任务,实现社会主义现代化建设的第二步战略目标,必须加强马克思主义、毛泽东思想的学习,提高全党执行党的基本路线的自觉性,坚持四项基本原则和改革开放,坚持十一届三中全会以来已被实践证明是正确的、为广大人民群众拥护的一系列方针、政策,特别是要坚持实事求是的思想路线,运用马克思主义的普遍原理不断解决建设和改革事业中遇到的新情况和新问题。这是全体党员加强党性锻炼的一项根本要求。

(三)牢固树立全心全意为人民服务的世界观,密切联系群众。全心全意为人民服务是我们党的根本宗旨,这是我们党的性质所决定的。除了人民的利益,我们党本身没有自己特殊的利益。共产党员、党的干部无论在任何情况下,都应当始终做到大公无私、克己奉公,吃苦在前、享受在后,毫不利己、专门利人。这是党性的要求。相反,一事当前先替个人打算,把个人利益凌驾于人民群众的利益之上,是党性不纯的表现。

坚持全心全意为人民服务的宗旨,才能进一步密切党和人民群众的联系。在革命和战争年代,我们党和军队如果脱离了群众,不要说取得胜利,连生存都不可能。今天在新的历史条件下,群众路线仍然是而且永远是我们党的根本路线。必须相信群众,依靠群众,尊重人民群众的首创精神,充分调动广大人民群众的积极性;要坚持从群众中来,到群众中去,总结人民群众的实践经验,集中人民群众的智慧,使之上升为理论、方针和政策,用以指导群众的实践,并在实践中接受检验。脱离人民群众对于一个执政党来说是极端危险的。邓小平等老一辈无产阶级革命家曾经多次强调这一问题,提醒全党警惕脱离群众的现象。党的十三届六中全会专门作出了《中共中央关于加强党同人民群众联系的决定》。以江泽民同志为核心的党中央采取了一系列密切党群关系的措施。应当肯定,党的十一届三中全会以来的路线、方针、政策是代表人民群众的利益和愿望的,是人民群众衷心拥护的,我们党采取的密切党群关系的各项措施是取得了成效的。同时,我们丝毫也不能忽视党群关系中目前仍然存在的问题。群众观念淡薄,官僚主义,脱离群众,脱离实际,在我们党内特别是一些领导机关和领导干部身上仍然存在着。党内某些不正之风和腐败现象仍然是群众强烈不满的问题,严重损害着党和群众的血肉联系。我们要继续贯彻落实六中全会决定,要像党内一些优秀党员同志那样,关心群众、深入群众,以自己的先锋模范作用、表率作用去宣传、组织、引导群众,把党的政策变为群众的行动,为了党和人民的利益鞠躬尽瘁,死而后已。

我们前面讲到的反对国际反动势力对我国进行"和平演变"的问题,首先必须提高全党和全国人民的警惕性,加强思想武装。而归根到底,还是要靠我们依靠群众,维护好国内的安定团结,搞好各方面的工作。只有我们真正在人民群众中扎下深根,始终不渝地为人民谋利益、办实事,把经济建设搞上去,把精神文明建设搞好,不断巩固人民民主专政,把我们本国的事情办好,得到人民的真诚拥护,我们才能立于不败之地,才能有效地从根本上粉碎国际敌对势力搞颠覆的图谋。

(四)坚持党的民主集中制,加强组织纪律性,开展认真的批评和自我批评。民主集中制是无产阶级政党的组织原则。我们党实行民主基础上的集中和集中指导下的民主,强调无产阶级的组织性和纪律性,这是维护和加强党的团结和统一的重要保障,也是党具有强大战斗力的重要前提。改革开放以来,邓小平同志一再强调,要坚持民主集中制原则,坚持铁的纪律,共产党员要在政治上同中央保持一致。陈云同志也指出,在改革开放中纪律不能"松绑",要加强。前些年,有人公开攻击党的民主集中制原则,主张在党内搞派别,这只能对党起分化、瓦解作用,同把党建设成为领导社会主义现代化建设事业坚强核心的要求是根本不相容的。

毛泽东同志说过:有无认真的自我批评,是我们党区别于其他政党的显著标志之一。我们党之所以坚强有力,不在于不犯错误(当然要力求少犯,特别要力求不犯大的错误),而在于犯了错误能够通过实事求是的自我批评加以纠正。我们党历史上两次全党范围的自我批评,系统地总结历史经验,其意义是极为深远的。

为了完成新时期的艰巨任务,加强党的建设,我们必须健全民主集中制的组织原则,加强党的组织纪律,拿起批评和自我批评这个马克思列宁主义的武器,在党内创造一个健康、良好的政治环境。为人民的利益坚持真理,为人民的利益改正错误,这应该成为每一个共产党员的行动准则。

三、领导干部要带头加强党性锻炼和修养

中直机关是党中央的工作机构,在党中央的直接领导下,应该成为加强党性锻炼的表率。中直的每一个党员同志,都应当坚持党性原则。特别是领导骨干,更应成为党性修养的模范,以影响和带动全体党员增强党性,切实加强党的建设。

第一,要坚定不移地执行党的基本路线和十一届三中全会以来的方针、政策,坚持走好建设有中国特色的社会主义道路,在政治上、思想上严格按照党中央的要求来要求自己。领导机关和领导干部对保持全党政治上高度一致的极端重要性,应该有充分的认识。保持政治上的高度一致,首先要做到思想上的一致。党的每一位高级干部,必须时刻保持无产阶级坚定的政治立场,不管遇到多大的风浪,碰到多大的阻力和困难,都要坚信马列主义,坚定共产主义信念,旗帜鲜明地坚持党的领导,坚持党的基本路线和政治目标,像保护眼珠一样维护全党的团结和统一。

第二,协助党中央加强同各级党组织的联系,走好群众路线,搞好党内监督。党中央机关要密切联系各级党组织,经常深入群众,调查研究,了解中央的方针政策在下面贯彻执行的情况,及时全面地向中央反映,帮助中央做好从群众中来到群众中去的工作。既要及时发现和集中一切好的经验和合理的建议,也要如实反映发生的问题和存在的不足,当好中央同各级党组织和广大群众联系的助手。领导干部要自觉接受来自各个方面的监督,自觉地置身于党和人民的监督之下,注意从下级组织和群众身上吸取政治营养,这是进行党性锻炼的重要方面。

第三,要做搞好党风和廉政建设的模范。党性强才能有好的党风。党内的各种不正之风,本身就是党性不纯的表现。从中直机关整体看,我们大多数同志是兢兢业业、勤政为民的,但也存在不少问

题,也有以权谋私等违背党性要求的现象。领导干部一定要严于律己,言行一致,凡是要求下面做到的,自己首先做到,凡是要求下面不做的,自己首先不做。在党风建设上,行动比言论更重要。

党性修养是长期的自我锻炼的过程,进行党性锻炼要坚持不懈。不论是新党员,还是老党员,不论职位高低、资历深浅,如果不注意用党性原则来约束自己,就会掉队。每一个共产党员都要把周恩来同志讲的"活到老,学到老,改造到老"当作座右铭,珍惜共产党员这个光荣称号,时刻都不放松思想改造,不放松加强党性锻炼,始终保持革命的节操。

最后,我们希望中直机关的领导干部和全体党员在加强党性锻炼和修养方面为全党做表率:做勤奋学习、理论联系实际、实事求是的模范;做廉政勤政、密切联系群众的模范;做不尚空谈,多干实事的模范;做坚持改革、勇于开拓的模范;做遵纪守法、同不正之风和腐败现象作坚决斗争的模范,为把我们党建设成为有中国特色社会主义事业的坚强领导核心而努力,这是对我们党建党 70 周年的最好纪念。

把党建设成为领导有中国特色的社会主义事业的坚强核心[*]

（1991 年 7 月 5 日）

我们党从 1921 年建立以来，已经走过了 70 年的光辉历程。

在 70 年艰难曲折、波澜起伏的岁月里，我们党始终不渝地忠实于中国工人阶级和广大人民群众的利益，反映了社会发展的客观规律，代表了中国发展的正确方向。党领导全国各族人民取得了新民主主义革命的胜利，取得了社会主义革命和建设的伟大成就，把一个半殖民地、半封建、贫穷落后、四分五裂的旧中国建设成为欣欣向荣的社会主义新中国。历史充分证明，我们党是伟大、光荣、正确的党。没有共产党就没有社会主义的新中国；同样，没有共产党也不可能进行社会主义的现代化建设。邓小平同志指出："中国由共产党领导，中国的社会主义现代化建设事业由共产党领导，这个原则是不能动摇的；动摇了中国就要倒退到分裂和混乱，就不可能实现现代化。"

在纪念党的 70 诞辰的时候，我国的社会主义现代化建设进入了一个新的非常关键的阶段，我们党肩负着十分重大的历史责任。在新的形势和艰巨任务面前，我们必须进一步加强党的建设，坚持和改善党的领导，使党更好地发挥团结全国各族人民建设有中国特色的

---

* 这是乔石同志为纪念中国共产党成立 70 周年在《党校论坛》杂志上发表的文章。

318

社会主义的核心作用。

为了把党建设成为领导有中国特色的社会主义事业的坚强核心，我们必须坚持党的实事求是的思想路线，坚持党一贯倡导的群众路线。早在1977年，邓小平同志就指出，对我们党的状况来说，实事求是和群众路线特别重要。这一思想是我们加强党的建设的基本出发点。

我们党是一个在中国实践马克思主义的党。实事求是，把马克思主义的普遍原理同中国的具体实际结合起来，走具有中国特色的革命和建设的道路，这既是党的一条最重要的历史经验，也是我们面临的最基本的现实问题。历史反复证明，什么时候我们把马克思主义的普遍原理同我国的具体实际结合得好，我们的党就生机勃勃，我们的队伍就坚强有力，我们的实践就获得成功，马克思主义理论在我国就得到发展；什么时候我们在理论与实际的结合上出了问题，我们的事业就停滞不前，或遭受挫折，理论本身也不可能得到发展。

我国新民主主义革命时期，以毛泽东同志为代表的老一辈无产阶级革命家，坚持把马克思主义的普遍原理同中国的具体实际相结合，坚持实事求是、一切从实际出发，创造性地运用马克思主义基本原理，找到了一条适合我国国情的革命道路，这就是农村包围城市，武装夺取政权。1942年的延安整风，主要就是反对脱离中国实际，反对主观主义，端正思想路线，使全党认识到实事求是的极端重要性，提高全党执行正确路线的自觉性。这次普遍的马克思主义教育运动，对党的七大的成功召开，对中国革命战争的胜利发展，产生那么大的作用，根本原因就在这里。

新中国成立后，我们党领导全国人民以极大的热情投入到社会主义建设事业。在党的十一届三中全会以前的将近30年时间里，我们党努力探索在中国建设社会主义的具体道路,取得了巨大的成就,中国的面貌发生了翻天覆地的变化。但是,由于在中国这样一个落后的大国建设社会主义客观上是一个全新的课题,我们还缺乏经验,也由于党的领导对形势的分析和对国情的认识有主观主义的偏差,马克思主义普遍原理同我国具体实际相结合的问题,有一段时间解决得不怎么好,使得我们未能取得本来应该取得的更大成就。"文化大革命"更是严重背离了我们党一贯坚持的正确的思想路线,给党的事业带来很大的危害,使国家遭到很大的灾难,使党和国家的形象受到很大的损害。"文化大革命"结束后,邓小平同志等老一辈的革命家带领我们拨乱反正,正本清源,首先就是抓了端正思想路线,恢复实事求是的优良作风。邓小平同志严肃批评了"两个凡是",指出必须完整地准确地理解和掌握毛泽东思想的科学体系,他积极推动并高度评价实践是检验真理的唯一标准的讨论,一再强调毛泽东思想的精髓就是实事求是,指出"实事求是,一切从实际出发,理论联系实际,坚持实践是检验真理的标准,这就是我们党的思想路线"。正是因为恢复了这样一条思想路线,十一届三中全会实现了把工作重心放在社会主义现代化建设上这样一个根本转变,制定了正确的政治路线,开辟了一个新的历史时期,逐步形成了一整套行之有效的方针政策,走上了一条建设有中国特色的社会主义道路。党的十一届三中全会以来的路线、方针、政策极大地激发了广大人民群众的积极性、主动性和创造性,我国的经济建设和各项事业都取得了巨大成就,提前实现了社会主义现代化建设的第一步战略目标。

我们党对待自己的历史经验的根本原则,也是实事求是。我们党之所以坚强有力,不在于党不犯错误,而在于犯了错误能够依靠自己的力量,在人民群众的支持下,实事求是地进行自我批评,以修正错误,拨正航向。党的历史上两次全党范围的自我批评,总结历史经验,遵循的正是这样一个总的原则。在此基础上形成的党的六届七中全会《关于若干历史问题的决议》和党的十一届六中全会《关于建国以来党的若干历史问题的决议》,在我们党的历史转折时期,发挥了极其重要的作用。

我们党在 20 世纪最后 10 年的根本任务,就是团结全国人民继续建设具有中国特色的社会主义,实现社会主义现代化建设的第二步战略目标。这 10 年,对于我国社会主义现代化建设至为重要。我们已经取得的成就能不能巩固和发展,下个世纪的社会主义现代化建设能不能有一个好的起点,都取决于这 10 年的工作。目前,国际环境和国内形势为我们提供了良好的机遇和条件,"十年规划纲要"确定了积极稳妥的目标;同时我们面临的问题、矛盾也很多,90年代的任务非常艰巨。实现 90 年代的目标,必须坚持党的基本路线,坚持以经济建设为中心;坚持四项基本原则和改革开放,坚持党的十一届三中全会以来已被实践证明是正确的、为广大人民群众拥护的一系列方针、政策,坚持实事求是的思想路线,运用马克思主义的普遍原理不断解决建设和改革事业中遇到的新情况和新问题。

实事求是同走群众路线是密不可分的。马克思主义认为,社会实践是认识的基础,社会实践主要是人民群众的实践,人民群众是历史的创造者。社会主义是历史的必然,它不是按任何人的主观意志和命令建立的,而是由人民群众自己创立的。社会主义事业是人民群众自己的事业,进行社会主义建设必须相信群众、依靠群众,尊重人民群众的首创精神,充分调动广大人民群众的积极性;要坚持从群众中来、到群众中去,总结人民群众的实践经验,集中人民群众的智慧,使之上升为理论、方针和政策用以指导群众的实践,并在实践中接受检验。我们党是代表人民利益的。党的根本宗旨是全心全意为人民服务。除了人民的利益，党本身没有自己的私利。我们全体党员和每一位干部，必须牢固地树立全心全意为人民服务的世界观，自觉接受群众的监督，认真倾听群众的呼声，端正作风，改进工作。只有坚持群众路线，坚持实事求是，才能形成又有集中又有民主，又有纪律又有自由，又有统一意志又有个人心情舒畅、生动活泼的政治局面，党才会团结统一，充满生机，坚强有力。党的核心领导作用，党在人民群众中的吸引力、凝聚力和崇高威望，最根本的要靠这一点。

当前国际形势风云变幻，动荡不定，对我国既有机遇和有利的一面，也有复杂和困难的一面。"和平演变"和反"和平演变"的斗争是从来就有的，在目前情况下显得尤为突出，今后也将是长期的、错综复杂的，我们任何时候都不能丝毫放松这方面的警惕性。归根到底，我们还是要依靠群众，搞好各方面的工作。只有我们真正在人民群众中扎下深根，始终不渝地为人民谋利益、办实事，加强物质文明和精神文明建设，不断巩固人民民主专政，把我们本国的事情办好，才能得到人民的真诚拥护，我们才能立于不败之地，才能有效地从根本上粉碎国际敌对势力搞颠覆的图谋。

建设有中国特色的社会主义，实现四个现代化，是一场深刻的伟大的革命。在这场伟大的革命中，我们是在不断地解决新的矛盾中前进的。深化改革，大力推进我国生产力的发展，是一项极为复杂、难度很大的工作。我们全党同志一定要善于学习，善于重新学习。尤其是各级领导干部，必须认真学习马克思主义的基本理论，学习马克思主义的立场、观点、方法。学习理论一定要密切联系工作实际和自己的思想实际，学以致用。学习马克思主义的目的全在于应用，是为了解决革命和建设事业中遇到的问题，而不是为了装潢门面。马克思主义理论从来不是教条，而是行动的指南。它要求人们根据它的基本原则和基本方法,不断结合变化着的实际,探索解决新问题的答案,从而也发展马克思主义理论本身。我们每一个党员,都要从实际出发,自觉尊重实践,认真学习邓小平同志关于建设有中国特色的社会主义的思想,学习十一届三中全会以来形成的党的路线、方针和政策,提高执行党的基本路线的自觉性,专心致志地把功夫下在运用马克思主义的立场、观点和方法分析新情况和解决新问题上,下在把中央精神和本地区本部门的实际结合起来、切切实实解决具体问题上。同时,还要加强各种专门知识的学习,努力适应现代化建设的要求。马克思主义理论学得好不好,是不是一个真正的马克思主义者,就看能不能在实践中运用马克思主义理论创造性地解决建设和改革中的实际问题。

我们党所肩负的历史重任需要一大批能够运用马克思主义的基本理论和基本方法解决中国现代化建设中具体问题的干部。党的正确的思想路线和政治路线要靠这样的干部去贯彻落实。全党都应当认识到这个问题的重要性,这是关系到我们的社会主义事业是否后继有人的问题。党校作为党培养干部的重要基地,要用党的思想路线和政治路线来武装学员的思想,培养出善于把理论与实际、中央的精神与本地区本部门的具体情况较好地结合起来的干部。党校要在这方面下大的功夫,要着重培养既刻苦钻研理论,又努力探讨现实问题的作风。衡量学员成绩的标准,就是毛泽东同志早就指出的,看他"学了马克思列宁主义以后怎样看中国问题,有看得清楚的,有看不清楚的,有会看的,有不会看的,这样来分优劣,分好坏"[1]。

在建设有中国特色的社会主义事业过程中,我们还会遇到预想不到的复杂情况和问题,还会遇到各种各样的困难和障碍,只要我们

---

[1] 《毛泽东选集》第三卷,人民出版社1991年版,第815页。

坚持实事求是,密切联系群众,发扬自力更生、艰苦奋斗的精神,不断加强党的建设,努力把马克思主义的普遍原理同我国现代化建设的具体实际结合起来,我们党就一定能够肩负起历史的重任,战胜前进道路上的任何困难,成为建设有中国特色的社会主义事业的坚强领导核心。

结合建设有中国特色的
社会主义实际进行理论教育[*]

社会主义实际进行理论教育

（1991 年 8 月 13 日）

　　全国省、自治区、直辖市党校校长座谈会已经开了 7 天，今天就要结束了。内蒙古自治区党委、包头市委、内蒙古自治区委党校为开好这次会议做了大量工作，提供了很好的条件，给予了很大的支持。我代表中央党校校委会和全体与会代表表示衷心的感谢。几天来，大家根据江泽民同志在庆祝中国共产党成立 70 周年大会上的讲话精神，总结交流了一年来贯彻落实中央去年下达的 15 号文件的情况和经验，讨论和修改了《中国共产党党校工作条例（草案）》，研究和探讨了在新的形势下如何进一步搞好党校工作的措施。大家反映，会议开得是好的。去年召开的全国党校校长会议和中央下发的 15 号文件，经过一年来实践的检验，证明这个文件的指导思想和方针政策是正确的，对全国党校工作有了很大推动。今年，通过这次会议，大家进一步认清了当前的形势，交流了工作经验，增强了办好党校的责任感和紧迫感。党校工作条例的制定，将使党校工作逐步走上规范化、法规化的轨道。大家都认为，党校工作正在一步一步地深入，今后发展的基本思路越来越明确。只要沿着中央 15 号文件所指明的方向，认真贯彻落实，党校工作将不断有新的发展和提高。

＊　这是乔石同志在全国省、自治区、直辖市党校校长座谈会闭幕会上的讲话。

下面,我主要讲两个问题。

第一,关于国际国内形势和反对"和平演变"问题

先讲讲苏联、东欧国家的情况。东欧国家应该说政权基本上丢掉了。政权既然丢掉了,短时期内要恢复过来,共产党或者称作社会党重新再来执政很不容易。这个教训是相当深刻的。毫无疑问,帝国主义的颠覆渗透、"和平演变",对东欧剧变起了重要作用。但是这些国家内部的原因还是主要的,这些国家的共产党,不从本国实际情况出发,实事求是地进行革命和建设,脱离了本国的人民群众,是根本的教训。在改革问题上,或者是国内的经济体制、政治体制改革没搞好,出了毛病,被敌对势力利用了;或者是纹丝不动,不愿意改革,搞不下去了。我认为,东欧剧变内因还是主要的,在于这些党本身,加上他们有的党历史上还有社会民主党的传统。另外,苏联对他们的影响关系也比较大。苏联的情况也是相当严重的,还是沿着原来的斜坡继续往下滑,现在看来越来越清楚了。最近公布的苏共七月全会通过的新党纲草案提出,苏共的目标是:建立"人道的民主的社会主义社会"。面对严重的经济问题和民族问题他们也束手无策,拿不出办法。最近苏美首脑在莫斯科会晤,签署了苏美削减战略武器条约。这个条约是苏美讨价还价、互相让步的结果,特别是苏联妥协退让的产物。这个条约签定以后,苏美关系有了一些发展,但还存在不少问题。苏联虽然越来越弱了,但美国在一个相当时间里,实际上还是要以苏联为主要对手。总之,东欧和苏联的变化不是小事,是战后国际共产主义运动遭受的最严重挫折。

就西方资本主义世界内部来讲,矛盾也很复杂。美国国内的经济问题不小。在亚洲,日本在经济上跟美国的矛盾已经非常尖锐了,已在美国买了很多企业。所以美国想太太平平地独霸世界,成为世界的霸主,要别人什么都听他的,也不是那么简单,不是那么容易。

海湾事件以后,美国得意忘形,但是中东问题现在也没有解决,美国提出的土地换和平也还没有实现。所以这个世界,大家只要注意仔细分析一下,还是充满着矛盾的。

我们中国只要坚持目前的路线、方针、政策,坚持我们独立自主的和平外交政策,坚持和平共处五项原则,我们还是有可能争取一个和平的国际环境。和平的国际环境并不是没有动乱,没有问题,没有斗争。我们要从世界战略的角度观察分析,把握时机,利用矛盾,争取较大的回旋余地,继续争取创造一个有利于我国加速建设中国特色的社会主义的和平国际环境。目前西方国家对我国的"制裁",已有相当程度被突破。我们有 11 亿 6 千万人口,不怕孤立,他要孤立我们也不是那么容易。在国际斗争中,我们还是按小平同志讲的总方针行事:冷静观察,稳住阵脚,沉着应付,韬光养晦,善于守拙,绝不当头。不管世界形势怎么变化,我们还是要始终不渝地坚持自己的方向,抓住目前的机遇,集中力量尽快把国家建设好。当然并不是急于求成,还是要积极稳妥地加快我们国家的经济建设,要很好地去完成我们的"八五"计划和十年规划。

关于防止和反对"和平演变"的问题,毫无疑问,现在应该着重提出来。早在党的七届二中全会上,毛主席就提醒全党在革命战争胜利以后,要防止不拿枪的敌人同我们斗争,要防止糖衣炮弹的袭击。1953 年杜勒斯就提出了"和平演变"战略。此后,这个问题历来存在,只要世界上存在着社会主义跟资本主义两种不同的制度、不同的意识形态,只要世界上存在着国际范围的阶级斗争,资本主义又没有办法用武力推翻社会主义制度,它就总是要想办法从你内部挖墙脚,搞"和平演变"。对我们中国,他们从来是千方百计地企图搞渗透、颠覆,42 年来一直没有停止过。今后"和平演变"跟反"和平演变"的斗争也是长期的。我们要提高全党和全国人民的警惕性,加强思想武装。对广大群众主要是进行爱国主义、集体主义、社会主义的正面教育,方法上要讲对象、讲层次,不能千篇一律。既要让广大干部群众认清形势,提高反"和平演变"的警惕性和紧迫性,也要让他们看到我们抵御和反对"和平演变"所具有的优势,尤其是我们党在长期斗争中所形成的自己的特点和在建设有中国特色的社会主义中所取得的巨大成就,从而树立必胜的信心。我们要反对"和平演变",但是在处理国与国之间关系的时候,要坚持和平共处五项原则,坚持原则,讲究策略,讲究艺术,不要四面出击,两个拳头打人,要做到有理、有利、有节,目的是争取一个有利于我们的和平国际环境。

反对"和平演变",归根到底是要做好我们自己的工作,走好有中国特色的社会主义道路。只要我们党不脱离群众,全心全意为人民服务,扎扎实实为人民群众办实事,清除腐败现象,搞好廉政建设,国内稳定团结,经济健康发展,赢得人民真心实意的拥护,我们就会立于不败之地。这是党的根本的问题。党除了人民群众的利益以外,没有自己的私利。党是中国工人阶级的先锋队,是中国各族人民利益的忠实代表。中国实行社会主义制度,这个选择没错。中国的问题就是还要争取经济上打一个翻身仗,得到经济上的解放,社会主义制度的优越性才能进一步显示出来。如果有朝一日,比如说在 21 世纪中期,中国成为世界上比较发达的国家之一,中国的综合国力有相当的加强,社会主义制度在中国的优越性就将更加充分地显示出来了,对全世界就是一个伟大的贡献。

把经济建设搞上去,建设有中国特色的社会主义,最重要的是坚持党的十一届三中全会以来的党的路线、方针、政策。十一届三中全会以来,邓小平同志等老一辈的革命家带领我们开创了这一条路线,这是很不容易的。12 年来我们取得了巨大的成就,国家的面貌发生了很大的变化,这是举世瞩目、有目共睹的,人民群众是高兴的。实践证明,十一届三中全会的路线是完全正确的。当前国内经济形势总的是好的,当然深层次的问题还不少,解决这些问题总的还是要依靠深化改革。我们要做好90年代的工作,完成"八五"计划和十年规划,实现第二步战略目标,就要坚定不移地贯彻党的基本路线,坚定不移地实行改革开放,沿着这个正确的方向走下去。当然,各方面的工作都要有新的创造,研究新情况,解决新问题,创造新经验。

面对上述复杂的形势,我们党校在干部教育工作中所担负的责任更重了,我们要适应新形势,结合建设有中国特色的社会主义的过程中出现的一些重大问题进行理论教育。当前,要深入学习江泽民同志的"七一"讲话,进行坚持党的基本路线、坚持走有中国特色的社会主义道路的教育,并把这一教育贯穿于哲学、政治经济学、科学社会主义、党史党建各个学科之中。要坚定不移地贯彻党的十一届三中全会以来的路线、方针、政策,贯彻执行党的"一个中心、两个基本点"的基本路线,这在任何时期都不能动摇。

第二,加强党校自身建设,充分发挥党校作用

自去年6月召开全国党校校长会议和中央下发15号文件以来,各地在贯彻落实过程中,做了大量积极而有成效的工作,取得了不少新鲜经验。我听说内蒙古、北京、云南、山东、上海、四川、湖北、辽宁、甘肃等省、区、市委党校都介绍了很好的经验。他们的共同经验是党委重视,党校主动,部门配合,狠抓落实。这些经验说明,党委真正把党校这个重要阵地用起来,就能更好地了解干部和教育干部,并由此而更好地选用干部,培养出社会主义事业的接班人。我希望各地党委都能重视这些经验,党委负责同志亲自动手来抓干部教育,抓培养接班人的工作。这个战略性任务,在今后10年中将会越来越显示出其重要性。对中央15号文件不是只抓一年半载,就算贯彻完了,而是要长期不断地贯彻落实下去,至少在今后三五年内要坚持不懈地连续抓下去,使我们广大党员干部学习马克思主义能蔚然成风,使我们各级党组织在经受各种考验中更加坚强。

各级党校,作为党教育干部的学校和党委的一个重要部门,当然要靠党委加强领导,但同时要花更大力量来加强党校自身建设,充分发挥党校作用。一年来,党校同志都做了大量工作,成效是显著的。但是按照中央 15 号文件的要求和国内外形势的发展,差距还不小。正如同志们所说的,有些方面还不适应。在认识上也还没有完全解决,有些干部对学习理论的重要性、紧迫性还认识不足,该进党校学习的有些还没有来。党校的班次、学制还没有规范化。教学中理论联系实际的问题解决得还不够好,教师队伍建设还有不少问题。在党性锻炼方面,还在探索之中,缺乏有效的成熟经验。有些地、县党校办学条件还很差。这些方面,都需要继续努力,狠抓落实。

在当前新的形势下,希望党校把以下几方面工作认真抓紧抓好。第一,党校要在对干部进行马克思主义、列宁主义、毛泽东思想教育中,更好地贯彻理论联系实际的方针,联系国际国内形势,联系工作实际和干部思想实际,努力提高教学质量,使干部通过党校的轮训和培训,能够从五个方面提高自己的素质,增强经受各种考验的自觉性。各级党校要在这方面做出努力,创造经验。第二,党校要着力在培养青年干部、造就忠实于马克思主义的社会主义事业接班人上取得经验。要研究青年干部的思想状况和成长规律,帮助他们解决世界观、人生观问题,树立正确的政治方向,克服资产阶级自由化的影响,批判各种错误思潮,增强党性锻炼,坚定不移地走建设有中国特色的社会主义的道路。在培训青年干部的工作中,要引导他们认真学习马克思主义理论,真正掌握马克思主义的精神实质,学会能够运用马克思主义的立场、观点、方法去解决我国建设和改革中的实际问题,为建设有中国特色的社会主义事业作出贡献。这样的干部,才能在实际工作中不断有所创造、有所发现、有所前进，才能适应不断发展的社会主义事业的需要，才称得上是真正的马克思主义者，接好革命事业的班。第三，党校要进一步加强对在社会主义现代化建设中出现的一些重大问题的理论探讨和研究，要研究和探索解决这些问题的思路和对策。重要的还可以提供给中央或同级党委决策时参考。党校在这些方面真正做出了成绩，发挥了作用，就能够得到全党和全社会的重视。第四，党校要认真研究和加强教师和干部队伍的建设。对他们在思想政治上要从严要求，生活待遇上要帮助解决些实际问题，在管理上要建立必要的制度，克服松散现象。要努力调动他们的积极性，增强向心力。

这次会议讨论了党校工作条例，经过会后进一步修改以后与有关部门协商，然后提交中央审批。这是使党校工作制度化、规范化重要的一步。一经中央通过，各部门都要积极实施，这对党校工作是很大的促进。

最后，同志们对加强党校工作领导，还提出了一些建议。有些同志建议各级党委要把党校置于自己直接领导之下，像抓宣传、组织工作一样，每年专门讨论研究几次，狠抓落实。上级党委要亲自检查下级党委贯彻落实中央 15 号文件的情况，组织力量作些调查，总结、推广好的经验，对党校工作中的问题，及时给以指导，帮助解决。这些建议是好的。落实中央 15 号文件，不单单是党校的事情，而是整个党的工作重要的一部分，各级党委负有义不容辞的责任。

同志们回去后，要把会议精神向省委作一次汇报，取得党委的支持，以推动党校工作的开展。

运用马克思主义的理论来解决
我们所面临的复杂问题*

(1991 年 9 月 2 日)

今天,中央党校新的学期开始了。今年秋季参加学习的绝大多数是新入学的学员。根据报名情况,包括进修部、培训部和理论部的学员,总人数可能达到 1300 多人,比上学期有较多的增加,报名人数超过了计划招收人数。这反映了广大干部学习马克思主义的高昂热情,反映了各级党委对干部学习马克思主义的重视。我代表党中央,也代表中央党校,对到党校来学习的同志们表示热烈的欢迎。

最近,苏联局势发生剧变。面对风云变幻的国际形势和紧迫繁重的国内任务,更加迫切要求我们认真学习马列主义、毛泽东思想,努力掌握马克思主义这个锐利的思想武器,正确分析形势,更加坚定我们的社会主义、共产主义信念和无产阶级立场,扎扎实实地做好我们国内的工作。90 年代已经过去了将近两年,如果我们不抓紧时机,着力深化改革,把经济建设切实搞上去,不断加强同人民群众的联系,把各方面的工作真正搞好,我们就将难以很好地完成 90 年代的任务,带领新的一代迎接和进入 21 世纪。我们只有按照我们党历来的经验,根据马克思主义同中国实际密切结合的原则,努力学懂、学通马克思主义基本原理,掌握马克思主义精神实质,运用马克思主

---

* 这是乔石同志在中央党校 1991 年秋季学期开学典礼上的讲话。

义的立场、观点、方法来解决我们所面临的一系列纷繁复杂的问题，才能沿着有中国特色的社会主义道路，达到我们既定的目标。如果说，我们要为走向 21 世纪作准备，最关键的是这方面的准备。

江泽民同志在庆祝中国共产党成立 70 周年大会上的讲话中，把提高全党的马克思主义水平作为加强党的建设的第一条任务。同志们能够从繁忙的工作中抽出一段时间到中央党校学习，这是一个难得的学习马克思主义理论的机会。希望同志们要十分珍惜这个机会，始终保持很高的学习自觉性，充分利用这段时间，认真、刻苦地钻研马克思主义的原著，学习马克思主义基本理论，坚持理论联系实际，针对目前国际形势问题，干部思想问题，工作中的问题，向马克思主义找立场、找观点、找方法。在联系实际的问题上，要强调积极探索和研讨，允许有不同意见，目的是为了建设好有中国特色的社会主义。

同志们在学习理论过程中，还要注意加强党性锻炼。无论是工作、学习，还是在日常生活中，都应该按党性原则办事，不断地改造思想，改造自己的世界观。

同志们在党校学习比较紧张，大家都希望在党校期间尽可能多学一些，但还是要在抓紧学习的同时，安排好生活，保证身体健康。预祝同志们在学习理论和增强党性方面取得双丰收。

加强党与群众的联系
是我们党的命根子[*]

（1991 年 11 月 19 日）

  一定要抓好党的建设。各级领导班子都要成为在马克思主义指导下的忠诚执行党的路线的领导核心。不但市一级，而且区、县一级直到乡镇、村一级的领导班子，都应朝这个方向去加强建设。同时，要搞好党风建设，严肃党纪，处理少数违法乱纪的人，目的在于教育更多的人。搞好党的建设还有一个更重要的问题，就是加强党同群众的联系，特别是区、县领导要更多地深入基层，了解群众的困难，帮助群众解决问题。

  要加强基层建设。加强基层建设的关键也在于搞好领导班子建设，特别是选一个比较好的、能够真正把大家团结起来的支部书记。各级领导班子在建设过程中，当然毫无疑问要提高马克思主义的思想觉悟和思想水平，正像毛主席在延安整风运动时一再说的，一定要学好马克思主义的基本原理，要学习它，精通它，精通的目的全在于应用。我们一定要掌握马克思主义的基本原理，同时密切联系中国的实际，有的放矢地运用到中国社会主义建设的实践中去。这样的运用必须是创造性的，就如毛主席在整风运动时说的那样，用马克思主义的立场、观点、方法来指导我们的中国革命，指导我们中国的社

---

 * 这是乔石同志在听取深圳市负责同志汇报工作时讲话的一部分。

会主义建设,这样才能把我们的事业搞得欣欣向荣。我不相信资本主义是万岁的,我相信共产主义这个理想总还是要达到的。为什么有这样的理想呢? 查查历史就知道了,因为资本主义不可能解决其固有矛盾。当然从那时到现在资本主义确实也有许多改良,有许多进步,对于资本主义在人类历史上所作的贡献和进步,马克思、恩格斯在《共产党宣言》中作了非常高的评价,非常足够的估计。但是它的一些固有的、根本的矛盾没有解决,现在也没有解决。学习马克思主义的理论一定要联系中国建设的实际,联系党的基本路线,联系我们的实际工作,也就是理论联系实际。实践是检验真理的唯一标准。实践中间,探索中间,有时候难免发生一些误差、缺点,这个我们总结经验改正就是了,不能因出现一点缺点,我们就不尝试了,不探索了。不探索就僵化了,就是真理到顶了嘛,那就没有创造性了,这样建设有中国特色的社会主义是建设不好的。

要发展新党员。我们现在党员的人数按理说是相当多了,5000万了,还不多吗? 建党初期才有几十个人,现在已经发展到了5000万。现在有的同志说党员人数太多了,要么砍掉他多少,要么就停止发展。但是分析一下看,35岁以上的党员已经占有相当大的比例了,有的农村党员已经老化到相当的程度,有的支部已经很少党员了,这样怎么叫基层党组织发挥作用呢? 所以,农业战线、工业战线要注意在生产第一线发展那些优秀的、经过培养教育的、有共产主义理想的、符合党章规定条件的年轻人入党。这个问题不能小看。什么道理呢? 现在50至60岁的党员相当多,他们大多数已经不在生产第一线了,已经不能发挥更多的作用了,这个问题比较大。人口有个老龄化,党员也有个老龄化问题,所以要按照党章办事,吸收一些年轻人入党,这样做对党的事业有好处。当然要把质量关把住,关键在于质量。

另外,党风党纪一定要坚持抓。搞好党风建设,严格执行党的纪律,这是建设有中国特色的社会主义的需要。在坚持四项基本原则的同时,搞好改革,扩大开放,正像小平同志说的那样,这本身也是一场革命。在这场革命过程中,有些人能够继承党的优良传统,并在社会主义建设的新的条件下发扬光大,把建设有中国特色的社会主义的事业搞好。有些人可能做不到。为什么呢?原因是改革开放后,他接触到了资本主义的东西。我觉得接触是不可避免的,你不接触是不行的。关起门来,重新回到过去的老路上去,现在也做不到。比如说,再恢复人民公社、生产大队,这个现在做不到。我们现在的农村政策农民是最欢迎的。家庭联产承包责任制,全国9亿农民最关心的一项基本改革就是这个,这个要是动摇了,问题就大了。在改革开放过程中,有极少数党员经不起这种考验,经不起资本主义糖衣炮弹的攻击,发生了问题。当然,如果不严重,我们主要靠加强教育;如果严重,我们就必须绳之以纪,绳之以法。如果严重到不能做一名共产党员了,就要把他开除出党,或者请他退党。党在改革开放的过程中,自己的肌体也要经受考验。通过了这个考验,中国才有希望;通不过,党就搞不好,中国还有希望吗?所以,一定要搞好党风建设,严肃执行党的纪律。当然,我们还有国法。有些犯错误严重的,则必须作出处理,这样既教育本人,也教育其他更多的人,因为我们是社会主义国家,人民群众不允许有错不究。

搞好党建还有一个很根本的问题,就是要加强党与群众的联系。这是我们党的命根子,与加强党的基础建设、基层建设是分不开的。所以,我们市委的领导同志,特别是区、县委的领导同志,要注意多面向基层,面向群众,有问题及时处理。对群众的脉搏,要及时加以了解,不要忘记我们的宗旨。我们与资本主义国家都不同,与现在已经发生问题的那些社会主义国家也不同,我们的群众关系始终是非常好的。我们取得推翻三座大山的胜利，依靠的是中国人民群众，除了工人阶级以外，首先还是农民，因为农民是中国革命的主力军。如果对群众的问题不了解，或不能及时帮助他们解决问题，那党就没有起到应有的作用，实际就是忘记了我们党全心全意为人民服务的宗旨，这是非常危险的，苏联、东欧根本的一条经验教训恐怕就是这个。我们之所以要在党的十三届六中全会上作出密切联系群众的决定，原因也就在于此。

权力是人民给的，
只有为人民服务的责任*

(1991 年 11 月 27 日)

最近两三年，我跑了一些地方，感到我们的各级组织，总的是比较好的，能够带领党员、群众进行农业建设，特别在抗洪、抗旱、救灾等严重考验面前，能够走在群众前头，群众反映是好的。但是，也要看到还存在着必须引起我们重视的问题。有的党组织和党员干部不同程度地脱离群众，不了解下情，工作不深入、不全面，有的还吃吃喝喝，挥霍浪费，甚至贪污腐化。虽然严重的为数很少，但影响极坏。这些问题，有的是违反了纪律，多数是工作上、作风上的问题，但如果长期不解决，就会严重脱离群众。苏联、东欧剧变的一个严重教训就是脱离群众。我们党是靠农民这支主力军才取得革命胜利的。如果在作风问题上不提出更高的要求，那么脱离农民群众的状况就不容易改变，那是很危险的。因此，加强农村工作一定要强调搞好党风建设，强调严肃执纪，凡是违反纪律的就要处理。有些问题虽够不上纪律处分，但成了风，在群众中政治影响很坏。比如用公款大吃大喝，群众反映就很大，特别是贫困地区，群众意见十分强烈；有的作风不深入、偏远地区的事情无人过问；还有的做表面文章，报喜不报忧等。这些虽然不是党纪问题，但是是党风问题，必须认真加以解决。不搞

---

* 这是乔石同志在党的十三届八中全会中央纪委委员联组会上发言的一部分。

好农村的党风建设,不处理违纪问题,必然会影响90年代农村经济的进一步发展,影响农民的积极性。从这一点上讲,加强党风建设,严肃执纪,也是保证《中共中央关于进一步加强农业和农村工作的决定》能够贯彻执行的一个基本条件,没有是不行的。这个问题需要引起各级党委重视,各级纪委也要坚持原则,为了党和人民群众的利益,该坚持的就要坚持。我们党一切都是为了人民群众的利益,没有自己的特殊利益。当了县委、地委领导,有了权,这是人民给的,只有用这个权力为人民服务的责任,没有搞铺张浪费、脱离群众,甚至以权谋私、违法乱纪的权力。各级领导班子抓好党风党纪建设有极为重要的意义。领导机关党风党纪建设搞不好,农村建设也就不容易搞好。凡是农村建设做出成绩的,都是各级领导班子做出了表率和极大的努力,为人民群众办了实事。

为适应新时期农村工作的需要,必须加强农村基层组织建设,使基层党组织真正成为贯彻党的基本路线,团结带领群众发展生产、劳动致富、搞好精神文明建设的战斗堡垒。党的十一届三中全会后,农村进行了经济体制改革,基层的状况发生了巨大的变化,而党的组织工作、基层建设工作没有跟上,成为薄弱环节。有的基层组织甚至处于瘫痪、半瘫痪状态。最近几年注意抓了这个问题,情况正在改善,但估计不能太高,基层组织建设任务还是相当艰巨的。基层组织建设要从抓基层领导班子入手。要有好的支部书记、好的支委会,这是基层组织的带头人。党支部书记是非常重要的。所以我们要加强基层领导骨干的培养,配备好的干部。机关臃肿,为什么不可以派人到下面去锻炼?有些有事业心的大学生党员,可以到下面当支部书记嘛。当支部书记在实践中经受锻炼,能够增长才干,联系群众,并且可以学习生产知识,我看比只是坐在机关进步得快。

对于农村基层组织建设,除了要抓领导班子这个关键外,党员老化问题也不可忽视,要发展年轻党员。这要向解放军学习。土地革命时期,三湾改编时,毛泽东同志提出支部要建在连上,这个传统一直坚持到现在。对在乡村生产第一线的青年人如果不加强政治思想教育,不做他们的工作,不在时机成熟时,按照党章规定的条件吸收他们入党,长此下去,生产第一线就没有党员了,那怎么能发挥党组织的作用呢?

我们要在贯彻八中全会决定的过程中加强农村基层组织建设。要对基层组织加强领导,多提供帮助和支持,把他们放到发展农村经济、深化农村改革的实践中进行锻炼。要继承和发扬自力更生、艰苦奋斗、密切联系群众的好作风,总结种植、饲养等各方面能手的经验,加以推广,切实帮助群众致富。对有困难的,要帮助他们在开发性农业中找出路,来摆脱贫困,解决温饱,并逐步走向小康。农村的党支部只有投身于改变农村面貌的实践,并在这中间吸收优秀分子入党,补充党内新鲜血液,才能有战斗力。总之,要把基层党支部建设成为贯彻党的基本路线和方针政策坚决,工作作风扎实,组织生产得力,带领群众共同致富有方,联系群众密切,在群众中有威信、有凝聚力和感召力的战斗堡垒。

目前,农村正在开展社会主义思想教育。这个教育要在党的基本路线指引下,密切结合实际来进行。要按照党在农村的基本政策,围绕着搞活经济、深化改革、壮大集体经济、提高广大农民生活水平、搞好精神文明建设等根本任务,采取群众喜闻乐见的各种形式有效地进行。要引导群众学习文化科学技术,开展健康有益的文化娱乐活动,把物质文明建设和精神文明建设抓好。正在广大农村发展起来的集镇,要建设成为经济和生产指导的中心,政治活动的中心,文化娱乐的中心,精神文明建设的中心。现在大城市不能盲目发展,中等城市也要适当控制,在这种情况下,发展和建设好小城镇、小集镇,真正能起到几个中心的作用。这是一个很重要的问题，具有深远的意义。

这里还要强调的是，只有把基层组织建设搞好了，把乡镇企业、服务行业和各种社会化服务体系搞上去了，乡级财政才能真正建立起来。乡级财政的建立，对支持党政的活动有重要作用。免得一搞活动就要伸手向农民要钱。

加强农村基层组织建设，在90年代要有计划地、一批一批地搞。党支部书记的培训，党支部委员的培训，党员的教育，都要提到日程上来。对此要作出规划，逐步实施。总之，要切实把基层组织搞好，使其真正成为发展社会主义农业、共同富裕、奔向小康的骨干力量、依靠力量和基础力量。比如，"两公开、一监督"是应该搞好的。我看过一些地方，只要实实在在地执行这个制度，都能起到好作用。所以，有的群众说，"给钱给物给补助，不如帮助建立一个好支部"。也有的群众说，把农业搞上去，要"建设一个好支部，选出一个好支书，制定一套好制度"。有了这个前提，才会推动农业经济的发展。

希望各级党委重视基层组织建设，深入实际，深入群众，抓好党风党纪建设，要把勤政为民和廉政建设作为一个突出问题来抓。各级领导干部，首先要以身作则，凡是要求下面做到的，自己一定要首先做到。对以权谋私以及各种严重的违法乱纪现象要及时发现，坚决处理。

要加强领导班子建设、
基层组织建设和廉政建设*

（1992 年 1 月 30 日）

　　党的建设，首先要加强各级领导班子的建设。各级领导班子建设，要学马克思主义，基本的一条就是要学马克思主义的基本原理，按整风时期毛主席的说法，就是要学马克思主义的精神实质，按照马克思主义的立场、观点、方法解决中国社会主义建设当前的实际问题。解决一个问题就是有贡献，解决的问题越多就是贡献越大。要采取这么一个态度，这才称得上是真正的马克思主义者。毛主席强调实践论，实践证明靠它解决中国革命问题是成功的嘛。社会主义建设初期，毛主席领导奠定中国社会主义建设初步基础也是成功的。后来有些错误，小平同志及时作了总结，全党范围内开展了批评与自我批评，形成了第二个历史问题的决议。所以学马克思主义就是要明确这一条，不是要单纯追求去看很多的书本。我是党校的校长，我在党校都讲要学马克思主义，但是我强调联系中国的实际学。这是毛主席当年定下来的，他说不要言必称希腊、罗马，不提中国，言不及义。领导班子一定要用毛主席这样的思想来武装各个成员的头脑。同时各级领导班子，不管老的、新的，新老要有一定的搭配，干部除了德才兼备，还是按小平同志提的"四化"来建设，这"四化"不坚持，将

---

* 这是乔石同志在广西壮族自治区考察时讲话的一部分。

来老的老了,年轻的跟不上来,那时怎么办。"四化"方针在具体实践中有缺点,强调德才兼备是对的,但在实践中也有这样那样的缺点。工作中的缺点要改,但正确的方针、原则要坚持。我们的事业在发展,20世纪过去了,还有21世纪,我们这么大一个中国,领导班子内部特别是民族地区要强调团结,各民族之间的团结。各级领导班子一定要一心一意把党的工作搞好,首先是把经济建设搞上去。当然其他各项工作也要相应地搞上去,比如政法工作也很重要。教育也很重要,从长远来讲就是要提高中华民族的素质。

其次要加强基层组织建设。基层组织建设工作,我们有些地方搞得比较好,有些地方还不够。主要的问题是,党的十一届三中全会以后,我们忙了其他很多事情,上面抓得不够。我当组织部长的时候,临离开组织部时,我作过自我批评,我说干部工作管得多,基层组织建设实际管得少,忙于管班子调整,所以管得少。现在应该抓紧基层党组织的建设。基层组织建设,别的我就不说了,首先一个是领导班子要搞好,另外一个要加强基层青年教育,在条件成熟时吸收符合党章要求的青年入党,要防止党员队伍越来越老龄化。我在许多地方都发现还有人限制发展党员,比如规定一年中两个支部可以发展一个,还有三个支部可以发展一个的,我说你限制发展还不如强调生产第一线要充实青年党员。我到处都讲,我们解放军支部是建立在连上的,这是解放军的一个传统,一直保持着,为什么工厂、农村不行呢?就是我们注意不够。有一次在南疆看一个信伊斯兰教的维吾尔族群众,我跟他坐在炕上,我问他,现在你们支部有几个党员?他说我不是党员,我们这里的支部原来有两个党员,一个死了,另一个信伊斯兰教了,不信党了,那就没有了。说有两个党员,实际上一个也没有了!这样下去怎么得了。所以要注意这个问题。发展党员当然要讲质量,不讲质量不行,但要特别注意第一线,包括工业、农业生产第一线,包括知识分子、科技工作、教育工作第一线。比如说青年教师中问题比较多,就是我们教育没有加强。各行各业第一线中要有骨干,这个骨干我们一定要想办法把他培养起来,他不会自然成长起来,不像野草一样,春风一吹自然长起来。党员和优秀分子都要靠培养教育。基层建设我就提这么两点。

再次,要从严治党,加强廉政建设。近几年,党内违反纪律、违反法律的,数量是不少的,经济案件也是不少的,对这些有多少就处理多少,要严格。任何队伍都要从严治理。对解放军来讲是从严治军,不从严,军队就带不好。对党更应该严。各行各业都应该把自己的队伍治理好,何况是党的队伍建设。从严治党,一个是要加强教育,再一个是任何违纪违法的都要严肃处理,不能含糊,该怎么处理就怎么处理,要顶住压力。做这个事是不容易的。因为中国封建社会几千年,关系网影响还是比较大的,像过去上下级关系,老部下老上级等等,如不正确看待,就影响处理一些问题。特别是经济案件比较复杂。现在看,主要的不是处理过严而是偏宽。但是总的来讲,还是不能含糊,党不能腐败。对少数违纪违法的党员如果不及时地正确地处理,就会影响更多的人,它好像腐蚀剂一样,腐蚀党的肌体,这对党的建设是非常不利的。

党校工作,最根本的就是要理论联系实际,实事求是,按照党的基本路线来教育党员。党的基本路线已经定了,很明确,不搞好这个你还搞什么呢? 党校就是搞这个,当然要看一些马克思的书,恩格斯的书,列宁的书,要精选一些,不要搞得那么多,量那么大。精选以后,大家认真读,读不懂的地方,加以辅导,大家进行讨论,教学相长,同时学员之间互相交流经验。不能离开党的路线办党校。我们中央党校最早开始时期是在延安,毛主席还是校长。最大的成绩就是整风运动,但中间有个“抢救运动”,是错误的。毛主席也讲过了。用整风的精神办好党校,主要是马克思主义的基本原理与中国具体实际相结合,在今天就是要与建设有中国特色的社会主义这个大课题密切结合起来,理论联系实际,实事求是,实践是检验真理的唯一标准。我们要按这个方向办好各级党校!

为人民办实事办好事*

（1992 年 4 月 21 日）

关于加强党的建设和廉政建设，我同意刚才王茂林①同志的意见。党政机关一定要清廉。现在党政机关待遇低，生活清苦一点，即使这样，也必须坚持廉政建设，必须坚持自力更生、艰苦奋斗、勤俭办事的精神和方针。因为中国这么大，底子又薄，要发展起来，不是一两个"五年"计划能解决问题的，而是要很长的时间。小平同志这次说中国建设社会主义必经的初级阶段前后大概需要 100 年。这样计算就是要到 21 世纪中叶。在这个阶段必须长期坚持自力更生、艰苦奋斗的方针。作为党政机关的干部，必须要廉洁奉公。只有真正全心全意为人民服务，为人民办实事、办好事，解决人民群众迫切需要解决的问题，这样的党和政府，才是任何人都打不倒的，它一定是巩固的。如果不注意加强这方面的建设，就有危险。

搞好党的建设和廉政建设，我觉得根本的一条就是要加强基层。要以经济建设为中心，集中精力把经济建设搞上去。同时，党的建设必须加强。搞好基层党政建设，首先应该密切联系群众，为群众办实事，同时要做到廉洁奉公。这样，党的工作就有了可靠的基础。基层是党的一切工作的基础，什么工作最后都要落实到基层。如果基层

＊　这是乔石同志在山西省考察时讲话的部分内容。

①　王茂林，时任中共山西省委书记。

工作搞不好,全党的工作就谈不上落实。上边发多少文件、开多少会也不顶用,因为落实不了嘛!政权建设也是一样。关于基层党政建设我只想再强调一条,我路上和王茂林同志也讲了,就是农村、工厂等生产第一线的党的力量要发展,党的工作要加强。在抓紧思想政治工作的基础上,吸收生产第一线的优秀分子入党。在这个问题上,军队做得是比较好的。部队这几年还是坚持了我们党的优良传统,就是支部建在连上的传统。这个问题如果不解决,将来党员队伍老化了,问题就多了。现在农村有一种状况,人一过50多岁,体力衰退了,就不大参加生产第一线的工作了,即使他思想再先进,也只是开会说说话,有点社会影响罢了,要到生产第一线去起骨干作用,恐怕是很不容易了。这两年,工厂里的车间、工段吸收青年入党的工作松了一些。当然发展一线青年入党要在加强思想教育的基础上进行,不能形式主义地追求数量。如果不够党员的条件,你发展得多了,质量降低了,当然不好。要发挥基层党组织的战斗堡垒作用,发展青年党员的工作是不可忽视的。

关于加强各级领导班子的建设,这几年有很多设想和建议,出发点都是好的。对领导班子总的要求应该是团结一致、勇于开拓、勇挑重担、互相配合、积极支持,而不是互相拆台,等等。所有的干部都应该是德才兼备的,符合干部队伍建设的"四化"方针的。加强各级领导班子建设中有一个重要问题,就是学习马克思主义。我在中央党校以及其他场合多次讲,我们的干部无论如何要注意学好马克思主义的基本原理。不需要读很多的原著,要明确学习的目的全在于应用,理论联系实际,学以致用。要掌握马克思主义的立场、观点和方法,或者叫精神实质,解决中国社会主义建设的理论和实际问题,这就是方向。不能离开党的基本路线去学理论,尤其是联系当前建设有中国特色的社会主义的实际。对实际问题,要力争研究得深一些,探索得深入一些,探索出好结果。这里最主要的,也就是小平同志讲的实事求是。据我的记忆,毛泽东同志一辈子,即使到"文化大革命"高潮的时候,"实事求是"这一条他都一直在讲,他批过的一些文件,也说到实事求是。他给外国党介绍经验,就是一条:把马克思主义同本国实际相结合。没这一条不行。有一次他还跟一个来访的外国党领导人说,你们把学到的其他东西统统忘掉,就是记住根据你们的实际去搞。统统忘掉不可能,学了的东西不可能都忘干净,他的意思不过是说不要受那些条条的束缚。

至于说到敢闯敢干,马克思主义本身就是创造性的,这是马克思、恩格斯反复强调过的。马克思主义的运用,在不同的地区、不同的国家、不同的历史时期,就是应该不一样嘛! 这也是马克思、恩格斯说过的。这个观点完全是马克思主义的。我们中国共产党人就是有这个好传统,这个好传统要保持下去。

现在,要更多地注意组织干部认真自觉地学习马克思主义。最近,我跟中央党校的同志商量,要根据小平同志重要谈话的精神再改进一下党校工作,总的是要根据党的基本路线,把干部的理论培训搞得更切合实际一些。地厅级以上干部的学习更应该是这样。这样学习,才能促进工作,才不至于沦为空谈。学习小平同志的重要谈话也是这样,不能以为重复几次小平同志的谈话内容或观点,就算理解了;更不能以为重复得越多,就理解得越深;也不能以为采取了一两条措施,就算把小平同志的重要谈话精神落到实处了。我们应该在实践中坚持不懈地贯彻小平同志重要谈话的精神,以它为指导,不断地改进我们的工作,不断地创造,不断地前进。所以,我觉得在领导班子建设方面应该强调一下这个问题。一般党员的教育可以搞得更实际一些,不能搞得很空。越到基层,越应该联系实际。大概现在农民最关心的还是农村政策问题,这是个大问题。你看,十多年了,仍然是上边稍有动静,农民就有反映。所以,农村还是要首先保证家庭联产承包责任制这一基本政策不变。党的十三届八中全会明确重申了这一基本政策,稳定了人心,稳定了农村,所以小平同志说,八中全会开得好。

领导干部要有理论思维能力[*]

（1992 年 7 月 15 日）

中央党校这一期毕业的班次学员比较多，一共 1100 多人，其中省部班和其他班已毕业 172 人，现在毕业的学员有 931 人。今天我们在这里举行毕业典礼，我向同志们祝贺，祝贺同志们圆满地完成了学习任务，以新的姿态奔赴各自的工作岗位！

今年开学时，正好传达邓小平同志视察南方时的重要谈话，这对于大家在各个学习阶段深入领会，结合实际学习理论帮助很大。前不久江泽民同志又来党校作了重要讲话。同志们感到这一期的收获是比较突出的。概括起来有这样几个方面：

一是把马克思主义基本理论的学习同深入学习小平同志的重要谈话有机地结合起来，加深了对小平同志谈话的精神实质的理解。

二是提高了全面贯彻党的"一个中心、两个基本点"的基本路线的自觉性。同志们普遍反映，这是这一期学习的一个最大收获。我们要坚持党的基本路线 100 年不动摇，要始终扭住经济建设这个中心不放，围绕经济建设这个中心把各方面工作搞上去。

三是明确了加快经济发展和加快改革开放的思路。主要是通过学习，思想解放了，思路开阔了，办法多了，步伐就可以迈得更快了。

四是进一步提高了理论思维能力。对于一个领导干部，具有一

---

* 这是乔石同志在中央党校 1992 年春季学期毕业典礼上的讲话。

定的理论思维能力,才能更好地理解和贯彻中央的路线、方针、政策。

总之,这一期同志们的收获是很大的,这些收获都是和深入学习小平同志重要谈话分不开的。同志们在学习中,越学越认识到小平同志谈话的重要和深刻;越学越感到小平同志高瞻远瞩,有宏大的胆识和战略远见,又非常实事求是,对我国的现实情况有深刻的了解。他的这个重要谈话,不仅对指导我们当前各方面的工作,而且对于指导我国今后加快沿着有中国特色的社会主义道路胜利前进,都有着极其深远的意义和重要作用。小平同志谈话在全党和全国引起了如此巨大的反响,振奋了亿万人民的精神,解放了亿万人民的思想,变成了亿万人民开拓创新、加快改革开放、加速经济发展的实际行动,变成了巨大的物质力量,这是非常了不起的,它的意义和作用是难以估量的。在小平同志谈话激发起来的全国人民高昂的热情和积极性面前,我们党的各级领导干部必须始终和群众在一起,并且站在广大干部群众的前列,积极带动人民群众努力加快我国社会主义物质文明和精神文明的建设。

同志们在党校的学习已经结束,就要回到各自工作岗位上去了。我希望大家回去后把在党校养成的学习习惯长期坚持下去,在工作岗位上继续不断地进行学习,并把学习成果落实到工作中去。

我们首先要继续深入学习小平同志南方重要谈话,进一步解放思想,坚持实事求是。小平同志的谈话,是进一步解放思想的强大武器。谈话体现了马克思主义的基本原理同中国现代化建设具体实际相结合的精神,贯穿了解放思想、实事求是这一条红线。我们学习小平同志谈话,不仅要努力学习他阐述的战略思想、理论观点和决策原则,而且要努力学习他在研究新情况解决新问题中的实事求是精神和马克思主义的立场、观点和方法,坚持从实际出发,开阔新思路,冲破旧束缚,锐意创新,开拓前进。

同志们都记得,党的十一届三中全会前后,在小平同志倡导和支持下,全党开展的关于真理标准问题的大讨论,打破了"两个凡是"的束缚,带来了全党的思想大解放,实现了全党工作重点的转移,取得了改革开放和现代化建设的巨大成就。当前,我国的改革开放和经济建设进入了一个新的发展阶段。深化改革开放,加快经济发展,制约因素当然很多,阻力主要来自传统观念的束缚和"左"的思想影响。小平同志说要警惕右,但主要是防止"左"。最近小平同志在首钢讲话又指出,要换换脑筋,不换脑筋,就怎么也推不动。过去几年的实践也证明,有的地区的同志,在有条件的情况下,千方百计地争取发展得快一点,结果就比较好。有的地区没有这样做,发展就受到影响。我们学习小平同志谈话,就要努力克服那些对马克思主义的某些原则、某些本本的教条式的理解,那些对社会主义的不科学的甚至完全扭曲了的理解,也要力求避免在忙忙碌碌的实际工作中迷失方向。这样,使全党同志更新观念,摆脱束缚,换换脑筋,实现思想上的再一次大解放,从而大大解放生产力,推进有中国特色社会主义事业的新发展。

我们学习小平同志的重要谈话,要结合学习小平同志十一届三中全会以来的一系列论述,学习他关于建设有中国特色社会主义的理论,深入领会他一贯的基本思想。要结合我国改革开放和经济建设的实际,继续学好马列主义、毛泽东思想的基本理论,掌握精神实质,学会运用马克思主义的立场、观点、方法来研究新情况,解决工作中出现的新问题。同时,我们的同志还应该学习经济知识和经济工作的经验。不仅搞经济工作的干部必须努力学,真正钻进去,其他工作部门的同志都要尽可能学一些,以便更好地服务于经济建设这个中心。学习经济知识,当然首要的是学好马克思主义经济学,用以指导我们的社会主义现代化建设。同时还要注意学习研究西方经济学,研究现代资本主义的发展变化情况,借鉴和利用其中对我们有用的东西。列宁在 1918 年就说过,不利用资本主义,不学习资本主义,就不能巩固社会主义。资本主义社会的许多文明成果并不是资本家创造的,而是工人阶级和劳动人民创造的。社会主义应当继承和发展人类历史上的一切文明成果。当然,这种学习和借鉴应当同中国的实际相结合,在学习借鉴中不断提高自己的鉴别能力。学习经济工作的经验,主要是学习吸取改革开放和加快经济发展先进地区、先进典型的经验,同时也要从自己的实际出发,总结本地区、本部门做好经济工作的经验。此外,我们的干部还要学习现代科学文化知识。在现代科学技术发展日新月异的今天,这方面的学习尤为必要,即使原来学历较高的同志,也需要更新和补充知识,以适应改革开放和现代化经济建设的需要。

我们学习小平同志的重要谈话,关键是要全面贯彻落实谈话的精神,努力结合本地区、本部门、本单位的实际,把经济建设和改革开放搞得更快更好。

在小平同志谈话的鼓舞和影响下,现在各方面的积极性空前高涨,各项工作面貌一新。上半年经济形势发展很快,工业增长较快,效益明显改善,农业虽然面临水旱灾情,夏粮还是丰产丰收,接近历史最高水平,第三产业正加速发展,财政状况也好于去年。党中央、国务院根据小平同志谈话精神,已陆续讨论提出了有关政策、措施,作出一个个具体部署,这对于巩固发展好的形势是很重要的。同志们要认真贯彻,创造性地开展工作。

小平同志谈话的中心思想和基本精神,是要求开创加快改革开放和经济建设的新局面。要加快经济建设,必须有一个积极发展的速度,慢了不行,停顿不前更不行。对此,我们必须有紧迫感。小平同志指出:对于我们这样发展中的大国来说,经济要发展得快一点,不可能总是那么稳稳当当。稳定协调发展是要注意的,但稳定和协调是相对的,不是绝对的,发展才是硬道理。如果谨小慎微,不敢放开手脚,就会丧失时机,犹如逆水行舟,不进则退。最近小平同志在首钢讲话时又强调,慢就是停,就是退。他指出,我们在水准低的基础上,6%并不是个好速度,不能满足于这个6%,如果老是保持6%,我们的事业会后退。过去,我对于"持续、稳定、协调发展",也缺乏辩证的理解;对6%的发展速度也是赞成的。从小平同志谈话的精神来看,自己原来在这个问题上还是偏于求稳的,应该考虑在有条件的情况下,尽量争取发展得快一点。我也常讲要有紧迫感,学了小平同志谈话,才感到自己过去在这方面的认识还是不足的。我们一定要抓紧时机,条件有可能就要尽量搞快一些,切不可一味求稳而丧失时机,迈不开发展的步子。同时,小平同志讲的速度,是从实际出发,质量高、效益好、适应市场需求的速度。我们一定要从实际出发,去积极创造条件,努力搞得快一些、好一些。但不要去重复过去片面追求产值、盲目扩大基建规模的老路。要从深化改革、扩大开放、推动技术进步方面去思考、去努力,去争取实实在在、真正有效益的速度。

落实小平同志谈话,归根结底要靠真抓实干。中国革命和建设的事业,改革开放十几年来的成就,都是靠干出来的。在建设有中国特色社会主义的宏伟事业中,我们要继续发扬党的优良传统,大力倡导艰苦奋斗、埋头苦干的精神,坚决克服形式主义等不良倾向,领导干部要以身作则,率先垂范,扎扎实实,一步一个脚印,以良好的作风和实干精神,带领广大群众,把改革开放和经济建设推上新的台阶,开创新的局面。

同志们,我们的道路很宽广,前景很光明。我们要看到,这条道路来之不易,是有困难、有牺牲的,是付出了代价的,是吸取了新中国成立以来的历史经验,由小平同志集中全党和全国人民的智慧,加以概括,并带领我们开创出来的。我们只要坚定不移地沿着这条道路走下去,努力奋斗,中国的前途就是大有希望的。不论国际形势发生什么变化,不论遇到什么样的困难,我们都能顶得住,我们完全可以利用现在的有利形势,经过艰苦奋斗,把自己的国家发展起来。我们对此满怀信心! 必须认清,别的路是没有的,我们只有这条道路。如果离开这条道路,不是抓住现在的时机迎头赶上去,那么,我们在前进的道路上,就可能会碰到新的挫折,就有同发达国家越来越拉大差距的危险! 因此,我们一定要坚持现在的道路,决不允许有任何犹豫和动摇。勇往直前,抓紧实干,我们这代人担负的艰巨和光荣的任务,就在这里!

解放思想，更新观念，
深化党校改革*

（1992 年 7 月 25 日）

我们这次全国党校校长座谈会的主题是，交流贯彻中央 2 号文件的情况和经验，探讨进一步搞好党校改革的思路和做法。从同志们谈的情况看，邓小平同志视察南方时的重要谈话，使全国各级党校的同志受到极大的鼓舞，带来了新的一次思想解放，给工作增加了新的生机和活力。许多党校根据邓小平同志谈话精神，及时调整了教学内容，并积极探索进一步深化党校教育改革的路子，提出了一些新措施。总的情况是好的，当然也还有差距，也遇到一些新的问题。我相信，通过这次会议，大家会在新形势下推进党校改革和建设的一些主要问题上，进一步解放思想、统一认识、振奋精神，从而把党校工作扎扎实实推向前进。

下面，我讲几点意见。

一、深入学习贯彻邓小平同志重要谈话，深化党校改革

当前的国际形势，总的说，是有利于我国进行社会主义现代化建设的。旧的世界格局已经打破，新的格局尚未形成，一些地方动荡不安。但正如邓小平同志指出的那样，和平与发展仍是当今世界的两大主题。在比较近的时期内发生大规模外敌入侵的现实可能性不

---

* 　这是乔石同志在全国党校校长座谈会上的讲话的一部分。

大。同时,东欧剧变、苏联解体使欧洲面临许多复杂的问题,西方资本主义国家遇到许多困难。相对而言,亚太地区比较稳定,经济发展也比较快。现在,我国面临着一个历史上难得的加速发展的机遇。我们一定要抓住这个机遇,集中精力把经济建设搞上去。这是我们这一代中国人、中国共产党人光荣的历史使命。邓小平同志南方谈话后,国内各方面工作有很大发展,全国正处在90年代新的改革开放浪潮之中。上半年经济是以较高速度运行的,其他方面的工作也有很大改观。只要我们按照邓小平同志的谈话精神,进一步解放思想,冲破束缚,大胆改革,我国的经济就一定会进入一个高速增长的新阶段。

面对改革开放的新形势、新要求,各级党校必须继续深入贯彻邓小平同志的重要谈话精神和他一贯的重要思想,进一步深化改革。这是摆在各级党校面前重大而又紧迫的任务。党校的前途在于改革,党校的发展要靠改革,党校的工作也要通过改革去加强。

党校的改革,重点是教学改革。教学改革就是要坚持理论联系实际,紧密结合我国社会主义现代化建设和改革开放的实际,紧密结合国际形势和当代社会主义发展的实际,围绕党的基本路线,为建设有中国特色的社会主义服务。重要的是认真贯彻邓小平同志"学马列要精,要管用"的指示精神,做到学以致用,学能管用。我们要通过学习,掌握马克思主义的精神实质,学会运用马克思主义的立场、观点、方法去解决中国社会主义现代化建设的实际问题。过去几年,各级党校按照这一精神,在教学改革方面做出了成绩。从主观上说,是努力按照邓小平同志的一贯思想和中央的精神工作的。但是,我们在肯定成绩的同时,应当看到,党校的教学、科研现状距离邓小平同志谈话精神和客观形势的要求,还有相当的差距,有不少做得不够和不适应的地方。我们大家要开动脑筋,积极进取,把党校的教学改革和其他方面的改革深入扎实地进行下去,尽早上一个新台阶。

要上新台阶,首先必须认清党校的历史责任和使命。在培养党的干部,学习研究马克思主义,为坚决贯彻党的基本路线,为加快改革开放和经济建设服务方面,党校能够发挥更大的作用。这里关键是要解放思想,转变观念,冲破旧的束缚,创造新的水平。根据邓小平同志的谈话精神,首先还是要坚持学马列。越是改革开放,发展经济,干部就越要学习、掌握马克思主义基本原理,提高自身素质,以适应新形势的需要。因此,党校学员(特别是省以上党校学员)还是应该读一些原著,但原著的分量要下决心精减,一定要少而精,要精选精读那些最能体现马克思主义基本原理的重要著作,学习马克思主义理论中的精髓。对不同层次、不同文化理论基础的学员,可以规定不同的读书量。至于减少哪些课程,精选哪些原著,要与教师们商量,多做细致的工作。各地党校情况不同,要从自己的实际出发,经过一段探索与实践,再来总结经验。

精选精读马克思主义著作,其中也包括选读毛泽东同志和邓小平同志的著作。毛泽东同志的著作,主要是选毛泽东思想发展的高峰期和成熟期的著作。如毛泽东同志的《实践论》《矛盾论》和关于反对主观主义、教条主义,强调实事求是、有的放矢的一些重要论述,这些论述现在仍然具有很强的现实意义和指导意义。邓小平同志继承和发展了毛泽东思想,尤其是继承和发展了"实事求是"这个最重要的思想精髓。邓小平同志的一系列重要讲话、论述,如"一国两制"的构想,以及对待当前国际问题的二十四字方针(冷静观察、稳住阵脚、沉着应付、韬光养晦、善于守拙、绝不当头),都是经过深思熟虑提出来的,对毛泽东思想都有发展。邓小平同志提出我国还处在社会主义初级阶段,提出建设有中国特色社会主义的理论,以及与之相适应的党的基本路线,是从我国现阶段的实际出发,对马列主义、毛泽东思想的重大发展,必须作为党校教学的重要内容。党的十一届三中全会以来,以邓小平同志为代表的老一辈革命家,带领全党全国人民开创了建设有中国特色社会主义的道路。这条道路是来之不易的,是经历了许多困难,排除了各种干扰,付出了代价的;是在总结了新中国成立以来的历史经验,集中了全党和全国人民在长期艰苦奋斗和实践中积累起来的经验和智慧的基础上逐步开创出来的。十几年来的实践证明,这条道路是完全正确的,党的"一个中心、两个基本点"的基本路线是完全正确的。我们要珍惜它,自觉地维护它,坚定不移地沿着这条道路走下去,这样中国就大有希望;否则,就像邓小平同志所说的,只能是死路一条。今后在前进的道路上还会遇到各种困难和曲折,我们要有马克思主义的理论勇气和政治上的坚定性,要坚定不移地走这条道路,做到贯彻党的基本路线 100 年不动摇。经过实践检验已经证明是正确的东西,就要坚定不移地坚持下去,不能动摇,不能轻易改变。动摇和改变只会葬送我们的国家,葬送我们的事业。这是关系到我们党和国家兴衰存亡的大问题。在基本路线问题上不能有任何的动摇和含糊。我们党校的同志一定要注意这一点。党校有责任把这个思想和道路向所有学员讲清楚,并一代一代地传下去,搞它 100 年。从世界社会主义运动的角度来说,我们也只有这样做,才能作出自己应有的贡献。当前我们学习邓小平同志重要谈话,要结合学习邓小平同志从党的十一届三中全会以来的一系列论述,深刻领会他一贯的基本思想。用建设有中国特色的社会主义理论培养一批又一批的领导干部,这是我们各级党校的一项根本的长期的任务。党校教育与党的事业息息相关,中国的党校就是要联系中国的实际来办。如果我们把这件事办好了,我看党校就在根本上对我国社会主义建设尽到了责任,作出了贡献。

贯彻落实"学马列要精,要管用"的精神,也就是毛泽东同志讲的"精通的目的全在于应用",要克服本本主义和教条主义,运用马克思主义的立场、观点、方法,研究新情况、解决新问题。邓小平同志南方谈话在国内外引起巨大反响,受到广大干部群众的衷心拥护,对改革开放和经济建设产生了巨大的推动作用,这又一次充分说明,马克思主义理论只要联系实际,去解决当今的现实问题,就必然是管用的,而且它一旦被党和人民群众所掌握,就会变成巨大的物质力量。适应新的形势,切实做到理论与实际相结合,是办好党校的关键,也是增强党校吸引力的关键。这个问题我讲过多次,希望能够引起大家足够的重视。

另外,党校在教学中把学习马克思主义放在首位的同时,还应注意学习经济知识和现代科学知识,适当增加这方面的分量,扩大知识面。这一点很重要。早在改革开放之初,邓小平同志就指出,全党特别是党的干部,要学习经济知识,学习现代化管理。因为只有这样,我们党才能肩负起领导社会主义现代化建设事业的重任。党校理所当然要在这方面做出努力,更好地为经济建设这个中心服务。与此相联系,党校尤其是省级党校,在办好现有主体班次的同时,也可以办一些短期的实用性强的班次。

二、进一步解放思想,活跃党校学术空气,促进马克思主义理论的发展

当前,改革开放进入了一个新的阶段,亿万人民建设有中国特色社会主义的伟大实践呼唤着理论的繁荣和发展,我们正面临着马克思主义理论在中国大地上一个新的发展的好时机,党校理论工作者应当有所作为。

党校在理论研究、理论宣传方面,在党的历史上几次大的思想解放运动中,是做出了成绩、发挥了作用的。但是由于种种原因,党校的理论研究工作也还存在一些问题。例如,观念陈旧,思想放不开,对有些已被实践证明是正确的东西，或者不予承认，或者不敢肯定；对某些过时的理论结论或者抱着不放，或者不敢突破；等等。这些是同党内长期存在"左"的思想影响分不开的。因此，按照邓小平同志谈话精神，解放思想，更新观念，是进一步深化党校教学改革和理论研究的重要前提条件。解放思想就要冲破那些过时的旧观念的束缚。最近有的地方党校提出，当前在观念上必须着重实现下列几个转变：变唯书、唯上的观念为唯实的观念；变传统的高度集中的计划经济观念为社会主义市场经济的观念；变故步自封、怕担风险的观念为抓住时机、开拓进取、敢为天下先的观念；变把资本主义社会的一切都看作是资产阶级性质的而一律予以排斥的观念为客观分析、能充分利用资本主义国家对我有益有用的东西、同时坚决抵制那些腐朽的有害的东西的观念。我认为这些意见是好的。邓小平同志提出要警惕右，但主要是防止"左"。右可以葬送社会主义，"左"也可以葬送社会主义，所以不能小看。我们要在实际工作中认真贯彻邓小平同志的这个重要思想。

解放思想，必须切实贯彻"双百"方针。要鼓励教学和科研人员研究新情况、探索新问题，鼓励开展学术争鸣。研究问题，思想必须解放，即使说错了话，也不要在政治上上纲上线、扣大帽子。我们强调学习马克思主义要理论联系实际，而在理论联系实际的过程中也难免出一些差错，错了，注意在实践中加以改正就是了，千万不要整人。要允许犯错误，允许改正错误。毛泽东同志是伟大的军事家，他说过，世界上没有常胜将军，三仗打胜两仗就算是不错的。同样，对教员讲课也不能要求百分之百都正确，一点错也不许出。如果这样苛求，后果只能是搞教条主义，照本宣科，画地为牢，把思想都搞窒息了。当然，党校教师必须自觉坚持四项基本原则，应当多接触实际，不断提高和增强识别、抵制错误思潮的能力。

这里，我还想讲一下学习、借鉴、利用资本主义的问题。邓小平同志在谈话中要求我们大胆吸收和借鉴人类社会创造的一切文明成果，包括吸收和借鉴资本主义发达国家的先进经营方式和管理方法。我们要按照邓小平同志这个思想，按照马克思、恩格斯《共产党宣言》中对资本主义的科学态度，来研究当代资本主义，从中吸收和借鉴对我们有用的东西。在《共产党宣言》中，马克思、恩格斯预言资本主义必然灭亡，指出这是历史发展的总趋势。当然从现在情况看，说资本主义很快就垮台还不大可能。因为社会主义还需要创造出比资本主义更发达的生产力。因此，我们大力发展经济，建设有中国特色的社会主义，对于最终战胜资本主义有极为重要的意义。同时，马克思、恩格斯在《共产党宣言》中对资本主义并没有简单地全盘否定，而是肯定了资本主义在不到 100 年的时间里所创造的生产力，比过去一切世代创造的全部生产力还要多，还要大。我们应该以《共产党宣言》中的这个基本思想为指导去研究资本主义。资本主义从本质上说主要是：在社会化大生产和生产资料资本主义私人占有的基础上，资本家剥削劳动者创造的剩余价值，导致社会的两极分化。其上层建筑是建立在这个经济基础上的。但是，我们也不能因此就说资本主义社会的全部上层建筑都是坏的，其中有些是可以借鉴的。比如文学艺术，有的作品是有着长久的生命力的。马克思和恩格斯生前曾高度评价莎士比亚的作品。列宁对列夫·托尔斯泰的作品也给予了充分肯定，称它是俄国革命的一面镜子。又比如资本主义的法制搞了几百年，其中也有可借鉴的东西。我不赞成照抄，但收集关于各国法制的资料，参考借鉴是可以的。当然从总体和本质上说，资本主义社会的法制及其他上层建筑领域，是为资本主义社会的经济基础服务的，是维护资产阶级专政的。我们对资本主义国家的东西有个怎样认识和鉴别的问题，不能简单地、笼统地一概否定，要作具体分析。反动的、腐朽的东西必须批判。同时也要看到，资本主义国家的有些东西，特别是那些属于人类共有的物质文明和精神文明成果，并不是亿万富翁创造的，而是资本主义国家中的劳动人民和知识分子创造的，我们可以从中国的实际出发，借鉴和利用，这也是符合马克思主义阶级分析观点的。在党校的教学中，为了帮助学员加深对马克思主义经济学基本原理的理解，适当增加一些评介当代资本主义经济和资产阶级经济学理论的内容是必要的。比如，对凯恩斯等人的经济理论，我们也要用马克思主义的基本立场、观点和方法加以实事求是的分析和研究，其中对我们有用的东西也可以借鉴。

要创造性地运用马克思主义理论*

（1992 年 9 月 2 日）

今天，我们中央党校新的学期开始了。这一期入学的新学员共有 912 人，是新入学学员较多的一期。中直、国家机关分校和部队分部有 2162 名学员，也参加我们这一期学习。我代表党中央，代表中央党校，对到党校来学习的同志们表示热烈的欢迎，并预祝大家取得好成绩。

邓小平同志视察南方时重要谈话，带来了一次新的思想解放，全党和全国人民受到极大鼓舞，各方面工作有很大进展，改革开放和社会主义现代化建设事业呈现蓬勃发展的新局面。上半年经济是以较高速度运行的，增长速度大约在 9%，改革在逐步深化，对外开放在全方位扩大，发展势头很好。全党全国人民正在以实际行动迎接党的十四大的召开。同志们在这样的形势下来党校学习，应当说是一个难得的机会。希望大家珍惜这个机会，努力学习，认真钻研，使自己的马克思主义理论水平和思想水平，运用马克思主义的立场、观点、方法解决中国实际问题的能力和贯彻执行党的基本路线的自觉性，都能有一个较大的提高。

同志们到党校来，主要是集中精力、专心致志地学习马克思主义的基本原理，学习建设有中国特色社会主义的理论。应当看到，越是

---

* 这是乔石同志在中央党校 1992 年秋季学期开学典礼上的讲话。

加快改革开放、加速发展经济,新情况、新问题也就越多,我们各级领导干部也就越需要学习马克思主义的基本原理,提高自身素质,以适应新形势的需要。马克思主义从来就是创造性的,从来就要求理论联系实际,要求结合实际来运用和发展理论。早在马克思和恩格斯发表《共产党宣言》时,就已强调了这个思想。后来马克思、恩格斯在 1872 年这个宣言的德文版序言中再次强调:《宣言》中所阐述的一般基本原理是完全正确的,而"这些原理的实际运用,正如《宣言》中所说的,随时随地都要以当时的历史条件为转移",因不同的国家而不同。马克思、恩格斯在这个序言中还说:由于有了一些革命的实际经验特别是法国巴黎公社的实际经验,《共产党宣言》中所提出的纲领"现在有些地方已经过时了",有些原则就其实际运用来说,也因政治形势的改变而过时了。由此可见,马克思主义的奠基人从来就是主张创造性地、实事求是地、因时因地制宜地来运用马克思主义的。我们中国共产党人最重要的基本经验、最突出的优良传统正是实事求是,正是把马克思主义基本原理与中国革命和建设的实践相结合。中国共产党过去和现在就是靠这个取得革命的胜利和进行现代化建设的,将来也要靠这个。党的十一届三中全会以来,以邓小平同志为代表的中国共产党人,总结了历史上正反两方面的经验,带领人民开创了中国实现社会主义现代化的道路,逐步形成了"一个中心、两个基本点"的基本路线,提出并不断发展了建设有中国特色社会主义的理论。这是在中国大地上发展了的马克思主义,是马克思主义基本原理同当代中国的实际密切结合的产物。这个理论回答了在当代条件下,在中国这样一个经济文化比较落后的国家如何建设社会主义的一系列根本问题。我们要把有中国特色的社会主义事业继续推向前进,就必须掌握这个强大思想武器。党的各级领导干部,首先是高中级干部要带头学好。我相信,在座的各位同志一定会努力学习,学有所获,学能致用。

学习马克思主义基本理论,要贯彻小平同志"学马列要精,要管用"的指示精神,读原著要少而精,要有针对性,要同实际密切结合。要抓住那些最能体现马克思主义基本原理的原著,精选精读,力求掌握马克思主义最精髓的东西。毛泽东同志的著作,特别是他的《矛盾论》《实践论》和反对主观主义、教条主义的一些重要论述,对于我们坚持党的实事求是的思想路线,解放思想,开拓进取,仍然具有十分重要的意义。选读邓小平同志的著作和论述,尤其是他的南方谈话,要作为一个重点。我们不仅要努力掌握十一届三中全会以来邓小平同志的一系列战略思想、理论观点和决策原则,而且要努力学习他在研究新情况、解决新问题中的马克思主义的立场、观点、方法,学习他善于集中党和人民群众丰富的实践经验和集体智慧的领导才能,学习他不固守某些已不适应新情况的过时了的旧结论,而善于根据实践来继承和发展马克思主义的科学态度。我们要通过学习,进一步解放思想,摆脱那些陈旧观念的束缚,改变那种对社会主义的某些原则的教条式的其至完全扭曲了的理解,沿着党的十一届三中全会以来开辟的正确道路奋勇前进。

党的十四大越来越临近了,十四大的文件也将是本期一个重要的学习内容。要把学习十四大的文件同学习邓小平同志的著作和论述密切结合起来。

党校在把学习马克思主义放在首位的同时,还应注意学习一些经济知识和现代科学文化知识,适当增加这方面的内容,对于扩大干部的知识面和提高组织、管理能力是必要的。早在改革开放之初,邓小平同志就指出:全党特别是党的干部,要学习经济知识,学习现代化管理。为了帮助学员加深对马克思主义经济学基本原理的理解和增加关于现代经济的知识,可以对现实经济问题有重点地进行探讨,也可适当加进一些评介当代资本主义经济和西方经济学理论的内容。我们应按照邓小平同志南方谈话的精神，大胆地吸收、借鉴和利用资本主义发达国家中对我们有益的东西，大胆地吸收和借鉴人类社会创造的一切文明成果。

搞好我们的学习，一个必要的条件是，坚持贯彻百家争鸣的方针，创造和谐的环境，活跃学术空气。在研究新情况、探讨新问题的过程中，出现不同的意见是十分自然的事；在理论联系实际的时候，出现某些差错也是可能的。只要经过反复钻研和共同探讨，就可能使认识逐步深化，达到比较正确、比较全面的理解。党校的教员理论基础比较好，学员实际工作经验比较丰富，我们要很好发挥两者的优势，在整个学习过程中，要继续发扬"教学相长"的精神，把学习搞得更生动活泼，更富有成效。

党校目前正在积极推进教学改革，希望全体学员和党校教研人员一起，本着小平同志"学马列要精，要管用"的指示精神，共同探索和不断创造新的经验，把党校的教学改革搞好，把理论学习和研讨搞得更好。

培养经常学习、研究和
思考问题的习惯 *

（1992 年 12 月 11 日）

今天主要是来看看大家，一定要我讲一讲，我就很简单地讲一下。首先，祝贺我们这期省部班全体学员圆满完成了学习任务，祝贺大家在这一段学习时间所取得的收获。近期一些情况、材料，我都看了，我就不重复讲了。

其次，有这么一个希望，希望同志们回到工作岗位以后能够逐渐培养、形成比较经常的学习习惯，读书的习惯，研究问题的习惯，思考问题的习惯。而要做到这一点，恐怕是需要作长期艰苦努力的。特别是今年，小平同志南方重要谈话以后，大家都感觉到要加快经济建设步伐，改革开放的度有了很大的变化。接着，下半年又开了党的十四大。当然，十四大也是在小平同志南方谈话以及整个党的十一届三中全会以来的路线、方针、政策指导下召开的，会是开得好的。十四大有很多重大理论方面的突破。当然，还需要我们在实际工作中去继续探索、继续研究、继续充实。比如说社会主义，怎么样建设有中国特色社会主义，或者说在中国大地上把它完整地建设起来，这恐怕要有一个相当的时间。十四大已经提出了一个大概的设想，这个时间不是很短。在这个建设过程中间，怎么样既毫不动摇地坚持四

＊　这是乔石同志在中央党校第 13 期省部级干部进修班学员毕业典礼上的讲话。

项基本原则,又毫不动摇地坚持改革开放,这在实际工作中间还是一个不小的课题。任务提出来了,大的问题,小平同志带领我们突破了,冲破了。但是,具体怎么做,这还是一个很复杂的事,不能认为都解决了。再比如,社会主义市场经济,到底是一个什么样子?有些同志已经从理论上发表了一些意见,你们经过学习也已经有一些探讨。但是,在实践中间,从理论结合实践上去真正解决这个问题,这也不是简单的事情。突破是突破了,但也还要有一套办法才行,没有一套是不行的。我们这么大一个国家,没有宏观调控,我看那就要乱套了;同时又要发挥、调动各个方面的积极性,就是过去毛主席讲的发挥中央和地方两个积极性。怎么能做到发挥地方的积极性,又不至于引起盲目发展,失去宏观调控;发挥中央的积极性,又不至于妨碍、制约了地方的积极性。新中国成立 43 年来,我们经历过的同志都知道,这不是一个很简单的事。我们已经经历过的情况就是,不是偏于这个就是偏于那个。比较圆满地、比较理想地掌握这两个方面,恐怕大体上来说,也就是十一届三中全会以后这 10 多年,经济建设成绩很大,两个积极性总的来说,也还都是发挥了。

再具体地讲,我们在工作中,还是有这样那样的问题。有时候坚持四项基本原则不够,这不是讲得够不够的问题,主要是在思想上失去必要的引导和控制,就要发生问题。这个问题依靠行政的手段来解决是解决不了的,思想的问题还得依靠思想上必要的引导和教育才能解决好。思想教育一放松,就乱了套了。经济上更是这样,有时候一说加强宏观调控,加强计划管理,我们就偏于保守,偏于样样都要管,偏于往上收权。比如今年经济发展速度,总的情况还算是健康的,但是中间也存在一些值得注意的问题。回过头来看我们过去几年,比如过去 3 年,治理整顿当然是必要的,没有问题,但是在具体做的时候,就掌握分寸和掌握度这方面来讲,就很难说非常理想。对这些问题,都需要在实践中间一边实践,一边继续进行理论研究,不断深化我们的思想认识。我认为我们只有这条路,就是把小平同志提出的建设有中国特色的社会主义,在实践中不断探讨,不断地充实,使它成为完整的一套理论,花几十年时间把有中国特色的社会主义真正建设好。这样,不但是对中国人民,而且对全世界社会主义,也是一个极大的贡献。这一点决不要小看。我记得党的十二届三中全会关于城市经济体制改革的决议,全会通过这个决议以后,小平同志说了一句,说这是新时期的政治经济学。他的思想当然一直是比较解放的,是不搞"左"的,也从来不右。所以,我们怎样坚持学习,这还需要下功夫。大家工作很忙,特别是到了各自的工作岗位以后那就更忙了,不下决心,不想办法作出努力,是不容易坚持学习的,不容易培养成这样一种学习的习惯,这是一个希望。

再有一个希望,就是整个理论建设、党校建设,只能加强,不能削弱。党校的教学工作也不能离开党的基本路线,不能离开"一个中心、两个基本点"。这个我说了几年了。单纯地就党建讲党建,单纯地就党校讲党校,这是讲不好的。离开党的基本路线来讲党的建设,不但是讲不好,很可能要出毛病的,实际上这几年也不见得一点毛病都没有出过。所以,党校的建设,整个理论工作,都必须要紧密围绕着党的基本路线,紧密围绕着"一个中心、两个基本点",不能认为党的建设就是放在坚持四项基本原则里边的一项原则之中,就是加强党的领导这一项,而要与整个基本路线联系起来。就加强党的领导本身来说,还要改善党的领导,这也是小平同志 1980 年讲的。为了加强党的领导,必须改善党的领导,我很赞成这个看法。党的领导也要不断地适应新时期的新情况,去解决新问题,不能固守;同时不能孤立地讲加强党的领导,加强党的建设,不能离开党的整个路线来讲。改善党的领导就包括很多我们要进一步研究的问题。党领导

11亿多中国人民把有中国特色社会主义建设起来,完成自己的历史使命,要几十年的时间,要坚定不移地坚持搞下去才行,搞出实际成绩出来才行,不是吹一吹就完了。这就要求我们做到,越是经济建设要搞得快一点,就越是要注意理论的研究和探讨,越是要注意加强党校的工作。

当然,党校本身也要不断地改革或改造。50年代党校北院刚建立起来时,我曾经来看过一些熟人。60年代我也来上过一年学,学了一年还出头一点,后来把我调走了,那时候我觉得党校还真不错,各方面都比较理想。现在看一看,就感觉不一样。当然改造和改进党校工作,首先还是教学,要搞好教学改革。教学改革的中心就是要理论联系实际,就是要按照小平同志所说的学的东西要精要管用,按照这个方向不断地改革。这次是不是改革好了,请大家批评、评论,以后恐怕还要坚持不懈地再改下去。马克思主义,从1848年到现在快150年了,你老是读多少本书,我记得新中国成立以后中央规定有21本书,是必读的,叫作"干部必读21本",现在都读这21本也不行。这21本里面不包括毛泽东同志的著作,这怎么能行呢? 搞中国革命,又不学习毛泽东思想,当然不行。至于小平同志的著作,那更不包括了。所以,新的内容要加上去,老的内容必须精减,下决心精减。

我一直主张提坚持马克思主义的基本原理,并结合中国革命的实际、建设的实际。现在光是读马恩的不够,列宁的完全不读也不行。列宁的著作牵涉到整个苏联,列宁、斯大林的著作,牵涉到苏联从十月革命胜利初步稳定第一个社会主义国家,把这个国家初步建设起来,又经受了第二次世界大战的考验,不能不说苏联在苏德战争中取得的胜利对整个第二次世界大战起了极大的作用,或者说决定性作用。因为这是一次很残酷的战争,战胜德国法西斯是很不容易的。这都是在斯大林时期取得的。当然他也有各种失误，今天不去说它了。所以有时候列宁的著作，甚至于斯大林的著作，也要涉猎一下，就是这个原因。

所以，党校的工作，首先是教学改革还是要精简课程，更好地解决理论联系实际的问题。党校必须办好，还包括党校其他方面工作，一直到伙食。说到伙食，同志们在这里大概受点罪吧。很抱歉，办得不是太好。我听到的反映，都说办得不太好。恐怕也不是党校哪一个人的责任，如果说责任，我也有责任，我心里也很着急。房子也得改造。党校的房子，现在来住，跟60年代初来住，感觉不一样，恐怕大家都会感觉到这一点。因为过了有几十年时间，至少30年嘛，各方面都变化了，党校也不是世外桃源，也得变化，也得改造，也得不断地改进，还一定要搞好。中央党校应该搞好，地方党校，特别是省一级党校也应该搞好。党校应该主要是在党员领导干部中间传播比较系统的马克思主义基本原理方面的知识，传播建设有中国特色社会主义理论最主要方面的知识。这里边当然也包括社会主义市场经济。要办好，完全依靠短训班，灵机一动办它半个月，然后就散，完全搞成短训班不行。马克思主义最主要的、最基本的著作还得读一点。这个问题，我给江泽民同志也说过。我觉得最主要的原著不读恐怕也不行，因为党章也规定了，虽然修改了党章，但是，一个马克思主义的党，党的最远大理想还是共产主义，这个没改、没动。基本的目标、理想都没有改。所以从这个方面来讲，不读点书是不行的。从实际工作来讲，要不犯错误，特别是不犯大的错误，我看不搞点理论学习就有危险性，就会迷失政治方向，不是犯"左"的就是犯右的各种偏差或者错误，这就必然会给工作带来损失，尤其是对高级干部来讲特别重要。当然，广泛一点讲，我觉得现在不仅60来岁的同志，50多岁的同志，还有40多岁的同志，都要进行一些最基本的马克思主义的教育。我说的马克思主义基本原理包括毛泽东同志、邓小平同志一些著作在内,都要学习,就要通过党校来解决这个问题。党校工作不加强是不行的,不能适应需要。有的同志说,好像今年办党校又到了低潮,这个说法我不同意,我一开始就没同意,今天就不重复讲了。所以,各级党校还是要办好,特别是中央党校、省一级党校,还是要办好,系统地教育好我们的干部。所谓系统地教育,不一定就是一学就5年。中央党校搞过一学5年,搞过秀才班,一学5年,马列学院的时候搞过第一期吧。那些秀才有的不在了,有的快80了吧。当然,5年制学习班出来的人我也见到过一些,连《资本论》也都读了,至少是把《资本论》的主要章节都读了,结果到实际工作上没多大的提高。所以理论脱离实际,总是不行的,还是要密切结合实际。总的讲,党校的工作要加强,同时也要不断地改进。

我就讲这些。讲的不当之处,欢迎大家提意见,今天不多耽误大家时间了。这个班明天就要结束了,大家各赴东西了,以后就要在工作岗位碰到啦。我60年代在中央党校也上过学,比你们学三个月的时间长一点,但是不管上多长时间,都是党校的学员,这个党校不否认吧!作为老师,我也没有教课,我也没有做更多的工作。有很多工作我是应该多关心一点,比如刚才说的党校教学,各方面的条件,我心里有时候也很着急,总觉得兼了几年的党校校长,所做不多。所以大家一说到"你是我们的校长",有时候我就很内疚。碰到这种场面,我往往感到不好多说什么了。我希望大家帮助把中央党校办得更好。

越是改革开放，越要重视思想理论的指导作用[*]

（1993 年 1 月 6 日）

　　首先，请允许我代表党中央、中央党校校委会祝贺同志们圆满完成了学习任务，取得了可喜的收获。同时，我也向前来参加这次毕业典礼的中央各部门的领导同志表示欢迎和感谢。

　　同志们在繁忙的工作中能有机会抽出一段时间到中央党校来集中学习，是很难得的。这样的学习对大家当然是很有帮助的。同时我们也要看到，在党校学习的时间终究是比较短暂，比较有限的。要学好马克思主义的基本原理，学好毛泽东思想和邓小平同志的著作，主要还得靠同志们回去以后，结合实际继续坚持学习。希望大家把在党校学习期间的读书风气带回去，养成并长期坚持认真读书学习的好习惯，使学习密切结合工作实际，持之以恒，蔚然成风。据我所知，我们老一辈的领导人，从毛泽东同志到邓小平同志，都有很好的读书习惯。毛泽东同志读书的习惯从青少年时期就开始了，他一生都坚持认真读书。在我和小平同志的接触中也看到，他也是一坐下来就要看书。这种读书的风气要提倡，要坚持。现在我们努力学习马克思主义的基本原理，学习有中国特色的社会主义理论，学习党的十四大文件，对我们搞好实际工作有极重要的指导意义。当前我们

＊　这是乔石同志在中央党校 1992 年秋季学期毕业典礼上的讲话。

各方面的工作任务都很繁重，有很多问题需要我们不断地去总结经验，去深入研究和探索，如果没有良好的读书、学习、思考、探索的习惯，我们就会在实际工作中忙忙碌碌，甚至迷失方向。尤其是在中国今天的条件下，这对我们每一个共产党员，特别是党的领导干部来讲，是非常重要的。而要做到不迷失政治方向靠什么呢？靠的还是要牢牢掌握马克思主义的基本原理，掌握建设有中国特色的社会主义理论。所以，不要把坚持学习视为小事。我老是讲这个问题，就是因为这个问题太重要了。如果我们的领导干部包括在座的同志们，现在不认识到这一点，以后就会妨碍我们工作水平的提高，妨碍工作成果的取得。尤其是现在，在改革进程中有很多新的问题，需要我们运用马克思主义基本原理去不断进行创造性的探索，去逐一加以解决。只要沿着这个方向去做，我们的工作就会搞得更好一些，就会更有利于中国的社会主义事业，更符合全中国人民的利益和我们党的基本要求。

同志们希望我讲一讲当前的国际形势，我只能简单谈谈。总的来讲，国际形势对我们建设有中国特色的社会主义是有利的。世界大战短期内打不起来。有资格打世界大战的两个超级大国已经变成一个了。一个已经瓦解了，当然那堆核武器还在，但是形不成拳头。另一个也忙于应付它所面临的国内和西方世界内部的各种麻烦。但世界上的矛盾、纷争不少，局部的热点、局部的战争几乎不断，民族矛盾发展，宗教问题也很突出，世界是不太平的。我们同周边国家、同广大第三世界国家以至于发达国家的关系，总的来讲，向好的方向发展，或者原来就是好的，现在变得更好一些。几年来，遵照小平同志提出的二十四字方针，党中央对于处理国际问题的决策、措施，实践证明是完全正确的。比如对苏联、东欧发生这么大的变化，我们采取的方针、策略是正确的，效果也是好的。我们顺利地应对了苏联、东欧的剧变带来的世界范围内的大变化。这种变化对我们国家当然有相当影响,也不可能一点影响也没有。但是,我们中国共产党有自己的特点,我们善于结合中国的实际及时总结经验,特别是遵义会议以来一直坚持独立自主,我们绝不能以为人家如何如何,我们也可能会如何如何。这一点已经被事实所证明了。苏联、东欧的问题发生在哪里,当然可以详细研究和探讨。我看主要根源在内部,而不是在外部;是内因,而不是外因。《矛盾论》就告诉我们,事物的变化,内因是决定的因素,外因通过内因而起作用。"和平演变"是客观存在,而且从来就是如此,毛泽东同志在的时候就说过,现在当然更加现实了。西方资本主义国家对我们的社会主义当然是看不顺眼的,他们处心积虑地想把我们变成跟他们一样的资本主义国家,这是毫无疑问的。过去是这样,现在是这样,今后长时期将更是这样,因为苏联、东欧都变了。问题在于我们自己怎样正确地认识和对待我们所面临的情况。邓小平同志的指示为我们指明了方向和处理这些问题的方针。我们把经济建设搞上去,综合国力能够不断增强,人民生活能不断提高,同时我们又坚持两手抓,两手硬,那么我们就能立于不败之地。西方国家对我们搞制裁,已经三年多了,也不过如此,现在已经逐步突破了。中国是有 11 亿 6 千万人口的大国,是孤立不了的。我们自己就是一个世界,而且是个不小的世界,怕什么! 现在包括美国新上台的总统克林顿,也说他不想孤立中国,因为孤立中国做不到嘛! 当然,今后斗争还是不可避免,是长期的,这样那样的名堂他们还会搞,必然会同我们发生不少摩擦。但在目前情况下,他们也不得不把对华关系放到一定的位置上对待。世界上存在着霸权主义、强权政治,我们要坚决反对,要坚持我们独立自主的原则,同霸权主义、强权政治作必要的斗争。斗争要有理、有利、有节,力争有利于我国的社会主义建设事业。国际形势我就简单讲这些。

国内形势，大家都看到，去年初小平同志在南方作了重要谈话，下半年又开了党的十四大，现在的国内形势总的说很好，我们各项事业都在蓬勃发展。1992 年国民生产总值增长 12%，其他各方面的进步也比较突出，这是非常可喜的。当然，作为领导机关和领导干部来讲，我们总是要保持清醒的头脑，随时关注存在的问题，要善于及时给予解决。同志们担心经济会不会过热，过热的问题我认为是应该引起注意的，现在中央提出防止过热，是适时的，必要的。我们要善于加强宏观调控，适时解决前进中发生的各种问题。其中比较突出的，大概是基本建设摊子铺得太大，低水平的重复太多，过多地盲目地搞开发区，货币发行量看来也偏多了，等等。这些问题只要及时重视，妥善采取加强宏观调控的措施，抓紧工作，是可以逐步得到解决的。只要这样，今年仍然可以保持一个较好的增长势头。

在经济方面，一个重要的问题还是要继续大力加强农业这个基础，认真落实党中央、国务院提出的关于加强农业的各项措施。我们党从来都强调农业是基础，党的十一届三中全会也是从解决农业问题着手的，经济体制改革也是从农村开始的。小平同志曾经说过，看中国稳定不稳定，中国的政策对头不对头，首先看农村。我认为现在还是这样。对农村目前存在的一些问题，如果不引起足够的重视，不采取得力措施加以改变，农业的基础地位就会动摇，那不仅农村稳定不了，而且影响全国的经济发展和社会稳定，这是一个大问题。现在有的农民不愿意种地了，农民的负担确实很重，各种摊派很多，有的地方收购粮食和其他农产品"打白条"的问题还没有很好解决，这样农民怎么会有搞好农业生产的积极性呢？具体的我就不多说了。农业的问题必须下大力气加以解决，决不能等闲视之。

再有，就是必须搞好国有大中型企业。中央一再讲，要使它面向市场，不断帮助它提高效益，真正实现优质、高效。国有大中型企业现在还是我们的骨干、我们的主要财政来源。现在财政困难主要发生在这一部分。当然也有些地方乡镇企业未发展起来,有的发展以后税收问题没解决好,个体经营企业税收问题也没解决好,对我们的财政也有一定影响,但国有大中型企业是首要的。

另外,机构改革,体制改革,实行国家公务员制度和有计划地进行工资制度的改革,特别是加强社会主义民主和法制建设,这些都是摆在我们面前迫切需要做好的工作。

邓小平同志关于建设有中国特色社会主义的理论是有丰富内涵的,是对马克思主义的创造性的发展。我们决不能把它当作一个口号来对待,而应该通过我们各方面的实践,来不断地进行学习、研究和探索,使它更加充实、更加丰富,真正变成中国人民的伟大实践,变成中国社会主义现代化建设的生动现实,这样就能充分显示出它无限的生命力。而要做到这一点,还需要我们大家作更大的努力,要经过多方面的努力探索,其中包括坚持认真读书学习的风气也是非常重要的。因为我们每走一步,都有一个怎么走得正确得当的问题,也有一个如果走得不好能够及时察觉并很快改正的问题,这都需要有革命的理论作指导。

最后再讲一下,要重视党校的工作。现在许多同志觉得上党校不大解决问题,还是要到实际工作中间去,尤其是当前实际工作发展得比较快,有的同志有些坐不住。对于马列主义毛泽东思想,有的同志已经荒疏了,甚至淡忘了,我觉得这不好。我们说学习和坚持马克思主义的基本原理,就包括毛泽东思想在内。党校的工作要引起重视,一定时期把各级干部抽调到党校,包括中央党校、省级党校及其他各级党校进行必要的学习是不可缺少的,要抓好这项工作。这一点请同志们回去向各级党委,特别是省委、市委的同志捎一句话,就说越是改革开放,越是加快社会主义现代化建设,就越要重视思想理论的指导作用,越要重视办好党校。当然,要办好党校,像其他各项工作一样,党校本身要搞好改革,最基本的是要按照小平同志所讲的"学马列要精,要管用"的精神进行教学改革。教学改革主要着重两点,一是要更加认真地精简教学内容,二是要大力加强理论联系实际,解决好理论联系实际的问题。党校的其他工作也要进行改革。有的同志说进了党校好像回到50年代了,不知你们进了中央党校是否也有同样感觉。我60年代进过党校,现在看看好多方面确实需要改进。当然,关键在教学改革,同时其他各方面的条件也需要不断改善,否则跟不上形势发展的需要,也跟不上教学工作的需要。党校各方面工作都要改进,包括后勤、行政工作,要为教工人员和全体学员提供一个良好的学习、工作环境,更好地保证教学任务的完成。希望各级党校也本着这个精神,来改革和改进本身的工作。我看过一个很好的地方党校,但学校内部的设备就不怎么样,我不是说要追求"高精尖",但要搞得比较适合现在学员学习的要求,为学员的学习提供更好的条件。党校必须办好,这一点不能动摇,不能有任何改变。

坚持真理,修正错误[*]

(1993 年 1 月 7 日)

  长期以来,在一些大的方面,我们党同苏共的做法是不同的。当然,中国共产党从建党开始,以及建立中华人民共和国以后,我们曾受到苏联这样或那样的帮助,这也是事实。中国共产党诞生在外受很多帝国主义国家侵略,内部又是封建色彩非常浓的半殖民地半封建的国家。我们的党是在俄国十月社会主义革命胜利后,于 1921 年建立的。当时列宁曾派代表到中国寻找孙中山和其他革命者,包括一些有共产主义觉悟的知识分子。那时我国有 4 亿多人口,300 多万产业工人,全国党员人数只有几十人,我们党还处于幼年时期。为了取得民主革命的胜利,我们在非常艰难的情况下开展斗争,克服的困难几乎可以说是无与伦比的,付出的牺牲是巨大的。我们老一辈的革命家,包括一些在军事上非常有名的元帅和将领,他们都是在缺乏经验的情况下逐步进行摸索的。现在这些元帅都已不在人世了。他们都是在非常艰难的条件下,按照中国的实际情况来考虑怎样争取中国的民主革命取得胜利的。从国际上讲,我们建党初期同其他党没有什么联系,主要是同苏联共产党有联系。另外当时我们还同

---

  * 这是乔石同志会见意大利重建共产党代表团团长塞尔焦·加拉维尼总书记一行时的谈话节录。

共产国际①有关系。我们不能说共产国际对我们毫无帮助,帮助是有一点。但在帮助我们的同时,由于他们不了解中国的实际情况,出了很多错误的主意,使中国共产党人走了很多弯路,付出了很大牺牲。直到30年代末40年代初,我们党在我国西北地区稳定下来了,我们开始对国内民主革命的历史经验比较系统地进行了总结,系统地批判了跟着外国党跑的教条主义的错误,总结了他们在中国进行错误指导的根源是什么,同时确定了今后如何改进工作的方向。对历史进行了系统的总结以后,毛泽东同志才在党内全面确立了领导地位。此后我们取得了抗日战争和反对国民党统治的国内革命战争的胜利,建立了中华人民共和国。那时我还年轻,认为建立了中华人民共和国,取得了政权,那么一切也都可能会顺利些。但想不到,我们取得政权以后,工作就更复杂了。由于客观上有困难,而且主观上对社会主义建设的客观规律不太了解,甚至认为社会主义想怎样建设就怎样建设。但实际上不是那么回事。

到了70年代末,我们党认为对过去的许多事情又需要系统地总结一下了,于是在全党范围内开始了第二次自我批评,最后,作出了《关于建国以来党的若干历史问题的决议》,此后我们才逐渐走上了现在走的道路。如果你去研究一下苏联的历史,那么你就会发现他

①　共产国际:亦称第三国际,存在于1919—1943年,是一个共产党和共产主义组织的国际联合组织。创始人是列宁。先后担任领导职务的有季诺维也夫、布哈林、季米特洛夫等。列宁逝世后,实际领导人是斯大林。共产国际实行民主集中制原则,参加共产国际的各国共产党都是它的一个支部。最高领导机关是世界代表大会。在大会闭会期间,领导机关是代表大会选举产生的执行委员会,由它给各支部发布指示并监督它们的活动。执委会选出常设主席团,担任执委会闭会期间的全部工作。总部设在莫斯科。联共(布)处于领导地位。第二次世界大战期间,为了加强反法西斯统一战线,同时考虑原有的组织形式已不适应形势发展的需要,共产国际于1943年6月正式宣告解散。

们的历史中没有自我批评这种内容。当然列宁在世时还是主张做自我批评的,但他去世太早了。斯大林以及同他一起的那批苏联领导人是不做自我批评的。他们在领导苏联党和国家搞建设的过程中,虽然取得了巨大成就,但另一方面,在政治、经济和民族关系方面也积累了很多严重问题。我说的政治不是指什么一党制或多党制的问题,我说的是党同人民群众的联系问题。在经济上,他们严重忽视农业,因此在斯大林领导苏联期间,农业问题从来没有搞好过。另外还忽视了发展轻工业,对改善人民生活不关心。此外大量积累的民族问题也没有解决好。针对这些问题,本来斯大林去世后可以总结经验并加以解决,加以改进。我算了一下,从斯大林去世,赫鲁晓夫上台,到戈尔巴乔夫下台,中间大概有39年时间,时间可以说不算短。如果想做点自我批评,总结一点经验还是可以的。但他们始终不做,劝他们做,他们也不做。苏共开二十一大时,我党派周恩来同志作为团长去了苏联。周总理说,斯大林有各种错误,你们这些人也在,你们怎么没做自我批评呢?赫鲁晓夫说,我们不能做自我批评,要是做了,我们会垮台的。现在已经证明了,他们正是因为没有做自我批评,没有系统地总结过去的经验,没有改正过去的错误而失败的。后来戈尔巴乔夫上台了,你们都清楚他的办法和赫鲁晓夫差不多,也是大骂斯大林,把一切问题都归罪于斯大林。他说要改革,但这种所谓的改革完全是模仿美国和西方的模式。经济搞得很糟,人民的生活很差,像这样的大事他不管,而是继续搞所谓的改革。结果党的干部在群众中是威信扫地,党的领导人在党内也毫无威信可言。

在历史上,中国共产党同苏共不同的地方,还在于我们坚持独立自主,严格坚持从中国实际情况出发。我们不是不犯错误,我们犯过很多错误。马克思主义认为,世界上不犯错误的人是没有的。关键在于有错误就要改,不断在错误中学习,然后把自己的工作改进得更好一点。我们现在所走的道路也是在付出了相当大的代价后,逐渐在实践中走出来的。我们认为,我们现在所走的道路是正确的,所以准备坚持下去。我们总的方向是不会变的,这没有问题。但我们在实际工作中,要不断总结经验,根据中国的具体实际,及时改进工作。这在马克思主义中叫作"坚持真理,修正错误"。

我们党已有 70 多年的历史了,可以说是身经百战了。我们的元帅们都已不在人世了,但他们都有回忆录留下来,这些材料我差不多都看了。他们在历史上都创造性地进行过革命斗争,这些还是很值得我们不断回忆和借鉴的。比如说独立自主,现在谈这个问题很容易被理解。但在我党历史上,有一段时期,特别是在战争年代,要想做到独立自主并不容易。当时我党的一些老将军,他们的经验很丰富,学识也很渊博,有的曾在苏联非常有名的伏龙芝军事学院学习过,而且他们对中国的地形和民情也非常了解。但在一段时间内,我们的将军们却要听从于一个共产国际派来的外国人的指挥,这个人根本不懂军事,他是关在一所小房间中,看着地图瞎指挥,别人的意见他也不听,谁都说服不了他。他把毛泽东同志排挤了,把我们的将军们排挤了,完全由他来指挥。中国的革命武装力量曾一度发展到 30 万人,在他的指挥下,最后只剩下不到 3 万人。最后我们进行了非常尖锐的斗争,才把这个人弄下去,由我们自己来指挥。这样才为我们人民军队的存在和发展开辟了广阔的前景。毛泽东同志在晚年也犯了错误。在邓小平同志的指导下,我们在总结过去经验教训的基础上,开创了一条新的道路。所以说一个党必须从本国实际出发,一定要依靠本国的人民群众来开展革命。当然群众是不可能同他们谈一次就会变成共产主义者的,只能是在实际工作和生活中一步步地提高群众的认识水平。群众工作是党的生命线,如果失去了群众的支持,那就什么都谈不上了。

我今天就简单概括这些。只要我们继续沿着现在的道路走下去，我们对前途还是有信心的。坦白地讲，我们清楚中国共产党所肩负的责任，我们党的工作不仅是为了 11 亿 6 千万中国人民的前途和幸福，而且牵涉到全世界的社会主义运动。当然全世界的革命要靠各国人民自己来搞，但中国的存在，在这方面会起巨大影响。中国的社会主义建设取得巨大成就，对全世界人民来讲不但是个范例，而且也会给他们提供很多参考的经验。正因为这样，我们现在必须依靠人民群众，埋头苦干，踏踏实实把自己的国家建设好。我们认为，在当今的世界上，这样处理问题可能会好一些。我们肯定一点，就是由一个或两个超级大国，或搞强权政治和霸权主义的国家控制整个世界的事不会再有了。就是那个被人们认为最富有、最强大的国家，现在的内外债加起来已有四五万亿美元了，另外内部的问题也不少。

加强领导班子团结和
基层党组织建设*

（1993 年 1 月 22 日）

在风云变幻的国际形势下，我国非但没有像有些人预料的那样也会在一夜之间垮台，反而稳步前进，我们的国际地位在某种程度上还有提高。现在全世界特别是第三世界国家的人民都寄希望于中国，希望中国能够很快地发展、强大起来。去年小平同志南方谈话发表以来，我们经济发展很快，各方面的情况都相当不错。来访的外国人，对此印象都很好，认为中国的经济发展速度快，潜力还很大。中国跟俄罗斯有 4000 多公里的边界线，还有哈萨克斯坦等 3 国也与我国毗邻。前年我到新疆去，问新疆的同志，与邻国比，双方经济到底谁占优势，新疆同志讲还是我们占优势。我说，你们如果能够始终保持这个优势就很好，当然南疆地区的经济不可能一下子发展得非常快，但是你有那么大的后方，可以从上海、从江浙买东西运过去，现在这一带都搞得很活了。所以，中央研究，提出要遵照和平共处、睦邻友好的原则，逐步加强同周边国家的关系。现在，我们与周边国家的关系总的来说是比较好的。

前两年，对"和平演变"问题议论得比较多。"和平演变"问题不是我们现在才遇到的，毛主席在时就提出过，帝国主义不能用武力征

---

* 这是乔石同志在听取浙江省领导同志汇报时的讲话部分内容。

服社会主义国家,它就寄希望于对我们的第三代、第四代搞"和平演变"。而苏联的变化,内因是主要的,这个道理毛主席在《矛盾论》中都说清楚了,事实上也是这样。我们今后还是要反对、防止"和平演变",要把这个斗争长期坚持下去,不能含糊,不能以为"和平演变"的可能性没有了,不能以为资本主义国家会一下子改变过来喜欢中国,这个不会,哪一天都不会。但是不能把它提到不适当的程度,不能把它作为我们工作的中心。我们的中心只有一个,就是解放和发展社会生产力。防止和反对"和平演变"应该包括在坚持四项基本原则里面。我们的基本路线还是"一个中心、两个基本点"。

总的来讲,当前的国际形势对我们加快社会主义建设是有利的,当然,也会遇到一些困难。

关于国内形势,去年一年,在小平同志南方谈话和党的十四大精神的指引和鼓舞下,全国的形势确实是很好的。有的省、有的地区一年的发展超过过去好几年,江苏的苏州、无锡、常州三个市的总产值加在一起已超过上海20个亿。

浙江去年一年发展得也很好,总产值已经超过上海。特别令人高兴的是经济效益、上缴利税比较好,几个方面基本上是同步增长,这说明经济发展还是踏踏实实、比较健康的。浙江经济中乡镇企业占很大比例。

关于加强党的领导问题,主要讲两点。一是要按照民主集中制的原则,加强各级党委的集体领导,把各方面的工作都安排好。集体领导就要求党委班子内部一定要搞好团结,团结当然是指在坚持走有中国特色社会主义道路,坚持党的基本路线基础上的团结。在原则问题上,在方针政策问题上,有不同意见可以讨论、争论;对日常工作中的一些非原则问题,该让步的还是要让点步。否则,一天到晚在一些次要的问题上争论不休,怎么搞好团结呢? 我们说要加强党的团结,首先就是要加强领导班子的团结。二是希望进一步重视基层党组织的建设。基层党组织的建设,一个是领导班子要配好,特别是支部书记。支部书记不配好,这个班子就搞不好,基层政权建设也搞不好。再一个是要不断吸收新鲜血液。因为和平时期日子比较好过,以前抗战8年好像时间很长,现在已经5个8年过去了,我们的一些老党员、老骨干,一晃就都老了。所以,如果我们不注意对生产第一线积极分子的培养教育,不注意在他们中间按党章的要求吸收新鲜血液,党的生命力、党的作用就会受到影响,党的基层建设就谈不上加强。这也是一个很关键的问题。

坚持用有中国特色
社会主义的理论武装全党*

（1993 年 2 月 23 日）

今天，我们中央党校新的学期开始了。同志们从全国各地聚集到这里，来参加学习，我代表党中央，代表中央党校，对同志们表示热烈欢迎，并预祝大家学习进步，取得新的收获。

这个学期是党的十四大召开后的第一个学期。同志们到党校来学习的主要任务，就是要用建设有中国特色社会主义的理论武装自己，增强贯彻执行党的基本路线的自觉性和坚定性。十四大报告明确提出："党的基本路线要毫不动摇地长期坚持下去，社会主义的改革开放和现代化建设要搞得更好更快，国家要长治久安和繁荣富强，关键在于我们党，在于坚持用邓小平同志建设有中国特色社会主义的理论武装全党。"过去 14 年来的实践表明，建设有中国特色社会主义的理论，是统一全党和全国人民的思想和行动、指导我们不断夺取胜利的思想理论武器。当前的形势发展也充分证明能不能正确贯彻十四大的精神，把改革开放和社会主义现代化建设搞得更快一些，关键也在于我们党特别是各级领导干部能不能正确理解和掌握运用建设有中国特色社会主义的理论，把党的路线、方针、政策同本地区本部门的实际情况紧密结合起来，创造性地开展工作。

---

* 这是乔石同志在中央党校 1993 年春季学期开学典礼上的讲话。

　　简单说说国际形势。目前国际形势总的说来对我们加快建设有中国特色社会主义是比较有利的。苏联解体以后,新的世界大战更加打不起来。一家独霸世界,实际行不通。世界充满着矛盾,仍然很不安宁。苏联和东欧,除个别国家外,总的来说是政治经济都不稳定,民族纷争频仍;去年是比较困难的一年,今年也好不到哪里去。西方国家经济普遍面临着不景气,它们自己说要"阻止全球经济衰退",但想不出好办法。在这种情况下,国际上对于我国政治稳定,经济发展速度比较快,反映基本上是好的。普遍认为中国市场很大,发展潜力很大。有的甚至估计得比我们的实际情况还要高。由于我们执行邓小平同志的正确决策和策略方针,坚持和平共处五项原则,注意尽力搞好同周边国家的睦邻友好关系,等等,我们在国际上的地位不是下降,更不是"被包围"、"被孤立",实际上是在稳步上升。

　　从我们国内建设来说,过去这一年,广大干部群众在邓小平同志视察南方重要谈话和十四大精神的鼓舞和指导下,意气风发,团结奋进,我国的改革开放和现代化建设进入了新的发展阶段,各项事业都在蓬勃发展。国民经济增长速度达到 12.8%,这在世界上是少有的高速度。工业增加值比上年增长达 20.8%,经济效益也有所好转;农业在自然灾害较多的情况下,仍然取得较好的收成;对外经济空前活跃,外商投资有的地方超过以往十几年的总和,对外贸易也有很大增长;国内市场物价基本平稳,商品丰富,人民收入和生活水平也有进一步提高。在高科技领域我们也有一些新的突破。在国际风云变幻的情况下,我们能取得今天这样的好成绩和有今天的好形势,最根本的是由于邓小平同志建设有中国特色社会主义理论的指导、全党和全国各族人民的艰苦奋斗。当然,我们也要清醒地看到在大好形势下出现的一些值得重视的问题。比如在农业方面,有些地方由于收购农产品的资金被挪用,出现"打白条"、"打绿条"的现象,有的在搞开发区、发展房地产业中乱占耕地,或者出现土地撂荒现象,这些都说明忽视农业的倾向没有很好解决,甚至又有抬头,而农民、农业这个基础如果不稳定,就必然会影响全局的稳定和发展。又如,工业的高速增长在很大程度上是靠增加投资实现的,在调整结构和提高效益方面改进不够明显,又增加了一些重复建设项目,有些地方、有些项目不顾客观条件一拥而上。在金融方面,货币发行、信贷规模都突破了预定计划,基本建设规模过大,造成部分原材料价格大幅度上涨,能源、交通运输更加紧张。这些问题的产生,说明我们在全面地、准确地把握与贯彻落实小平同志视察南方重要谈话和十四大精神上还存在一些片面性,在对待加快发展与深化改革的关系上,对待全局与局部的关系上,以及如何搞好两手抓、两手都要硬的关系上,都还没有很好地掌握唯物辩证法,没有很好地把解放思想和实事求是统一起来,贯彻于各项实际工作之中。我们一定要按小平同志所说的那样,紧紧抓住我国大发展的不可多得的独特机遇,切不可丧失机遇。同时注意总结经验,走一步回头看一下,改正缺点,避免损失,特别是避免大的损失。这就要求我们领导干部,必须在提高思想理论水平和领导水平上下功夫,必须全面地、正确地学习和掌握建设有中国特色社会主义的理论,并且努力学会运用马克思主义的立场、观点和方法去分析和解决实践中的问题。这是实现党的历史任务的需要,是形势发展的需要。全党同志特别是各级领导干部务必认识:用建设有中国特色社会主义理论武装全党是我们党贯穿于整个社会主义初级阶段,贯穿于我国改革开放和现代化建设全过程的一项根本任务,也是我们夺取社会主义现代化建设事业更大胜利的重要保证。

今天,同志们到党校来学习,应该说是一个很好的机会,是率先用理论来武装自己的机会。希望大家珍惜这个机会,集中精力,专心致志地读一些建设有中国特色社会主义的理论著作,提高自己的马克思主义理论水平和领导水平。党的十四大以后,实际工作发展很快,有些同志可能感到坐不住,急于到实际工作中去,赶快去实干,至于上不上党校,学不学理论,觉得关系不大。还有些同志认为,对十四大文件和邓小平同志的谈话,都已学过了,九条理论也记住了,是否还要到党校学几个月,翻来覆去"炒冷饭",似乎不太必要。对这些认识问题,我认为必须解决好。应该看到,前一段时间,在党员干部中进行的十四大文件学习教育,对提高干部的认识、理解十四大的精神确有一定效果。但是,这还仅仅是第一步,决不能停留于一知半解,浅尝辄止。比如,对党的基本路线,我们不能认为熟记了它的词句就行了,必须真正理解它深刻的内涵,它的形成的历史必然性,它对于我国社会主义现代化建设的极端重要意义等,并且真正在实践中坚决地、全面地、辩证地贯彻"一个中心、两个基本点"。总之,对于建设有中国特色社会主义的理论,我们一定要深入学习,联系实际,学会掌握运用,使之成为自己鉴别是非、除旧布新的思想武器,成为分析和解决实际问题、总结新经验、开创新局面的思想武器。这就需要有一个不断学习、不断实践的过程。我们各级党委一定要把学习建设有中国特色社会主义的理论作为党的建设的头等大事来抓,长期坚持,抓出成效。随着改革开放、加快现代化建设的发展,新情况、新问题越来越多,就越要求我们重视理论的指导作用,越要求我们的各级领导干部用创造性的马克思主义来牢牢武装我们的思想,提高政治素质,提高领导水平。可以说,领导干部对建设有中国特色社会主义理论掌握运用的程度,决定着我们党的整体素质和领导水平的高低。所以,我们全党首先是各级领导干部必须带头学习和掌握建设有中国特色社会主义理论。毛泽东同志早在抗日战争时期就说过:"普遍地深入地研究马克思列宁主义的理论的任务,对于我们,是一个亟待解决并须着重地致力才能解决的大问题。我希望从我们这次中央全会之后，来一个全党的学习竞赛，看谁真正地学到了一点东西，看谁学的更多一点，更好一点。在担负主要领导责任的观点上说，如果我们党有一百个至二百个系统地而不是零碎地、实际地而不是空洞地学会了马克思列宁主义的同志，就会大大地提高我们党的战斗力量，并加速我们战胜日本帝国主义的工作。"①当年毛泽东同志是这样说的，历史的发展使我们又到了这样的时期。今天，如果我们大批高中级干部能够从中央党校的学习开始，并在实际工作岗位上长期坚持下去，掌握运用建设有中国特色社会主义的理论，那就会使我们党的理论水平和领导水平大大提高一步，就会加速我们建设有中国特色社会主义的进程。

为了比较系统地学习建设有中国特色社会主义的理论，我们要精选精读一部分与这个主题有关的马列原著、毛泽东和邓小平同志的论述以及党的十四大文件，重点是学习邓小平同志关于建设有中国特色社会主义理论的著作。不仅要认真学习和掌握邓小平同志的战略思想和理论观点，更要学习他善于运用马克思主义立场观点方法研究新情况、解决新问题的科学态度和创造精神；学习他既能继承前人又能突破陈规，摆脱那些过时的不切合实际的陈旧结论，善于集中人民群众在实践中创造的经验和集体智慧，继承和发展马克思主义。对毛泽东同志的著作，也要着重于学习他坚持实事求是、走群众路线、善于把马克思主义基本原理同中国革命实际相结合的思想，学习他的《实践论》《矛盾论》以及反对教条主义、主观主义的重要论述。对于马列原著，数量要精简，但必读的书还是要精读，这样我们才能懂得马克思主义基本原理的由来和它在实践过程中是怎样不断发展的。正如邓小平同志指出的："我们多次重申，要坚持马克思主

---

① 《毛泽东选集》第二卷，人民出版社1991年版，第533页。

义,坚持走社会主义道路。但是,马克思主义必须是同中国实际相结合的马克思主义,社会主义必须是切合中国实际的有中国特色的社会主义。"①

为了实际地而不是空洞地学习建设有中国特色社会主义的理论,我们在学习中必须坚持理论联系实际的方针,有针对性地研讨现实生活中存在的一些思想理论问题和重大实践问题。例如解放思想与实事求是的统一,这是当前需要研究解决的一个重要问题。在我们分析形势、研究问题、处理矛盾中,既要克服思想落后于实际的状况,不断适应变化了的新情况,解放思想,更新观念,敢试敢闯,敢于探索和创新;同时,又要在任何时候都坚持全面、辩证地看问题,既要看到有利条件,也要看到困难,既要看到成绩和优点,也要看到缺点和不足,保持清醒的头脑,一切从实际出发,扎扎实实地开展工作。再如,十四大提出的建立社会主义市场经济的新体制,在干部的思想认识、领导体制和实际工作中,都还有不少问题,也需要在理论上加强研究,在实践中不断探索。只要坚持下去,经过不断的研讨和实践,就会找到解决问题的思路和经验。还有,在发展社会主义市场经济的情况下,怎样加强党的建设和改善党的领导;怎样坚持两手抓,做到两手都硬,这也是大家都关心的问题,在党校也应该作为重要课题进行研讨。

中央党校从去年开始,按照邓小平同志关于"学马列要精,要管用"的指示,正在积极推进教学改革,现在教学已经突破"老五门"的学科界限,围绕建设有中国特色社会主义的理论这个主题,不断充实新内容,理论联系实际也有进步。但是由于新问题很多,有些问题还研究不深,有待于在实践中继续探索。希望全体学员和党校教研人

---

① 《邓小平文选》第三卷,人民出版社 1993 年版,第 63 页。

员一起,共同加强研讨,不断创造新的经验。党校教师有较好的理论基础,学员有较丰富的实践经验,如果能把两方面的优势结合起来,继续发扬"教学相长"的精神,就能够取长补短,共同提高,把理论学习和研讨搞得更好。在研讨问题时,要坚持"百花齐放、百家争鸣"的方针,活跃学术讨论的空气。有不同的意见,可以争论、商榷,即使有些意见不完全正确,也要实事求是地具体分析,不要随意在政治上上纲。这样做,有利于敞开思想,深入研讨,把理论学习搞得更有深度、更有成效。这样,在比较、分析、共同探讨中,使认识逐步深化,达到比较正确、比较全面的理解。

必须把马克思主义的基本
原理与本国的实际情况相结合*

（1993 年 3 月 25 日）

中国的改革已经进行了十几年,如果没有改革开放,就不能设想今天的中国会是什么样子。如果没有改革开放,还像"文化大革命"那样的状况,今天中国就不会取得如此巨大的成就,中国共产党和社会主义制度就不会在世界的东方继续壮大和发展。改革是很艰巨的事情,尤其像中国这么大一个国家,封建制度存在了几千年,近代又受到世界各个帝国主义国家的侵略。

我们国家今后的前途和出路还在于把改革深化下去。这么大一个国家要建立一种非常有秩序的改革模式是很不容易的。但只要深化改革,沿着这条道路走下去,我们就可以战胜一切困难,取得成绩。我们相信,社会主义还是优越于资本主义。当然,我们说的社会主义是真正科学的社会主义,而不是过去被很多人扭曲了的社会主义。从空想社会主义到现在已经几百年了,但是,中间被扭曲的东西很多。翻一翻马克思、恩格斯的著作,虽然有些提法过时了,但是,基本原理是对的,每个国家必须把马克思主义的基本原理与本国的实际情况相结合。我看马克思、恩格斯当时的思想比后来那种僵化的思想要好得多。从总体上说,有的社会主义国家之所以受到巨大挫折,

---

* 这是乔石同志会见德国民主社会主义党主席毕斯基时谈话的部分内容。

是因为它背离了马克思主义的基本原理。要把马克思主义的基本原理在社会生活中付诸实施，还需要根据各国的实际情况来制定政策。如果在结合的过程中出现任何偏差，就要有作自我批评的勇气和纠正这些偏差的能力。我们党有了错误就自己纠正。这是中国共产党的一条重要经验。苏联从斯大林逝世到戈尔巴乔夫下台，大概有将近40年的时间，在这么长的时间里这个党没有做过任何自我批评，更没有去纠正偏差和错误，所以，发生各种巨大的变化也是没有什么可奇怪的。

马克思主义开辟了认识
真理的道路，决不是穷尽了真理*

(1993 年 5 月 27 日—6 月 5 日)

在加强物质文明建设的同时，要加强精神文明建设，始终坚持两个文明一起抓的方针。经济发展了，要防止和反对"拜金主义"。日本的副首相兼法务大臣到中国来，那天他先见江泽民同志，后来见我，会见时他都讲到对"拜金主义"要注意，日本搞"拜金主义"吃亏不少。连资产阶级的一些有识之士都懂得这一点，一个民族要是都一齐"向钱看"还有什么希望？人总是要有点精神的。对下一代要加强教育，经常引导年青人，多和他们沟通。比如中国工程物理研究院，现在五六十岁的一代专家，基本上把毕生贡献给了国防科研事业，但现在却出现人才断代的问题，年轻人留不住，进不来，在老专家做出示范的同时，还要对年轻人多做点工作，必须解决的生活待遇、工作条件等问题要争取逐步解决，同时还得讲点精神。我们要对下一代多做沟通工作，我们自己也要多吸收一些新的养分。要进行革命传统教育、爱国主义教育，这是毫无疑问的。但要讲得生动活泼，通俗易懂，不能只是干巴巴地说教。

我们搞的是前无古人的事业，要一代一代地接下去，才能建设成有中国特色社会主义。历史上，我们的两个历史问题决议，分别在两

个历史时期同苏联在思想路线上划清了界限。十几年前,我们搞改革开放,走上跟它相反的道路。我们现在还要进一步改革开放,正如小平同志在党的十二大的开幕词所说,我们从事的事业,是前人没有搞过的事业,没有现成的模式。马克思主义必须要搞得灵活一些。我在中央党校一再讲,马克思主义必须联系实际,否则就成了僵化的教条,没有用。如果不是生龙活虎的,没有创造性,那哪里是什么马克思主义? 马克思主义只是为人们开辟了一条认识真理的道路,它决不是穷尽了真理。毛主席一生奋斗得出的一条结论是,马克思主义必须与各国革命的具体实践相结合,这就是实事求是。马克思主义不联系实际,就毫无出路。我们既要解放思想,又要实事求是。解放思想不是没有边的,边就在实事求是,从实际出发,只要从实际出发,解放思想就不会搞偏,否则,离开实际,就很难说是解放思想。

要适应新时期的要求,进一步加强党的建设,使我们的党组织成为建设有中国特色社会主义的坚强的核心力量。如果党本身做不到这一点,怎么能领导全国 11 亿 6 千万人民去开创这条道路,去建设好有中国特色社会主义呢? 党建的一切问题都应当从这个目标出发。我跑过好多农村基层,党员老化的情况比较普遍,企业也有这种情况。有的支部只有一两个年轻党员了,生产第一线的年轻党员就更没有了。如果我们再不注意加强对青年积极分子的教育和培养,在条件具备的时候吸收他们入党,那怎样保持共产党员活跃在生产第一线呢? 要像我们的军队那样,始终保持把支部建在连上,始终注意对青年积极分子的教育和培养。要在生产建设的第一线发展党员,加强基层党组织的建设。

未来五年要形成适应社会主义市场经济的法律体系的框架,立法的任务很重。全国人大在抓紧立法,省人大也要抓紧制定地方性法规。全国人大的许多东西一下子出不了台,比如股票问题一下子出不了台。地方可以搞地方性法规。根据小平同志的指示,法律条文开始可以粗一点儿,然后再总结提高,逐步完善。地方在立法上应积极探索,胆子可以大一点。地方立法要以国家和人民的根本利益为基点,地方的法律法规同全国的法律法规是相辅相成的。我们的立法要大胆吸收和借鉴国外的好经验,注意与国际上的有关法律和国际惯例相衔接,以有利于我国的对外开放。再就是地方人大要研究、探索怎么才能很好地发扬民主,发挥民主监督的作用。除了每年定期开人大会议进行监督以外,就要搞好调查研究。我们是执政党,处于这个地位,就得听取来自各个方面的意见,接受来自各个方面的监督。市、县以下人大主要是搞好监督,并结合监督搞好普及法律知识的教育,这件事要长期坚持下去。现在,相当多的县委书记比较重视红头文件,不太重视法律知识。我们在进行民主监督的过程中要注意进行法制教育。随着改革开放和经济的发展,更要加强廉政建设,克服消极腐败现象,打击各种犯罪活动。权钱交易的危害很大,对贪污、行贿受贿等经济犯罪要坚决打击。要搞好政法队伍的建设,罚没款要上缴财政,必要的办案经费要开前门来保证。这样,才有利于搞好社会治安和社会风气。

增强党性锻炼，加强党风建设*

（1993 年 7 月 14 日）

中央党校这一期毕业学员共有 900 多人，是毕业人数较多的一期。我代表党中央和校委，祝贺同志们圆满地完成了学习任务。

同志们这一期的学习，正在党的十四大提出用邓小平同志建设有中国特色社会主义的理论武装全党，并明确提出我国实行社会主义市场经济体制之后，党校教学根据十四大的精神，相应地作了一些改革。主要是突出了建设有中国特色社会主义理论这个主题，按照"学马列要精，要管用"的指示，精选精读一部分马列原著，特别是邓小平同志的著作，增加了发展社会主义市场经济必需的一些新课程，并联系实际，研讨加快我国改革开放步伐、建立社会主义市场经济体制、加强党的领导和搞好党的建设中的一些重要问题。大家反映，通过学习，有了新的收获：提高了对马克思主义基本原理的认识，增强了坚持党的基本路线 100 年不动摇的自觉性，充实了经济、金融、法律、现代科技和管理等方面的知识，开阔了视野，加强了党性锻炼。

许多同志认为，这个学期教学安排总的是好的，同时也感到，学习和掌握建设有中国特色社会主义的理论还是初步的。由于社会主义市场经济体制正处于建立和发展的过程，有许多新情况、新问题，我们还不熟悉，还需要在实践中不断探索，特别是在掌握这一理论的

---

* 这是乔石同志在中央党校 1993 年春季学期毕业典礼上的讲话。

精髓、切实地在实践中加以正确运用方面，还需要下大功夫，下苦功夫。希望同志们把在这里的学习，看作是一个良好的开端，回去后在实践中继续坚持深入学习，联系实际努力掌握建设有中国特色社会主义的理论武器，坚持用这一理论指导我们的思想和各项工作，并把它作为终身任务。用建设有中国特色社会主义理论武装全党，提高干部的素质，这是关系到我们党的前途和命运，关系到我们国家的繁荣富强和长治久安的大事。现在我们各方面的工作任务都非常繁重，大家一回去就会有一大堆问题需要去解决。在这种情况下我们不能放松而要坚持理论学习。理论学习与实践探索是相互促进的。掌握了理论武器，才能解放思想，才能指导实践，推动实践。反过来，实践的深入又使我们的思想有新的认识，使理论得到创造性的充实和发展。只有这样，才能使我们的同志树立起坚持党的基本路线的自觉性和坚定性，在复杂情况下和繁忙工作中，能够保持清醒的头脑，把握正确的方向，克服一切困难，全面正确地贯彻执行党的各项方针政策，不断取得新成绩，开创新局面。我们党70多年的历史，最根本的一条经验就是理论密切联系实际，在实践中创造性地运用和发展马克思主义。马克思主义本来就是来源于实践，并在实践中不断得到发展的，否则就不是真正的马克思主义。

下面我就大家普遍关心的问题，讲几点意见。

第一，大家都很关心当前的经济形势，许多同志感到有些担忧。最近，大家在听了中央6号文件的传达后，认为中央对经济形势总的估计是正确的，解决问题的指导思想是明确的，措施是果断的，认真贯彻落实中央的决策，就一定能解决当前经济工作中存在的矛盾和困难。同志们有这样的信心是好的，关键是我们全党要有统一的认识和统一的行动，扎扎实实、不折不扣地把中央的政策措施落到实处。我国经济形势总的是好的，邓小平同志视察南方发表重要谈话和党的十四大以来,我国改革开放和经济发展取得了新的成绩。今年国民经济在去年高速发展的基础上,继续保持强劲的增长势头。当然在我国经济大步前进的过程中,也出现了一些新的矛盾和问题,某些方面还比较严峻。主要是货币过量投放,金融秩序混乱,固定资产投资规模过大,基础设施和基础工业"瓶颈"制约更加突出,财政困难加剧,通货膨胀压力增大等。出现这些问题的根本原因还在于经济体制没有理顺,过去那种盲目扩张投资、竞相攀比速度、缺乏有效约束机制等问题没有得到根本解决,社会主义市场经济体制尚未形成,适应社会主义市场经济的宏观调控体系还很不健全。现在,我们正在采取一系列经济的措施、法律的措施(包括经济立法)和必要的行政措施来加强宏观调控,看来是可以逐步解决这些问题的。目前强调加强宏观调控,是着眼于深化改革,调整结构,而不是全面紧缩,又来一次"一刀切"的治理整顿。我们要加快投资体制、金融体制、财税体制的改革,建立社会主义市场经济体制下的宏观调控体系,以保障经济的健康发展。

解决这些问题,一是要求全党特别是各级领导干部,包括在座的同志们,都要明确地认识到当前我国的改革开放和经济建设正处在一个关键时期,既要抓紧时机,加快发展,又要注意稳妥,避免大的损失。只有用好机遇,才是真正抓住机遇。要按照党中央、国务院的决策和部署,从大局出发,加强纪律性,做到令行禁止,维护党中央、国务院对国民经济宏观调控的统一性、权威性和有效性,保证国家宏观调控目标的实现。二是要采取新思路、新办法,从深化改革、加快新旧体制转换中求得问题的解决,加强和改善国家宏观调控,建立和健全有力的宏观调控体系。三是要踏踏实实地做好下半年的工作,把加快发展的着眼点集中到深化改革、转换机制、优化结构、提高效益上来,促进国民经济实现速度和效益的统一。全党要高度重视农业问题,这是关系到全局稳定的大问题,一刻也不能忽视和放松。同时要把优化产业结构作为当务之急,根据国家产业政策,调整资金投向,确保工农业生产和基础设施建设的需要,逐步解决"瓶颈"制约,促进国民经济持续、稳定、健康发展。总之,今年下半年,我们的经济状况可能紧一些,这是难以避免的。我们可以看到,中央采取的措施一出台,立即在国内外产生了比较好的反应,比如汇率的变化就相当快。所以,只要我们认真贯彻执行中央的决策,一定能取得较好的结果。当然,一些深层次的问题,还需要花一些时间,可能要在明后年才能逐渐消化、解决。

第二,建立社会主义市场经济体制的宏观调控体系,迫切需要加快经济立法。市场经济,从一定的意义上说,是法制经济。当前我国在发展市场经济中出现的某些混乱无序现象,比如最近曝光的长城公司和中国农行衡水支行的两起震动全国的金融案件,暴露了当前经济活动中,有些人既对市场经济缺乏基本的认识,也缺乏起码的法纪观念。社会主义市场经济不是想怎么干就怎么干,一哄而起,各行其是,无法无天。这样做的结果,不仅国家要受损失,企业也可能垮掉,个人也难免犯错误,甚至触犯刑律。全党同志特别是党的各级领导干部,务必认识到法律建设对于建设社会主义市场经济体制的极端重要意义,认识到法律对于发展市场经济所起的规范作用和监督作用。必须适应社会主义市场经济的要求,加快经济立法步伐,改变法律滞后的状况,使人们知道应该做什么,不允许做什么;什么是合法的,什么是违法的。不要等到造成了较大混乱再来立法,那样损失就大了。在立法的同时,还要广泛进行普法教育,增强人们的法律意识和法制观念,加强执法和纪律监督,坚决纠正有法不依、执法不严、违法不究的现象。共产党员特别是党员领导干部要做遵纪守法的模范。这次八届全国人大第二次常委会议中,许多同志建议,党校要加强社会主义民主和法制建设的学习和研讨,要求各级领导干部养成学法律、守法律、用法律的习惯,这是非常必要的。党章明确规定,"党必须在宪法和法律的范围内活动",党员必须"自觉遵守党的纪律和国家的法律",这不但是保证经济建设沿着法律轨道健康发展的需要,而且也是加强党的建设的需要。

第三,在市场经济条件下增强党性锻炼,加强党风建设。市场经济越发展,改革开放越发展,对党员干部的党性锻炼的要求越高。作为执政党的一员,我们每一个同志都应该认识到在社会主义市场经济条件下增强党性锻炼、加强党风建设的紧迫性和重要意义,必须从自己做起,吃苦在前,享受在后,艰苦奋斗,廉洁奉公,坚决同消极腐败现象作斗争。应该看到,随着市场经济的发展,对人们的思想、价值观念产生了许多影响:一方面是竞争观念、效益观念、时间观念、按劳分配观念增强了,能够调动人们的积极性,促进经济的发展、国力的增强和人民生活的改善,党的威信也会得到提高;另一方面,也带来一些利己主义、"拜金主义"等消极因素,使共产党员的理想信念受到冲击。有的同志不能正确处理局部利益和全局利益、个人利益和集体利益之间的关系,一些干部利用自己手中的权力谋求特殊利益,导致党内腐败风气的滋长。这个问题的严重性,现在大多数人已经意识到了,但问题在于每个领导干部、每个共产党员能不能以身作则,严于律己,更加自觉地加强党性锻炼,用党性来保证和促进社会主义市场经济的健康发展,用党性来抵制市场经济活动可能带来的消极影响。我们的党员干部既要学会领导和驾驭市场经济,带领人民发展生产,共同致富,又必须保持共产党人的本色,始终坚持全心全意为人民服务的宗旨,正确运用人民赋予的权力,坚决反对以权谋私和权钱交易;要树立全局观念,克服本位主义,坚决反对只顾眼前利益和局部利益而损害国家全局和长远利益的行为。我们搞的是社会主义市场经济，就必须坚持这样的要求，不能忘了这些本质性的东西。我们就是要坚持以公有制为主体，坚持共同富裕的目标，坚持社会主义的价值观念，坚持共产党员的党性原则，否则就会变得同资本主义没有什么区别了。在市场经济条件下，每个党员干部都遇到了考验。同革命战争时期一样，市场经济犹如大浪淘沙，经不起考验的总要被淘汰掉，同时也必然会有更多的干部在风浪考验中成长起来。希望在座的同志和广大党的领导干部都经得起考验，自觉地加强党性锻炼。我还想特别强调一点：在建立社会主义市场经济过程中，每一个党的领导干部，每一级党的领导班子，都要树立一个明确牢固的观念，凡是要求下面做到的，自己首先必须做到，否则就够不上当领导、做党员的起码条件。作为党员特别是党的领导干部决不能一方面高喊拒腐防变，清正廉洁，勤政为民，实际行动上又是另外一套。这是搞好党风建设的关键。

同志们就要回到各地去。"学然后知不足"，希望大家把在党校的学习作为一个新的起点，坚持不懈地学习理论，努力工作，增强党性锻炼，承担起历史赋予我们这一代共产党人的光荣使命。

谈谈理论学习问题 *

（1993 年 9 月 4 日）

今天，中央党校新的学期开始了。同志们从全国各地、各部门来这里学习，我代表党中央，代表中央党校，对大家表示热烈的欢迎，并预祝同志们在学习中取得较大的收获。

同志们参加这一期学习，是在我国改革开放和现代化建设进入新的发展阶段的形势下开始的。我们面临着许多新的任务，可能大家也从实际工作中带来了许多新的问题。我希望同志们十分珍惜这个难得的学习机会，集中精力努力学习马克思主义基本原理，学习邓小平同志建设有中国特色社会主义的理论，用这个理论来武装自己，增强贯彻执行党的基本路线的自觉性和坚定性，深入研究一些当前的重大现实问题，并从此养成经常学习的习惯，带到工作岗位上去，持之以恒，不断提高自己的理论水平和领导水平，从而正确地把握形势，更好地完成各项工作任务。

下面，我简要地谈几点意见。

一

我们当前面临的国际形势，总的是好的。多年来，我们从各个方面力争创造一个有利于我国社会主义现代化建设事业的和平国际环境。现在看来，尽管国际形势风云变幻，出现过剧烈的动荡，但由于

---

* 这是乔石同志在中央党校 1993 年秋季学期开学典礼上的讲话。

我们执行了邓小平同志的战略决策和对外工作的指导方针,可以说,这样一个有利于我国的国际环境大体上已在形成。虽然还有这样那样的问题,但是,中国作为一个社会主义大国,已经顶住了各种风浪,确立了在世界上的地位,继续沿着有中国特色的社会主义道路阔步前进,这是谁也无法抹杀和否认的客观现实。

当然,世界上总会有些反共反社会主义的力量,不希望看到我们发展和强大,不希望看到我国国际地位上升,总要找机会给我们制造这样那样的麻烦。但是,只要我们加强国内工作,严格按照独立自主的和平外交政策,采取正确的策略,这些问题都没有什么了不起,都可以对付得了。我们完全可以做到在国际上不是越来越孤立,而是朋友越来越多。

现在,我们不仅在第三世界国家享有较高的威望并且很有吸引力。许多发达国家也越来越体会到我们在国际上的分量。各国的政界特别是企业界人士,普遍看好中国的市场。他们惊叹我国经济的高速增长,对我国经济发展前景的预测比我们自己更乐观。前几个月世界银行作了一个对中国经济发展的预测,最近日本经济学界也作了个预测,其结论非常一致。日本的那个预测,设想了我国经济发展的三种可能性,包括发展顺利或者发生大起大落的波折,或者遇到大的挫折,结论是无论哪一种可能,我国的国民经济总量(当然决不是人均)都将在2005年超过日本,仅次于美国。我援引这些国外的预测,并不是说我们可以因此陶醉了,我们必须保持清醒的头脑,我只是想说明,我们也不要妄自菲薄。事实上,国外和港台的经济界人士,对我们经济发展的势头,对我们十几亿人口的潜在大市场,确实有越来越大的兴趣。我前些时候访问了东盟①五国,深深感受到这

---

① 东盟是东南亚国家联盟的简称,是于1967年8月成立的东南亚区域性合作组织。

些国家对于发展和加强同中国的关系非常积极。在我访问之前,这些国家很多领导人都来我国访问过,现在又有好多人正在和将要来访。目前整个世界经济仍然处于不景气状态,西方经济界称"全球衰退",有的国家如美、英虽开始走出低谷,但回升乏力,而亚洲国家的经济发展则比较活跃。因此,无论东南亚和东北亚国家(包括韩国),都想利用目前的时机,把他们本国的和亚洲地区的经济更好地发展起来,都希望进一步加强同中国的经济贸易往来和各方面的合作,实际上可以说是"中国热"。我这次出访受到普遍的欢迎和很高的礼遇,也同这一形势分不开。

除了亚洲国家以外,西方国家包括美国的大公司也越来越认识到中国经济发展起来后将形成的巨大市场对于它们的重要意义,唯恐落在别国后面,丧失了挤进中国市场的机会。它们一方面在酝酿对华投资计划,另一方面也积极通过各种渠道来中国探路。最近一个时期,美国的一些国会议员和企业界人士来访华的增多,就和这一点分不开。它们对美国政府的对华政策是会有影响的。克林顿政府在对华关系上仍在给我们制造一些麻烦,对这些我们当然毫不含糊地给予强烈反应。美国政府的对华政策当然是从美国利益出发的,也正是美国自身的利益将驱使他不能不采取较为现实的态度。因此,只要我们实行正确的政策,包括有理、有利、有节的斗争和必要的妥协,并多做工作,中美关系从目前的状态向较好的方面发展还是有可能的。我们的目标,说到底就是争取一个有利于我国加速社会主义现代化建设尽可能良好的国际环境。这一点,尽管还会有困难和曲折,总的来说是能够做到的。

二

争取良好的国际环境,归根到底,取决于我们的国内形势,也就是要立足于我们的国内工作。当前我国政治稳定,社会稳定,总的形势是好的。在小平同志南方重要谈话和党的十四大精神的指引下，全国上下奋发进取，经济增长势头强劲。今年上半年，国民生产总值继续以 14.1% 的速度增长，在灾害不轻的情况下，夏粮总产超过历史最高水平，经济体制改革步伐加快，经济效益普遍有所提高，产业结构有所调整，重点建设取得新进展，市场繁荣，人民生活继续改善，外贸进一步扩展，外国投资劲头仍然很大，科技和各项社会事业全面发展，这都是来之不易的。当然，在经济高速发展的同时，也出现了一些突出的矛盾和问题，主要是货币投放过多，金融秩序混乱，投资需求和消费需求膨胀，基础设施和基础工业"瓶颈"制约加重，财政困难加剧，物价涨幅较大，这些已引起中央的高度重视。去年下半年以来，中央更加集中力量加强对农业和整个经济工作的领导，农业开了一系列会议，特别是发出了中央 6 号文件，提出和采取了加强宏观调控的一些有力措施，并督促各地区各部门抓紧贯彻落实。经过一段时间的努力，现在可以说已初见成效。金融混乱的状况已有所缓解，外汇调剂市场汇率趋于稳定（一度曾高达 1 美元兑 10 元人民币，甚至 11 元，现稳定在 8.8 元左右），开发区热、房地产热有所降温，夏粮收购中全国范围内基本没有"打白条"的现象。但是也要看到，目前宏观经济环境面临的问题还是比较严峻的，决不能掉以轻心，全面贯彻落实加强和改善宏观调控的任务还很艰巨。必须进一步统一思想，增强全局观念，继续坚决贯彻中央的决策和各项措施。要进一步解决经济工作中的矛盾和问题，根本出路在于加快深化改革。要围绕加快建立社会主义市场经济体制，大力推进财政、金融、税收、外贸、国有资产管理和投资等体制的改革；加快企业改革的步伐，转换机制，优化结构；积极稳妥地推进物价改革，抑制物价过快上涨等。还要进一步落实稳定和发展农业的各项政策，充分调动农民的生产积极性。与此同时，必须加强精神文明建设，坚决惩治贪污腐败，制止奢侈浪费,这是顺利推进改革开放和经济建设的必要,也是改善和加强与群众联系的必要,是刻不容缓的当务之急。以上各个方面,中央已采取果断措施,作出具体部署,各级组织必须不折不扣地全面贯彻落实,坚定不移地紧紧抓下去,我们面临的问题还是可以解决好的。国内形势将愈来愈向好的方向发展。

三

谈谈理论学习。我们必须明确地树立这样一个观念:越是加强经济建设,越是加快深化改革,就越要求我们加强对马克思主义基本原理的学习,加强有中国特色社会主义理论的学习。为什么呢?因为我们这一代人正赶上了社会主义发展史上这样一个新的历史时期。我们经过 14 年多的奋斗、探索和发展之后,真正走出了一条有中国特色的社会主义道路,并且终于确立了有步骤地去建立社会主义市场经济体制。目前,全党范围已越来越明确地认识到中国特色社会主义道路是唯一正确的选择。然而我们走的这条道路并不是现成地摆在那里,而是需要我们依靠马克思主义基本原理,密切结合中国实际,在实践中不断地探索前进。我们创立了有中国特色社会主义理论,要把这个理论变为现实,变为 11 亿 6 千万人民的伟大实践,需要我们在实际工作中不断地试验、探索,做对了的就坚持,不对的就改,就总结经验。要做到这一点,没有马克思主义基本原理的武装,没有中国特色社会主义理论的指导那是不行的,甚至可能迷失方向,就会犯了错误不知道纠正;也可能对于走这条道路发生摇摆。摇摆怎么办呢?还想走老路吗?老路已经没有了。原来的苏联已经解体了,唯一的出路就是我们现在所走的道路。我们必须始终保持清醒的头脑,以足够的理论上和实践上的勇气和创造精神,用几代人的努力,真正走好这条有中国特色社会主义道路。这是能够做到的,也一定要下决心做到,这是我们中国共产党人的历史责任。而我们如果真正做到了这一点,就将是对子孙后代、对整个社会主义事业以至对全人类的最伟大的贡献! 对于理论学习的重要性,我们就是要放到这样的高度,把它同国家的前途、党的前途、社会主义的前途联系起来去认识。决不能因为形势发展很快,日常工作紧张繁忙,深化改革的任务艰巨繁重,而丝毫放松这一学习。理论学习正是帮助我们认清形势、分析问题、指导实践的,是解决方向路线问题的。

同志们到党校来学习,时间是短暂的。党校可以为大家提供一个集中一段时间、摆脱日常工作专心学习的环境和条件。党校要进行全面改革,重点是教学改革。教改还是要按照毛泽东同志早就说过的"应确立以研究中国革命实际问题为中心,以马克思列宁主义基本原则为指导的方针,废除静止地孤立地研究马克思列宁主义的方法"[①];按照邓小平同志所说的"努力针对新的实际,掌握马克思主义基本理论"[②]和"学马列要精,要管用"的指示来进行。现在党校教学已经突破了过去"老五门"的学科界限,围绕建设有中国特色社会主义理论这个主题来安排教学。我们这一期学习还有一个难得的好条件,就是新一卷《邓小平文选》很快就要出版了,那都是邓小平同志在 1982 年至 1992 年之间的讲话和文章,是我们学习有中国特色社会主义理论的最好的教材。一旦得到了书,我们就可以作为主课来学。

在整个学习过程中,我们始终强调认真读书,深入钻研,掌握精神实质,坚持理论联系实际的原则。当前,我们在经济建设和改革开放的实践中遇到的问题很多,我们在学习中可以有针对性地研讨一些现实生活中重大的思想理论问题和实际问题。这并不是说要通过

---

① 《毛泽东选集》第三卷,人民出版社 1961 年版,第 802 页。
② 《邓小平文选》第三卷,人民出版社 1993 年版,第 147 页。

学习立即找出具体的答案和办法,而是对一些事关全局的重大问题,通过学习、研究,能够有比较清醒的认识,能够以中国特色社会主义理论为依据,达到思想上比较一致。

今天着重谈一下自己最近考虑到的一些问题,把个人的一些想法讲一讲,供同志们参考。

解放思想，实事求是，
一切从实际出发*

(1995 年 3 月 23 日)

　　我十分赞成在新的形势下，要加强党的建设和精神文明建设。你们研究一下，我们的"四个坚持"如何跟当代的实际更密切地结合起来。比如坚持党的领导。有一年我经过四川万县时曾经说过，中国人民要中国共产党干什么？解放前，在"三座大山"压迫下，作为工人阶级的先锋队，作为人民利益的代表，它的任务主要是推翻"三座大山"。建立中华人民共和国以后，还要你干什么？我看就是一条，就是要使人民最终在经济上得到彻底解放，使中国发展成为一个先进的发达的国家。主要就是这个任务，否则要共产党干什么！共产党除了人民的利益，没有自己的特殊利益。党的理论在这方面早就说得清清楚楚，100 多年以前《共产党宣言》就这么说了。在现在的条件下，关键是怎么样把马克思、恩格斯关于共产主义的学说结合当代的实际来运用。在这方面，邓小平同志为我们开了路，建设有中国特色的社会主义这个想法就是从他那儿来的。没有他就没法设想今天的中国。他自己曾经说过，如果不是"文化大革命"，我们现在的路子也许还出不来。这样说是对的，有时候事情不走到极点，就开辟不出新道路，这也是实践论。小平同志确实起了关键性的作用，带

---

*　这是乔石同志在福建省考察时讲话的部分内容。

领全党全国人民,总结了过去的经验,开辟出一条新的路子。

党的十一届三中全会以后,我们开辟了这条新的道路。这条道路怎么坚持下去,怎么走得好? 只靠背诵 1848 年《共产党宣言》里讲的那些话是不够的。当然,我不是说不要学习《共产党宣言》。《共产党宣言》是应该好好学习的,但光靠背诵马列主义的本本不行。按照中国共产党的经验,按照毛泽东思想,按照邓小平同志的思想,靠背诵本本是不行的。邓小平同志视察南方的时候说过:"学马列要精,要管用。"这话我在中央党校讲话引用了好多次。学以致用嘛! 毛泽东同志一向就这么提倡,学马列主义,不是拿来欣赏或作点缀用的,"精通的目的全在于应用",是为了指导我们的实际工作。马克思主义的奠基人从来就主张创造性地、实事求是地、因时因地制宜地来运用马克思主义。在马克思、恩格斯发表《共产党宣言》时就强调了这个思想。后来他们在 1872 年这个宣言的德文版序言中再次指出,《宣言》中所阐述的基本原理在实际运用时,"随时随地都要以当时的历史条件为转移",因不同的国家而不同。现在我们很多宣传马克思主义的同志并没有在实践上真正解决理论与实际密切结合的问题,所以宣传来宣传去不吸引人。这个事情怪谁呢? 怪人家不感兴趣,还是怪我们自己工作没做好呢? 我想应该怪我们自己研究不够,结合实际不够,生动活泼的东西不够。不能说是老百姓不懂事,不听话。

对另外三个坚持也有类似的情况。如坚持社会主义,就是坚持有中国特色的社会主义,就是以马克思主义为指导,以实践作为检验真理的唯一标准,解放思想,实事求是,一切从实际出发,否则就谈不上坚持社会主义。这一点要非常明确,否则的话,社会主义就会落空。苏联已经不行了,失败了。失败之前来回折腾。我算了一下,从斯大林以后到戈尔巴乔夫下台 39 年,比一代人的时间还长,最后苏联瓦解了。有人说苏联瓦解的主要原因是美国中央情报局颠覆的，或是西方"和平演变"的，我从来没同意过。因为事实上这么大一个社会主义国家，你叫它资本主义化，美国做不到；叫它私有化，完全按美国方式搞，美国也做不到，叶利钦当总统后也做不到。这个国家垮台，根本的原因在于内部。毛泽东同志的观点是正确的，内因是变化的根据，外因当然是存在的，但它是通过内因起作用的。所以说，坚持四项基本原则都要结合当代中国的实际来理解，来实行。对群众教育也应该这样。

要十分重视党的建设，
关键是加强基础建设*

（1996 年 1 月 7 日）

21 世纪的中国是大有希望的,只要我们按照小平同志建设有中国特色社会主义的路子走下去,可以在下世纪成为一个经济大国。

我在其他省市多次讲了党的建设,要十分重视党的建设,特别要重视加强基础建设。在企业,主要是把班组党员队伍搞好。支部建在连上是我们的历史经验。最活跃、最有生气的力量应该在党内,在积极分子内,企业、农村、科研单位都应该是这样。前几年,有些地方的农村控制党员的发展数量,对基层支部发展党员作了名额限制,这是不行的。现在尽管我们党员的总量很多,但许多党员年龄大了,要继续在生产第一线发挥作用做不到,党员队伍存在老龄化的问题。如果不把生产第一线的最活跃、最积极、具备条件的积极分子吸收到党内来,党的建设怎么能搞好? 在企业,还要注意把那些思想好又善于经营管理的符合入党条件的企业家吸收到党内来。

学习马克思主义理论不是靠死背,最基本的一条是要把马克思主义的基本原理同当今中国的具体实际相结合,用基本原理指导实践。现在要青年人都去读 100 多年前马克思写的原著,不太现实,因为时代背景不同,历史条件不同,青年人一般不易理解。所以,学习

---

* 这是乔石同志在上海市同企业负责人座谈会上讲话的节录。

416

马克思主义要从实际出发。文艺创作、新闻出版等工作也一样,也要理论联系实际,要紧贴改革开放的实际,密切联系群众。我们要继承优秀的传统文化,但更要从活生生的现实生活中寻找创作素材,创造老百姓喜闻乐见的形式,才能被群众接受,才能受到群众的欢迎。

最后,我希望上海坚持不懈地在改革开放的道路上走下去,不要放松,机不可失,时不我待,上海应该走在全国的前列。

把中国特色社会主义理论
变为亿万群众的社会实践[*]

（1997 年 5 月 31 日—6 月 4 日）

从这些年的情况看,大体上说我们已经基本上创造了有利于我国进行社会主义现代化建设的和平国际环境。我国与周边国家的关系、与世界各国的关系,总的说是不错的,对我国现代化建设是有利的。当然,我们还要继续努力,还有许多工作要做。邓小平同志的重要论述,已经编入《邓小平文选》,我们要很好地学习。尤其是小平同志 1992 年视察南方时的重要谈话,是他生前最后一次系统、完整的重要讲话,很多极重要的问题都讲到了,讲清楚了,为我们国家实现新的发展打下了一个好的思想理论基础。小平同志讲话都是为了解决实际问题,很明确,很精练。我们学习小平同志的论述,包括学习马列的著作,毛主席的著作,都要以解决我们面临的实际问题为目的。现在,小平同志的思想理论正在全国 12 亿人民中、在中华大地上普遍地实践,看谁学得好、谁执行得好,唯一的标准还是看实践,没有别的办法检验。我刚才说过,真正按小平同志的思想去办,不走样,中国是可以比较快地发展起来、比较快地建成现代化的。如果认为,小平同志的思想也就是那么两本书,那么几篇文章,背一点就行啦,东抄一点、西抄一点就行啦,这不符合邓小平思想的实质。对马

＊　这是乔石同志在山西省考察期间讲话的一部分。

克思、列宁、毛泽东、邓小平的话引得很多,也并不能说明理解得很深。毛主席说过,学习的目的全在于应用。如果离开实践,光讲文章修辞,或者东抄西摘的,就认为是学到了马克思主义,那马克思主义就太容易学了。小平同志讲,"学马列要精,要管用"。就这么八个字,讲透了。要把小平同志的理论真正学到手,就是要结合实际,学到点子上,真正身体力行,按他的思想去办,贯彻到行动中。这样,我们就可以取得很大的成绩。我们就是要在小平同志建设有中国特色社会主义理论的指导下,带领亿万人民群众,用智慧和劳动把我国的改革开放和现代化建设事业不断推向前进。

我们要进一步把小平同志建设有中国特色社会主义的理论变为亿万人民群众生动活泼的社会实践。小平同志系统地解决了我国改革开放和现代化建设的一系列重大问题,对我们制定国际国内最根本的政策,作出了很多极重要的指示,给我们留下了非常丰富、非常宝贵的思想理论和精神财富。比如,小平同志强调,社会主义初级阶段的最根本任务就是发展生产力。我们党的基本路线就是以经济建设为中心。把经济进一步搞上去,这是当前和今后中国最重要的中心任务,一切都要服从这个中心。"文化大革命"期间,有些人胡说八道的那些东西,什么"宁要社会主义的草,不要资本主义的苗",当然是非常荒谬的。搞所谓没饭吃的社会主义,现在世界上也还有,过去我国也曾搞到非常困难的境地。这些教训必须记取。

编辑统筹：张振明

责任编辑：郑　治

装帧设计：肖　辉　王欢欢

责任校对：梁　悦

图书在版编目（CIP）数据

乔石谈党风与党建/乔石 著. —北京：人民出版社,2017.9
ISBN 978－7－01－018245－2

Ⅰ.①乔…　Ⅱ.①乔…　Ⅲ.①乔石-文集②中国共产党-党风建设-文集
　Ⅳ.①D2－0②D261.3－53

中国版本图书馆 CIP 数据核字（2017）第 221858 号

乔石谈党风与党建
QIAOSHI TAN DANGFENG YU DANGJIAN

乔 石 著

人民出版社 出版发行
（100706　北京市东城区隆福寺街 99 号）

山东鸿君杰文化发展有限公司印刷　新华书店经销

2017 年 9 月第 1 版　2017 年 9 月第 1 次印刷
开本：710 毫米×1000 毫米 1/16　印张：27
字数：316 千字　插页：4

ISBN 978－7－01－018245－2　定价：65.00 元

邮购地址 100706　北京市东城区隆福寺街 99 号
人民东方图书销售中心　电话（010）65250042　65289539